周宗賢

臺灣史研究名家論集

（初編）

蘭臺出版社

作者簡介（依姓氏筆劃排序）

王志宇 1965 年出生於臺灣彰化縣田中鎮，1988 年移居臺中。現為逢甲大學歷史與文物研究所專任教授，曾任逢甲大學歷史與文物研究所所長、臺灣古文書學會理事長、臺灣口述歷史學會理事等職。專攻臺灣史、臺灣宗教及民俗、方志學，並對近代中國史頗有涉略，著有《臺灣的恩主公信仰》、《苑裡慈和宮志》、《儒家思想的實踐者－廖英鳴先生口述歷史》、《寺廟與村落－臺灣漢人社會的歷史文化觀察》等書，編有《片雲天共遠》、《傳承與創新－逢甲大學近十年的發展，1998-2007》、《閩臺神靈與社會》、《大里市史》等書，並著有相關論文三十餘篇，也參與《集集鎮志》、《竹山鎮志》、《苑裡鎮志》、《外埔鄉志》、《臺中市志》、《南投縣志》、《新修彰化縣志》、《大村鄉志》、《續修南投縣志》等方志的寫作，論述豐碩。

汪毅夫 男，1950 年 3 月生，臺灣省臺南市人。曾任福建社會科學院研究員，現任中華全國臺灣同胞聯誼會會長，福建師範大學社會歷史學院兼職教授、博士生導師，享受國務院特殊津貼專家。撰有學術著作《中國文化與閩臺社會》、《閩臺區域社會研究》、《閩臺緣與閩南風》、《閩臺地方史研究》、《閩臺地方史論稿》、《閩臺婦女史研究》等 15 種，200 餘萬字。曾獲福建省社會科學優秀成果獎 7 項。

卓克華 文化大學史學碩士，廈門大學歷史博士。曾先後兼任過中山、空中、新竹師範、中原、中國醫藥、中國技術、文化等等大學教職，現在佛光大學歷史系所為專職教授。先後擔任過臺灣眾多縣市的古蹟審查委員，現為文化部古蹟勞務主持人之一。早年專攻臺灣經濟史，近二十年轉向古蹟史、宗教史、社會史，撰寫古蹟調查研究報告書超過八十本，已出版學術著作有《清代臺灣行郊研究》、《從寺廟發現歷史》、《寺廟與臺灣開發史》、《古蹟‧歷史‧金門人》、《竹塹媽祖與寺廟》、《民間文書與媽祖廟之研究》、《臺灣古道與交通研究－從古蹟發現歷史卷之二》，著作等身，為臺灣知名學者。

周宗賢 臺灣臺南市人，生於 1943 年。文化大學史學碩士。曾任淡江大學歷史系教授、系主任、主任、所長，內政部暨文建會古蹟評

鑑委員。現任淡江大學歷史系榮譽教授，臺北市、新北市文化資產審議委員。學術專長為臺灣史、臺灣民間組織、臺灣文化資產研究、淡水學等，著有《逆子孤軍——鄭成功》、《清代臺灣海防經營的研究》、《黃朝琴傳》、《臺南縣噍吧哖事件的調查研究》、《淡水輝煌的歲月》等。是臺灣知名的臺灣史、臺灣文化資產研究的學者。

林仁川　1941 年 10 月出生於龍岩市。1964 年復旦大學歷史系本科畢業，1967 年研究生畢業。教育部文科百所重點研究基地——廈門大學臺灣研究中心首任主任、教授、博士生導師，享受國務院特殊津貼專家。曾兼任福建省人大常委會常委、廈門市政協副主席。現任兩岸關係和平發展協同創新中心教授，廈門市炎黃文化研究會會長。主要著作有《大陸與臺灣歷史淵源》、《閩台文化交融史》、《臺灣社會經濟史研究》、《明末清初私人海上貿易》、《閩台緣》等多部專著。編寫十三集大型電視專題片《海峽兩岸歷史淵源》劇本和國家級博物館《中國閩台緣博物館》、《客家族譜博物館》展覽文本。在國內外各種刊物上發表學術論文近百篇。多次承擔國家文化出版重點工程、國家哲學社會科學重大項目、教育部文科重點項目，均任課題組長。主持編寫《現代臺灣研究叢書》、《圖文臺灣》、《中國地域文化通覽——臺灣卷》、《臺灣大百科全書——文化分冊》。曾多次榮獲全國及省部級哲學社會科學優秀成果獎。

林國平　歷史學博士，兩岸協創新中心福建師範大學文化研究中心首席專家，福建師範大學社會歷史學院教授、博士生導師，福建省高等院校教學名師，享受國務院特殊津貼的專家。主要從事閩臺民間宗教信仰研究，代表作有《林兆恩與三一教》、《福建民間信仰》、《閩臺民間信仰源流》、《籤占與中國社會文化》等。

韋煙灶　學歷：國立臺灣師範大學文學博士【地理學】（2003）
現職：國立臺灣師範大學地理學系教授
學術專長：鄉土地理、水文學（地下水學）、土壤地理學、地理教育
主要著作（專書）：《鄉土教學與教學資源調查》（2002）、《臺灣全志：卷二土地志（土壤篇）》【與郭鴻裕合著】（2010）、《與海相遇之地：新竹沿海的人地變遷》（2013）
研究領域：早期的研究偏向於自然地理學，奠定後來地理研究之厚實知能。2004 年以後的研究重心逐漸轉向鄉土地理、歷史

地理（閩客族群關係）與地名學研究，已發表相關學術期刊論文約 40 篇。

徐亞湘　臺北藝術大學戲劇系教授、中國文化大學戲劇系兼任教授、《戲劇學刊》主編、中華戲劇學會理事、華岡藝校董事。學術專長為臺灣戲劇史、中國話劇史、中國戲劇 及劇場史。著有戲劇專書《日治時期中國戲班在臺灣》、《日治時期臺灣戲曲史論——現代化作用下的劇種與劇場》、《Sounds From the Other Side》、《臺灣劇史沉思》等十餘冊。

陳支平　1952 年出生，歷史學博士。現任廈門大學人文與藝術學部主任委員、國學研究院院長，兩岸關係和平發展協同創新中心首席專家，兼任中國西南民族學會會長、中國明史學會常務副會長、中國朱子學會副會長、中國民族學與人類學研究會副會長等學術，職務。主要著作有《清代賦役制度演變新探》、《近 500 年來福建的家族社會與文化》、《明史新編》、《福建族譜》、《客家源流新論》、《民間文書與明清賦役史研究》、《歷史學的困惑》、《透視中國東南》、《民間文書與明清族商研究》、《臺灣文獻與史實鉤沉》、《史學水龍頭集》、《虛室止止集》等，編纂大型叢書《臺灣文獻彙刊》100 冊等。2006 年胡錦濤總書記訪問美國時，曾把《臺灣文獻彙刊》作為禮品之一贈送給耶魯大學。是書 2009 年入選「建國 60 周年教育成就展」。

陳哲三　1943 生，南投縣竹山鎮人，東海大學歷史系歷史研究所畢業，逢甲大學歷史與文物研究所教授，退休。先治中國現代史，著有：《中華民國大學院之研究》（臺北，商務印書館，1976）、《鄒魯研究初集》（臺北，華世出版社，1980）、《中國革命史論及史料》（臺北，商務印書館，1982）、《問學與師友》（臺中，大學圖書供應社，1985）等書。後治臺灣史，著有《竹山鹿谷發達史》（臺中，啟華出版社，1972）、《臺灣史論初集》（臺中，大學圖書供應社，1983）、《古文書與臺灣史研究》（臺北，文史哲出版社，2009）。教學研究之餘，又主修《逢甲大學校史》（未刊稿，1983）、《集集鎮志》（南投，集集鎮公所，1998）、《竹山鎮志》（南投，竹山鎮公所，2001）、《南投縣志》（南投縣政府，2010）、《南投農田水利會志》（南投，南投農田水利會，2008）等書。

陳進傳　1948 年生，台灣宜蘭人。淡江大學歷史系、歐洲研究所畢業，

曾任宜蘭大學副教授、教授，嶺東科技大學教授，現為佛光大學文化資產與創意學系教授。早年先治明史，著有論文多篇，其後研究轉向宜蘭史，並曾擔任宜蘭縣文化、文獻、古蹟、藝術各種委員會委員及宜蘭縣政府顧問，撰述《清代噶瑪蘭古碑之研究》、《宜蘭傳統漢人家族之研究》、《宜蘭擺厘陳家發展史》（合著）、《宜蘭本地歌仔—陳旺欉生命紀實》（合著）、《宜蘭布馬陣—林榮春生命紀實》（合著）、《宜蘭的傳統碗盤》（合著）等及論文約 80 篇。

鄭喜夫　台南市籍澎湖人，民國三十一年生。財校財務科畢業、興大歷史所碩士。高考會審人員考試及格。曾任臺灣省及北、高二市文獻會委員，內政部民政司專門委員。編著有臺灣史管窺初輯、民國連雅堂先生橫年譜、民國邱倉海先生逢甲年譜、清鄭六亭先生兼才年譜、重修臺灣省通志財稅、文職表、武職表、武職表三篇、南投縣志商業篇、臺灣當代人瑞綜錄初稿等書十餘種。

鄧孔昭　1953 年生，福建省三明市人。1978 年廈門大學歷史系畢業。後留系任教。1982 年轉入臺灣研究所。先後任助理研究員、副研究員、研究員、教授。1996 年起，兼任臺灣研究所副所長，2004 年改為副院長。2012 年退休。現為兩岸關係和平發展協調創新中心成員。

已經出版的著作有：《臺灣通史辨誤》、《鄭成功與明鄭在臺灣》等。

戴文鋒　1961 年生，臺南人，國立臺灣大學歷史學學士、國立成功大學歷史語言研究所碩士、國立中正大學歷史研究所博士，日本國立一橋大學言語社會研究科客員研究員，國立臺南大學臺灣文化研究所教授兼所長。學術領域為臺灣史、臺灣民俗、臺灣民間信仰、臺灣文化資產，重要專著有《府城媽祖行腳》、《萬年傳香火、世代沐法華——萬華寺廟》（以上 2002）、《萬華觀光案內》（2004）、《走過・歷史・記憶——鏡頭下的永康》（2008）、《萬年縣治所考辨》（2009）、《東山鄉志》、《在地的瑰寶——永康民俗祭儀與文化資產》、《永康的歷史遺跡與民間信仰文化》（以上 2010）、《九如王爺奶回娘家傳統民俗活動之研究》（2013）、《重修屏東縣志・民間信仰》（2014）、《山谷長歌——噍吧哖事件在地繪影與歷史圖像》（2015）等十餘冊。

目　錄

臺灣史研究名家論集——總序

　　《臺灣史研究名家論集》（初編）即將印行，忝爲這套叢刊的主編，依出書慣例不得不說幾句應景話兒。

　　這十幾年我個人習慣於每學期末，打完成績上網登錄後，抱著輕鬆心情前往探訪學長杜潔祥兄，一則敘敘舊，問問半年近況，二則聊聊兩岸出版情況，三則學界動態及學思心得。聊著聊著，不覺日沉西下，興盡而歸，期待半年後再見。大約三年前的見面閒聊，偶然談出了一個新企劃。潔祥兄自從離開佛光大學教職後，「我從江湖來，重回江湖去」（潔祥自況），創辦花木蘭出版社，專門將臺灣近六十年的博碩論文，有計畫的分類出版，洋洋灑灑已有數十套，近年出書量及速度，幾乎平均一日一本，全年高達三百本以上，煞是驚人。而其選書之嚴謹，校對之仔細，書刊之精美，更是博得學界、業界的稱讚，而海峽對岸也稱許他爲「出版家」，而不是「出版商」。這一大套叢刊中有一套《臺灣歷史文化叢刊》，是我當初建議提出的構想，不料獲得彼首肯，出版以來，反映不惡。但是出書者均是時下的年輕一輩博、碩士生，而他們的老師，老一輩的名師呢？是否也該蒐集整理編輯出版？

　　看似偶然的想法，卻也是必然要去做的一件出版大事。臺灣史研究的發展過程，套句許雪姬教授的名言「由鮮學經顯學到險學」，她擔心的理由有三：一、大陸學界有關臺灣史的任務性研究，都有步步進逼本地臺灣史研究的趨勢，加上廈大培養一大批三年即可拿到博士學位的臺灣學生，人數眾多，會導致臺灣本土訓練的學生找工作更加雪上加霜；二、學門上歷史系有被社會科學、文學瓜分，入侵之虞；三、在研究上被跨界研究擠壓下，史家最重要的技藝——史料的考訂，最後受到影響，變成以理代証，被跨學科的專史研究壓迫的難以喘氣。中研院臺史所林玉茹也有同樣憂慮，提出五大問題：一、是臺灣史研究受到統獨思想的影響；二、學術成熟度仍不夠；一批缺乏專業性的人可以跨行教授臺灣史，或是隨時轉戰研究臺灣史；三、是研究人力不足，尤其地方文史工作者，大多學術訓練不足，基礎條件有限，甚至有偽造史料或創造歷史

的情形，他們研究成果未受到學術檢驗，卻廣為流通；四、史料收集整理問題，文獻資料躍居成「市場商品」，竟成天價；五、方法問題，研究者對於田野訪查或口述歷史必需心存警覺和批判性。

　　十數年過去了，這些現象與憂慮仍然存在，臺灣史學界仍然充滿「焦慮與自信」，這些焦慮不是上文引用的表面問題，骨子裡頭真正怕的是生存危機、價值危機、信仰危機，除此外，還有一種「高平庸化」的危機。平心而論，臺灣史的研究，不論就主題、架構、觀點、書寫、理論、方法等等。整體而言，已達國際級高水準，整個研究已是爛熟，不免凝固形成一僵硬範式，很難創新突破而造成「高平庸化」的危機現象。而「高平庸化」的結果又導致格局小，瑣碎化、重複化的現象，君不見近十年博碩士論文題目多半類似，其中固然也有因不同學門有所創見者，也不乏有精闢的論述成果，但遺憾的是多數內容雷同，資料重複，學生作品如此；學者的著述也高明不到哪裡，調研案雖多，題材同，資料同，析論也大同小異。於是乎只有盡量挖掘更多史料，出版更多古文書，作為研究創新之新材料，不過似新實舊，對臺灣史學研究的深入化反而轉成格局小，理論重複，結論重疊，只是堆砌層累的套語陳腔，好友臺師大潘朝陽教授，曾諷喻地說：「早晚會出現一本研究羅斯福路水溝蓋的博士論文」，誠哉斯言，其言雖苛，卻是一句對這現象極佳註腳。至於受統獨意識形態影響下的著作，更不值得一提。這種種現狀，實在令人沮喪、悲觀，此即焦慮之由來。

　　職是之故，面對臺灣史這一「高平庸化」的瓶頸，要如何掙脫困境呢？個人的想法有二：一是嚴守學術規範予以審查評價，不必考慮史學之外的政治立場、意識形態、身份認同等，二是返回原點，重尋典範。於是個人動了念頭，很想將老一輩的著作重新整理，出版成套書，此一構想，獲得潔祥兄的支持，兩人初步商談，訂下幾條原則，一、收入此套叢書者以五十歲（含）以上為主；二、是史家、行家、專家，不必限制為學者，或在大專院校，研究機構者；三、論文集由個人自選代表作，求舊作不排除新作；四、此套書為長期計畫，篩選四、五十位名家代表

作，分成數輯分年出版，每輯以二十位爲原則；五、每本書字數以二十萬字爲原則，書刊排列起來，也整齊美觀。商談一有結論，我迅即初步擬定名單，一一聯絡邀稿，卻不料潔祥兄卻因某些原因而放棄出版，變成我極尷尬之局面，已向人約稿了，卻不出版了。之後拿著企劃書向兩家出版社商談，均被婉拒，在已絕望之下，幸得蘭臺出版社盧瑞琴女史遞出橄欖枝，願意出版，才解決困局。但又因財力、人力、市場的考慮，只能每輯以十人爲主，這下又出現新困擾，已約的二十幾位名家如何交待如何篩選？兩人多次商討之下，盧女史不計盈虧，終於同意擴大爲十五位，並不篩選，以來稿先後及編排作業爲原則，後來者編入續輯。

我個人深信史學畢竟是一門成果和經驗累積的學科，只有不斷累積掌握前賢的著作，溫故知新，才可以引發更新的問題意識，拓展更新的方法、理論，才能使歷史有更寬宏更深入的研究。面對已成書的樣稿，我內心實有感發，充滿欣喜、熟悉、親切、遺憾、失落種種複雜感想。本叢刊初編自有遺珠之憾，也並非臺灣史名家只有這十四位，此乃初編，將有續編，我個人只是斗膽出面邀請同道之師長友朋，共襄盛舉，任憑諸位自行選擇其可傳世、可存者，編輯成書，公諸同好。總之，這套叢書是十四位名家半生著述精華所在，精采可期，將是臺灣史研究的一座豐功碑及里程碑，可以藏諸名山，垂範後世，開啓門徑，臺灣史的未來新方向即孕育在這套叢書中。展視書稿，披卷流連，略綴數語以說明叢刊的成書經過，及對臺灣史的一些想法，期待與焦慮。

卓克華

2016.2.22 元宵　於三書樓

臺灣史研究名家論集——推薦序

　　臺灣史研究的興盛，主要是從二十世紀八十年代開始的。臺灣史研究的興起與興盛，一開始便與政治有著密切的聯繫。從大陸方面講，「文化大革命」的結束與「改革開放」政策的實行，使得大陸各界，當然包括政界和學界，把較多的注意力放置在臺灣問題之上。而從臺灣方面講，隨著「本土意識」的增強，以及之後的「臺獨」運動的推進，學界也把較多的精力轉移到對於臺灣歷史文化及其現狀的研究之上。經過二三十年的摸索與磨練，臺灣歷史文化的學術研究，逐漸蔚為大觀，成果喜人。以大陸的習慣性語言來定位，臺灣史研究，可以稱之為「臺灣史研究學科」了。

　　由於二十世紀八十年代以來臺灣史研究的興起與興盛，大體上是由此而來，這就造成現今的中國臺灣史研究的隊伍，存在著兩個明顯的特徵。其一，大部分的所謂臺灣史研究學者，特別是大陸的學者，都是「半路出家」，跨行或轉行而來，並沒有受過比較系統而嚴格的臺灣史學科的基礎訓練，各自的學術參差不齊，惡補應景和現買現賣的現象頗為不少。其二，無論是大陸的學者，還是臺灣的學者，對於臺灣史的研究，似乎都很難擺脫政治性的干擾。儘管眾多的研究者們，依然希望秉承嚴正客觀的歷史學之原則，但是由於各自政治立場的不同，大家對於臺灣歷史文化的關注點和解讀意趣，還是存在著諸多的差異，有些差異甚至是南轅北轍的。

　　儘管如此，從學術發展的立場出發，臺灣史研究的這兩個特徵，也未嘗不是一件好事。不同的政治立場、學術立場；不同的學術行當、學術素養，必然形成多視野、多層次、多思維的學術成果。即使是學術立場、觀點迥異的學術成果，也可以引起人們的不同思考與討論。借用大陸的一句套話，就是「百花齊放」，或者「毒草齊放」了。百花也好，毒草也罷，正是有了這般林林總總的百花和毒草，薈分蔚兮，百草豐茂，在兩岸學者的共同努力之下，形成了臺灣史研究的熱潮。

　　蘭臺出版社有鑑於此，聯絡大陸和臺灣的數十位臺灣史研究學者，

出版了這套《臺灣史研究名家論集》。在這部洋洋大觀的名家論集中，既有較早拓荒性從事臺灣史研究的鄭喜夫、周宗賢、林仁川等老先生的論著，也有諸如王志宇、戴文鋒等年富力強的中生代的力作。在這眾多的研究者中，各自的政治社會立場姑且不論，僅以學術出生及其素養而言，既有歷史學、語言文學的，也有宗教學、戲劇學、地理學等等。研究者們從各自不同的學術行當和研究意趣出發，專研各自不同的研究專題，多有發見，多有創新。因此可以毫不誇張地說，這套《臺灣史研究名家論集》，在一定程度上體現了當今海峽兩岸臺灣史學術研究的基本現狀與學術水平。這套論集的出版，相信對於推動今後臺灣史研究的進一步開拓與深入，無疑將產生良好積極的作用。

陳支平

2016 年 3 月于廈門大學國學研究院

序言

　　寫文章難，寫序更難。雖然如此，但書要印出來，作者自是要把寫作、出版這本書來龍去脈和內心的感受寫出來，好讓讀者一齊來分享和認識這本書。

　　《臺灣史研究論集》叢書的出版，要感謝佛光大學歷史系卓克華教授。卓教授是我的好朋友，一齊在臺灣史的領域研究與教學，他深受學術界的肯定。大約 2014 年春，他提出要主編這套論文集叢書，邀我將尚未出版的論文加以整理輯成一集出版，我既感佩他有這份使命感，想對臺灣史研究在學術上付出貢獻的熱忱，同時也想到自己在已愈古稀之年，還可以將自己這三十多年來的研究心得出版，也是難得又值得紀念的事。因此，也不管文章寫得好不好，就答應了。

　　這本論文集出版前，我先後已出版過《逆子孤軍——鄭成功》、《清代臺灣海防經營的研究》、《臺北市古碑》、《黃朝琴傳》、《臺灣民間組織的研究》、《淡水——輝煌的歲月》等幾本有關臺灣史研究的書。今這本論文集，則是由十四篇論文集成，最早的一篇〈清末基督教宣教師對臺灣醫療的貢獻〉，發表於 1984 年 9 月，最新的一篇〈淡水重建街聚落的人文情懷〉，則發表於 2015 年 9 月，前後相距有三十一年之久。也就是說這本論文集，涵蓋了我這三十多年的研究心血和成果，這十四篇文章與文化資產、人物、噍吧哖、淡水區域研究有關，這和我在淡江大學服務以及多年擔任文化資產審議評鑑的工作有密切的關係，所以，在這些領域自是有較多的著墨。

　　因為這本論文集的文章，前後有三十多年的時間差，我以為在寫作的方法、史料的蒐集、使用、思考或體例會有不少的落差，甚至過時與謬誤，至於掛一漏萬更是難免，諸多缺失尚祈大家多多包涵和指教。

淡江大學歷史系榮譽教授

周宗賢 敬字

于　丹霞灣書室 2016.3.16

臺灣會館的研究

壹、前言

中國人在文化上或是現實的生活上有一共通的特性，就是無論在國內或海外，為了適應新的環境，總會成立一種或數種傳統性的組織來做為適應的工具。這種特性是我們中國文化的特徵之一，而且又能展示中國文化的堅韌性和適應性。

通常一個社會整合凝聚最基本也最直接的準則是血緣的關係，這可以從很多的初期社會都建立在親族團體之上而得到證明。不過當一個社會發展到成員眾多，範圍日廣的情況時，它就會發生社會經濟等變動而致社會分工與重組的現象，如此，單靠血緣關係為結合力已無法維繫如此複雜的社會了，於是就成立了村莊等地緣組織，村廟就是這些地緣組織的互助合作、自治、自衛之中心。旅居於外地者，同樣地也成立會館、公所等，以求謀取同鄉之間的互助合作和自治自衛。是故，會館可以說是中國傳統的地緣組織之一種。而血緣關係的表徵則是祠堂家廟，會館或以祀奉家鄉守護神為主體的宮廟就是地緣關係組織中最具特色和代表性的團體了。

會館的發生是基於我們中國人強烈的愛鄉心理和互助的精神。由於具有這樣的民族性格，故每當佳節必引起人們思鄉的情緒，因而愛慕故鄉的詩文特別多。中國人以生死於故鄉為榮，雖會受種種因素所迫而作客他鄉，可是，一旦事業或功名有成，都會要衣錦還鄉。在金門，我們可以很普遍地看到清末民初之際，金門人到南洋或華北等地貿易奮鬥有成就後，返鄉興建的豪華洋房宅第，這就是一個最好的例子。人有時會客死他鄉異域，但也都希望能夠葉落歸根。這種傳統而強烈的民族性，使我們即使在他鄉住上數代，仍呼祖先出生之地為故鄉。中國人向來聚族而居，習於有福同享，有難同當的生活，故當外出做官，做貿易或從事其他工作的時候，以同鄉之誼來作為一種凝聚結合的力量是很自然的

了。造成這種現象的因素還有跟明清時代的地方官制有關，因爲，明清的地方官制止於縣，縣以下委由地方自治，這就更助長地域的觀念。而原住民或住戶就會將他鄉人視爲異族，尤其在生存競爭較激烈且文教亦較落後的地方，先住人對他鄉人很容易滋生各種排斥和嫉視的心態和行爲，甚至虐待侮辱也是常見的事。人們爲了保護生命財產以及解決思鄉之痛苦，他鄉人便會依同鄉之情誼組織了相互濟助的團體，這個時候，鄉親與共同的家鄉守護神所凝聚的力量，已超越了鬆弛的同姓血緣關係了。更何況我國盛行祖先崇拜，任何人都希望死後歸葬於祖先的墳地內，所以當祖或父客死他鄉時，其子孫都會不辭勞苦與路遙地將他的先人遺體運回原籍安葬。但是在古代的中國，交通是很不方便的，要想以一己的力量來完成這項義務事有許多的困難，尤其更需渡過海峽的臺灣，實有賴於同鄉人之同心協力的濟助。另外，學子進省會或京城應試時，吃住方面的習慣與否，對於考期既長又艱苦的試子大有影響。因此爲了解決上述種種的問題，會館建立乃更形重要。所以會館是具有中國人傳統的慎終追遠及愛鄉土愛鄉親的美德。在眾多的民間組織中，是極富正面價值的。

貳、會館的沿革

　　會館是專爲旅居在外的同鄉人相互濟助的需要而產生。所以說需要是存在的重大因素。在京城或各省省會或繁榮的都市或海外新拓的地區，會有來自各省各府縣的人，他們有的爲了應考，有的是因旅遊或經商或仕宦的理由來到這裏，會館就是提供他們停留住宿聚會或推進業務或聯誼等等之用。會館的含義一指同鄉人士所公立的建築；另外也包含了同鄉的組織及其功能。本文則兩者綜合地說明。

　　從史料上觀察，早在宋代的杭州就已經有此類的民間地緣機關用來服務同鄉人。宋代的杭州非常繁榮，寄寓的外郡人士特別多，尤其是江南海賈，他們之中不少在杭州發達致富並成家立業者。這些異鄉客便在杭州建立會館，並供俸各種家鄉的守護神，最重要的是對來自家鄉人士

買賣不利，坐困不樂者，以錢物救濟，協助他們度過困境。若有客死杭州者，便給予散棺助其火葬，以終其事。[1]

但是，「會館」兩字之出現卻晚至明永樂年間（1403～1424）蕪湖人俞謨在京師前門外長巷上三條胡同所見的《蕪湖會館》。[2]他是為同鄉人任職京師者住宿聚會之用而捐建。由於這種會館很能有效地解決思鄉之愁和困難，又能增進同鄉者彼此的情誼，因此，其他各地來京師的人士，便紛紛地效法建立了他們各自的會館，例如福州會館、青原會館、稽山會館、邵武會館、汀州會館、新城會館、懷忠會館等都是。[3]

叁、會館的範圍與種類

會館的範圍具有階梯性，也就是說有大小的不同。它包括下列幾種：（1）由一縣人組成者，如湘鄉會館、武進會館、浯江會館等是。（2）由一府人組成者，由於縣的區域太小而無法組成有力的會館時，那麼會館就會擴大成由府為單位的人來組織，如廣州府之嶺南會館、寧波府之四明公所、福州府之三山會館、汀州府之汀州會館、紹興府之紹興會館等是。（3）由於民間組織具有強烈的階梯性，故若需更大的團結，則在地理語言歷史發展或民間信仰諸方面有著特殊關係的兩三府人往往會合組一會館，以應需要，如廣州肇慶二府人組成的廣肇會館、潮州惠州人組成的潮惠會館、潮州汕頭人組成的潮汕會館等是。（4）省是我國地方最大的行政單位，明清各以督撫來治理，因此省籍觀念特別發達，故有以一省人來合組的會館，如廣東會館、四川會館、浙江會館等。（5）有時在都會中，因同一省人太少，不能組成有力的會館時，互相鄰接的兩三省人便合組一會館，如雲貴會館、湖廣會館、兩廣會館、閩奧會館、閩浙會館等。（6）在海外，則不論其出生地之異同而合組中華會館。（7）除了以行政區劃為單位者，上有因經商的地區相同而合組會館的，如泉

---

[1] 事見南宋吳自牧《夢梁錄》卷十八〈恤老濟貧條〉。另參閱全漢昇《中國行會制度史》頁 93。

[2] 見《蕪湖縣志》。

[3] 參閱何炳棣《中國會館史論》。頁 15。

郊會館、廈郊會館、臺廈郊會館。（8）更有因特殊兵制下之同鄉鎮或同單位者所組成的會館，這類會館在清代的臺灣最多，例如提標館、海山館、銅山館、南澳館、烽火館、閩安館等等。（9）也有因同業組織的幫會爲了應付當地土著的壓迫並保護自己的利益而合組的，例如書行業之文昌會館、玉器行之長昌會館、顏料行之顏料會館、藥行之藥行會館等是[4]。這一類在臺灣就沒有發現，可能被「郊」商所取代了吧。

肆、會館的經費

　　會館是爲了讓出門在外的同鄉人獲得相互濟助而產生。所以會館是含有濃郁的服務色彩，爲了達成這個崇高的目標，經費自然是會館設立與維持的首要課題。通常經費的來源是從同鄉人的募集，而以同鄉中的達官商賈的捐助最爲重要，他們不僅較有能力捐款，而且因其聲望高而更具號召力。例如北京的廣德州（安徽省）會館是由於康熙年間一位擔任御史的同鄉所捐建[5]。臺灣的情形大略相同，譬如鹿港金門館，就請進士鄭用錫爲董事，雖然鄭用錫住在竹塹（今新竹市），但他是金門旅臺人士中最富有又最有聲望的人；臺南的潮汕會館就由知縣楊允璽、遊擊林夢熊等出面倡捐而成，知縣出面來倡捐民間組織事，就因爲他是廣東大埔人，是當時的達官貴人。其次是商賈方面的捐助，這是很普遍的方式，例如臺南銀同會館是泉州同安人之會館，除官員外，當時的大郊商如石鼎美捐銀五十大員，漢隆號捐銀六十大員，船戶源財號、新興勝等各捐六大員等[6]。而基於愛鄉與宗教信仰上的熱忱，捐錢捐神燈神桌香爐或捐米穀衣物者非常普遍，這也是會館經費來源之一，例如臺北縣淡水鄞山寺汀州會館碑記有汀郡同鄉人江東清將其位在淡水的土地所產租谷臺壹拾陸石年年捐給會館使用，在臺灣，類似的捐款比比皆是。一如前段所說，臺灣有許多班兵的會館，這些班兵不但是同鄉，而且是

---

[4] 參閱全漢昇《中國行會制度史》。頁 95。

[5] 同上。

[6] 見〈臺郡銀同祖廟碑〉，碑存臺南市銀同祖廟內。

一同執干戈的軍中伙伴，因此，爲了祀奉家鄉請來的神明及相互濟助聯誼，他們就建了會館，也自然熱心捐款給會館來維持各項的工作，例如澎湖馬公的烽火館就是由駐劄澎湖的水師副總鎮江起蚊等倡捐烽火們換戍班兵共捐而成。其他如桐山會館、雲霄館、提標館等都是一樣的情形。在中國內地也有由同鄉的商店或其夥計按月認捐的，如上海的廣肇會館便有這樣的情形。

　　樂捐之外，也有略帶強制性質的賦課。收房租是最普遍而基本的方式。向同鄉的商人抽取貨物稅也是一種方式，如天津的閩奧會館規定，凡閩奧商船貨物運於天津，繳收稅款若干，納於會館，充春秋兩祭之用。在臺灣，據鹿港「泉郊會館」的規約，訂泉郊諸號船，每百石貨額，訂抽銀一元，以作公費。諸同人如有配儎，應付出海收來交繳，不得隱匿，如有隱匿，察出罰銀一倍充公。[7]當然這種向船戶抽稅事先報准官府的。

伍、會館的組織

　　會館的組織並不嚴密或嚴格，祇要和會館同籍貫的人都可以成爲會館的會員。因爲會館設立的目的就是要服務同鄉人。所以會員的資格很簡單。不過與行會有關的會館，因牽涉到事業的獨佔性，爲了保護原有會員的利益起見，對於新加入的會員就多了一些限制，其中最主要的限制是規定要捐出若干錢方得加入爲會員。在臺灣，這一類型的會館沒有，因爲臺灣的會館較偏重於祀神和聯誼的性質，這和臺灣的開發及社會結構有密切的關係。

　　會館既是社會組織之一種，則爲了能夠推動各項的事業以服務同鄉人，則必須有人來主持。通常主持會館業務者稱爲董事或理事，由同鄉人推薦後報官。他們的主要職責有二：（1）對內監理會館之一般事務，如銀錢的收支或館產之管理以及對同鄉人的服務，甚至要仲裁和解同鄉人之間的糾紛。（2）對外代表會館去跟官府或其他團體交涉談判等。會

7　鹿港泉郊仁愛之家《泉郊簡介》。

館在地方上確能扮演多重功能，所以董事的職責很重大，爲了對外好辦事，對內能讓同鄉人信服，都推舉熱心又有名望又有財勢的人來擔任，這樣的人通常是得過功名的紳衿，例如鹿港的金門會館就推舉極富名望又有錢財的新竹鄭用錫進士做董事。不過爲了避免發生寡頭專擅的毛病，會館一如其他法人，規定有數名副董事，以輔佐董事，他們大多是榮譽職，任期大多是一年到四年，也無連任的限制。他們雖不受薪，但通常每年得由會館支給若干車馬費。由於會館的本質異於一般的廟宇，其事務更爲煩雜，實非幾位正副董事所能一一處理，所以會館都另請一些受薪的職員來司事。例如鹿港的泉郊會館館，設有正副籤首，以籤首管傳船幫，副籤首管看銀錢。正籤首月薪四元，副籤首月薪二元。至若接待賓客，清掃會館，安排祭祀供物或辦理重大祀典宴會時的文物，穀租地催收，戲班的安排以及一般的慈善工作，甚至主斷街衢口角是非等事，都委由這些職員負責或協辦。

陸、會館的事務

會館是同鄉的地緣組織，以團結鄉人，保護鄉人，促進聯誼及互相濟助爲目的。要達成這些目標，就要辦理許多相關的工作。在內地，一般的會館都能夠積極地保護同鄉人的利益，會館不像商業性質的行郊，行郊給予同業的限制較多，而會館是較少禁止的，甚至於要跟外來的帝國主義者衝突也在所不惜。像上海北市錢業會館碑就有很詳細的描述。[8]

至於臺灣的會館，主要是服務渡海來臺的同鄉人，使每個人都能得到好的照顧和幫助。臺南銀同會館的碑記著：「試期，南北士子赴試者，交轂聯袂，鱗次麕集，茲廟若不足容之，往往別投宿，不得相與樂羣而敬業……幸廟後尚有隙地可購，闢爲前後兩楹，翼以護室……凡同人之來者，寓焉。」很清楚地說明其會館興建之用意。其他如桐山營會館、

---

[8] 同註3。

烽火館等也都有類似的工作目的。

　　綜合各類會館經常性的工作。約有下列數項：

（一）社交娛樂

　　會館在神誕或祭日或其他吉慶日，一定會演戲酬神，設宴以敦鄉誼。中國人的鄉土觀念很重，也難免產生較狹隘的地方觀念，所以出門在外易受當地人之排斥，如此，更易滋生思鄉之情。會館既為同鄉會的俱樂部，便經常自家鄉請來戲團，除了酬神之外，更能提供同鄉人在異域欣賞家鄉戲聽家鄉音之樂趣，更解除了同鄉人思鄉之苦。

（二）住宿

　　出門在外有著太多的不方便，住宿是最基本的困擾。為了解決住的問題，會館都置有廂房客室供鄉人寄宿。臺南潮汕會館的最後一進，整棟都是客房。為了防止鄉人長期霸宿，會館都訂有公約，不許長住或踞為己有，也不可私租他人。[9]

（三）慈善工作

　　會館可以說是鄉人在外的避難所，為了使客死他鄉的人得以安頓和料理善後，在館內或附近都設有殯舍以供使用或安置靈柩。對於一般的災變，會館也都會給予同鄉人援助，或贈或供旅費，或養育孤兒，施衣贈藥，安排交通等都是經常要做的工作，有些會館更設立義學以供孩童唸書。

（四）宗教祭祀

　　會館是是以相同的籍貫為凝聚力並加上相同的神佛信仰來相結合。我國以神教來強化人羣由來已久，每個地方都有自己的鄉土神或行

---

[9] 詳見〈臺南桐山營會館碑記〉。碑存臺南市北極殿內。

業的守護神，例如江西人崇拜許真人，廣東人信奉關帝，福建人則禮祀媽祖，漳州人尊敬開漳聖王，粵東客屬的三山國王，郊商們的水仙尊王，汀州人的定光古佛，安溪人的清水祖師，除外尚包含供養有功於會館的董事或倡捐人以及同鄉的先輩們，如江西人之於文天祥、謝枋得，潮汕人之於韓文公，臺南的潮汕會館不但供奉三山國王，也設有韓文公祠，並供有廣東巡撫和兩廣總督之神位便是一例。在旅遊事業推展上會館更提供了許多的方便，最重要的是提供人們心靈上的慰籍和力量。尤其像臺灣這種地方，亞熱帶海洋性氣候，又適應颱風區，除了海峽風浪詭譎多變外，還有嚴重的水土服合問題，何況島上又多「番害」，這些都給予來臺開拓的先人遭到極大的死亡和危脅，因而對神明的祈求依賴格外地強烈，所以，會館的建立，解決了這些的問題。這也是造成臺灣的社會有會便有神的特性了。而鄉人對於守護神的祭祀也是非常隆重熱鬧的。

（五）經濟方面

提供同鄉人金錢的借貸是會館重要的功能和事業。會館本身都置有會產，它的收益相當可觀。在現代化金融體制未發達時，會館也扮演地下錢莊的角色，如上海的廣肇會館就明訂借貸的辦法。會館的借貸行為一方面幫助有困難而缺錢的人，一方面可獲得一筆利息收入。也有的會館會派人協助同鄉人簡化納稅手續。

（六）法律方面

會館為了保護同鄉人的利益，通常都制定有各種商業習慣，例如價格，度量衡，貨物損毀賠償，折讓等給予鄉人共同遵守。假若有同鄉人相互間發生糾紛，則例由會館董事或籤首來仲裁。有些會館在同鄉人和外界人士發生爭執時，也會為之出面處理，以免同鄉人孤單軟弱被人欺負。

柒、臺灣的會館

臺灣是我國閩粵人士所開拓，所以臺灣的風俗習慣都傳自大陸。這些從閩粵來的人士，爲了種種的因素和需要也都建有會館的組織。由於閩南的泉漳移民占全臺灣總人口數的百分之八十以上，因此，其他省或其他府州的人士來到臺灣，人數較少，語音不同，生活習慣也有差異，尤其拜不到家鄉的守護神，也經常受到泉漳人士之排斥，這樣出門在外的人在臺灣開墾或從事貿易是多麼地不方便和痛苦，爲了解決這種困境，也爲了互相濟助與推展業務，更能解鄉愁起見，幾個較早開發且繁榮的地方，都建有各色各樣的會館。除了一般的商人與墾民外，清代在臺灣施行「班兵」的制度，這些從閩粵各地調來的營兵，爲了共伙、拜同一神佛、娛樂或住宿等理由，也都建了許多的會館，非常地有意義。在本質、功能、組織等方面，臺灣的會館與內地是完全相同的。茲將調查所得的會館介紹如下：

（一）臺南的會館

一、潮汕會館

館址在今臺南市立人街三十二號。爲一座三進五開間的大建築。是清代粵東人士來臺官民共同捐款興建。據《臺灣府志》云：「雍正七年（1729）知縣楊允璽，遊擊林夢熊率粵東諸商民建。」[10]按楊允璽爲廣東大埔人，林夢熊爲廣東海陽人，均屬潮州籍。會館正殿供奉「三山國王」，三山國王在潮汕客屬民間，一向被視爲福神，清代旅臺之潮汕商民，多佩其爐香來臺，潮汕會館就因主祀三山國王而另稱爲「三山國王廟」。廟的左殿供奉媽祖及歷任兩廣總督大老爺與歷任廣東巡撫大老爺之牌位。右殿爲韓文公祠，建於乾隆三十七年（1782），內供有恩於潮汕的韓文公。此一會館專供粵東商民停留住宿及聚會推進商務的場所，這是因臺南爲泉漳人所開拓，人數居絕對多數，故粵東客屬們爲求互

---

[10] 楊林二氏據《臺灣府志》卷三職官志及《臺灣縣志》卷二政志均載係清乾隆七年到任。

助，自然需要這種的同鄉組織了。因此，原本只是同祖籍同神明信仰的公廟，就擴大而爲同鄉人的會館了。目前潮汕會館爲臺灣碩果僅存的一座純粹潮州式的建築，造型特殊而優美。其第三進有五間專供同鄉住宿的客房。爲最標準的會館型態。本質上具有同鄉會、客棧、錢莊及鄉土守護神祭祀的內涵。　整個建築物，目前尚能保持原貌，可惜後進客房破壞，亟待整修。

二、銀同會館[11]

館址在臺南市府前路一二二巷六十八弄一號。這是福建泉州府同安縣創設的同營會館。創建於清道光二年（1822）。據道光二十五年「臺郡銀同祖廟碑」記：「銀同祖廟就是銀同會館」。本來是自同安調來臺南的班兵聚會祀神的地方。後因年久失修傾圮，乃由戍兵陳青山倡建，職員陳邦英、高興幫等協董其事。並立碑規定凡是同安來臺南的人都可以住宿。又爲了考試期間，有許多同安籍士子考生因會館房間不足而投宿別處，結果無法彼此照顧互相勉勵，乃再在後面加蓋客房兩楹供考生居住。可見具有試館的性質了。銀同會館主祀媽祖、吳真人、陳聖王、五文昌、朱夫子、藍先賢等神。銀同祖廟在第二次世界大戰時，被盟軍炸毀，光復後就原地重建。現尚存古碑三片。

三、桐山會館[12]

會館設於臺南市民權路八十九號。即北極殿大上帝廟的後殿。創於清嘉慶九年（1804）。桐山在前清時屬福建福寧府福鼎縣。此地講福州話，又是八閩東邊海疆重鎮，沙埕港爲其海運吞吐口，清代設有水師營。所以，從桐山調來的班兵，一到臺南所遭到的一些困難可想而知，因爲福州話語和閩南語有著相當大的差異，因語言上的不易溝通，致使他們必須設立會館，做爲對外溝通，對內互相濟助的機關。據道光十八年（1838）「大上帝廟桐山營四條街公眾合約」碑之記載，指出自康熙年間設營戍臺以來，桐山營眾登陸或待渡返內地時，常受困於此，並爲鄉人有自己的神佛奉祀起見，乃於清嘉慶九年由桐山營頭目鄭國平、高雲

---

[11] 詳附錄一。
[12] 詳附錄二。

龍、江士暉、林進標桐董事蘇建邦、張克容、張達三、黃璜等人倡捐，並蓋房屋並於北極殿後面，做爲桐山營班兵及同鄉人住宿之用。會館並訂定不得長住及管顧，也不可踞爲私有或私租他人。此會館主祀北極殿的玄天上帝外，另祀觀音菩薩。現完整地保存道光十八年的古碑兩片及蘇建邦捐題的一對石柱，甚具學術價值。兩廂客房仍存。

四、兩廣會館

會館遺址在臺南市南門路。光緒元年（1875）由籍隸廣東省揭陽縣人的臺灣總兵官吳光亮所倡建，並得來臺兩廣商民所捐助而成。該會館爲純粹粵式建築，規模宏大而華麗，可惜於第二次世界大戰時被盟機炸毀。今僅存會館的「瓦當」經約十一公分乙塊存於臺南市立歷史館。

五、三山會館

此會館爲清代福州人士來臺南所捐建，福州人在臺南者人數不少，多經銀銀樓珠寶、剪刀、菜刀等行業，講話與閩南大不相同，故建有會館，爲一福州式的建築。可惜也毀於日據時代，今已改建易名爲「元和宮」。

六、浙江會館

這是來自浙江寧波造船業的人所興建的會館。已毀於日據時期而不知其址。

七、安平五館

甲、閩安館

閩安在清代隸屬福建福州連江縣。這個會館就是由福建閩安水師協標的班兵所建之同鄉組織，作爲他們共伙聯誼之場所。會館內有一戲台，可容數百人，可見其規模之大，爲安平五館中之最大者。日據時期已毀，目前片瓦不存。

乙、提標館

所謂提標就是指清代的水師提標。這些標兵從內地調來安平後，爲了需要聯誼共伙祭神等而興建會館。館址在安平三靈里三靈殿之東南，今石門國小內。規模不大，爲五館中之最小者。他們主祀媽祖與提標祖。澎湖馬公也有一座提標館，性質完全一樣。

丙、海山館

海山館是規模僅次於閩安會館，也是安平五館中碩果僅存者。其性質與其他館一樣。按海山為清代福建海壇鎮。屬福州府的平潭縣。四面環海，清設海壇總鎮於島上。縣民講福州話。海山館即由海壇總鎮鎮標調臺之班兵所捐助而成。目前經臺南市政府加以修建，相當完整。

丁、金門館

安平五館中規模居第三的就是金門館，其址在安平菜市場。金門為中國文化移入臺灣的轉繼站，臺灣的一切均可在金門看到。金門人士來臺澎者為數眾多，故於安平、臺北、鹿港等地，均設有金門館以服務金門人士。他們一定供奉有功於金門的蘇府王爺。按蘇府王爺原祀於金門的金湖鎮，故又稱為「浯德會館」。蘇府王爺即蘇王盛，唐時佐牧馬侯陳淵開發金門，浯江人士感其恩澤，為他建「浯德宮」來奉祀。安平金門會館係清金門陸路鎮標之班兵渡海來臺時，為了待渡共伙與供奉蘇府王爺而建。可惜安平金門館已毀。

戊、烽火館[13]

館址近閩安館，即今臺南客運安平站候車室。規模居四。現存有乾隆三十三年「重建烽火館碑記」於大南門外碑林中，甚具研究價值。從碑文中可知烽火館是由烽火門調來安平衛戍之班兵所組成並捐款建館。按烽火門清代隸屬福建福寧州霞浦縣清設陸路鎮標於此地。該館的經濟來源除同鄉人捐獻之外，靠租賃的收入來維持。

（二）彰化

一、汀州會館

館址在彰化市光復路一四〇號。按汀州人語屬客家語系，而彰化是以漳州人為主要開闢者。故汀州人士在彰化縣城裏就有必要創組會館來互相濟助與聯誼。本會館乾隆二十六年（1761）由汀籍總兵張世英及汀籍人士捐助而成。主祀守護神定光古佛，它和臺南潮汕會館一樣，事先

13　詳附錄三。

有同祖籍之信仰公廟，再擴大而為會館。會館本來有客房供同鄉人住宿，可惜今為汀人所竊踞，面目全非。臺灣另有一座汀州會館位於淡水。

二、三山會館

館址在彰化市中華路一八五號。又稱「白龍庵」或「榕興堂」。為福州十一縣在彰化的同鄉組織。創建於清同治七年（1768）。是臺灣碩果僅存的福州人會館。他們主祀五福大帝，又稱五靈公。該會館內組有劇樂社。

（三）鹿港

一、金門館[14]

鹿港的金門館與安平、臺北的金門館完全一樣。金門與臺灣的關係非常密切，金門人來臺灣的特別多，乾隆五年（1787）由戍守鹿港的水師官兵與旅居鹿港的紳商們捐建而成。最初是專供駐鹿港的金門人士朝奉之用，嘉慶以後，更進一步供旅居鹿港的金門同鄉人住宿與禮佛聚會。鹿港的金門會館是臺灣四座中最早且規模最大者。館內存有古碑與古匾，均為金門出身的文武官員所敬獻。址在金門街。

二、泉郊會館[15]

館址在鹿港中山路二三三號。閩南及臺灣將大貿易商或商行公會俗稱為「郊」，也叫「行郊」或「郊行」，與一般的行會、公所相類似。在臺灣，郊行都設在城市之郊與港埠之濱為多，它是由同行業者所組成，其命名與經營所在地或行業類別相關，其目的在於為同業們排解紛爭，解決困難，保持商譽，維護商品品質及行商間的聯絡，並協助政府維持治安，或倡捐公益事業及慈善事業以彌補官衙力量不足。具有多元性的本質與功能，是清代臺灣最具影響力的民間組織。鹿港的「泉郊會館」就是由泉州的郊商們所組成，奉祀天上聖母。可惜民國二十三年拆除「不見天」拓寬馬路時，改建為現代式的店舖。目前正殿存有多幅古匾供憑

---

[14] 詳附錄四。

[15] 詳附錄五。

弔。

三、廈郊會館

廈郊會館就是由做廈門貿易郊商們所建。其性質和泉郊會館一樣。目前已改建爲「老人會」場所。廈郊會館與已述的泉郊會館，除了各爲地緣組織外，同時又是業緣之組織。

（四）澎湖

一、提標館

館址在馬公鎮中山路五十六號。因清自康熙二十三年起在澎湖設營兵，有「水師提標」、「銅山標」、「南澳標」、「閩安標」四標。各標班兵都組織自己的會館供伙及祀神聯誼以互相濟助。提標館內主祀媽祖與提標祖。其情形與臺南安平同。除古匾及神像外，館已改建爲兩層洋房。

二、銅山館

銅山館又稱「武聖殿」。位於馬公民族路二十五巷二十五號。此館創建於咸豐年間。據會館的碑記載：「銅山館者爲前武營提海南銅山四標之一」。銅山即福建漳州東山縣，故知爲東山縣調戍澎湖之標兵們做爲共伙並給予同鄉人聚會祀神之處。主祀關聖帝君。

三、海山館

海山館原建於今署立澎湖醫院院址，日據時期被遷到中央街與靖海侯施琅共祀，門額稱「施公祠」。此亦標兵所建，與臺南安平海山館相同。今僅存古香爐及二幅古匾。

四、烽火館[16]

烽火館本來規模很大，位在今馬公民族路上。據「歷代記」所述，烽火館是由講福州話的福寧州霞浦縣調來澎湖之班兵所捐建。此館與臺南安平相同，主祀關聖夫子。馬公烽火館另具歷史意義，因道光二十年（1840）中英鴉片戰爭時，太子太保王得祿以七十二高齡銜命駐防澎湖，不幸於當年十二月病逝防次，當時就停靈於烽火館內待渡。可惜今

---

[16] 詳附錄六。

已改建成民房，僅留存古井一口和兩塊古碑。

五、臺廈郊實業會館

館在馬公中山路六巷九號。臺廈郊即澎湖的行商從事臺灣與廈門之貿易者，這些郊行以「水仙宮」為聚會聯誼與祀神的地方。這種會館跟班兵所建的會館有些不同，通常班兵所建的會館是祀神聯誼同時完成，但郊商們是先有祀神，然後再成立聯誼及推展業務的會館。會館既附設於水仙宮之內，當然主祀水仙尊王與媽祖。

（五）淡水

汀州會館

館址在淡水區鄧公路十五號。創建於清道光三年（1823）。淡水開發很早，主要居民是泉州人。不過淡水因為是臺灣北部對渡內地的正口，所以除了泉州人以外，其他府州縣的人亦不少。這當中又以汀州人為最多，可是汀州人講客家話，自然遭到不少的困難，因此，道光三年由汀州人張鳴岡捐建，除供奉家鄉守護神定光古佛外，並蓋有廂房供同鄉人住宿之用，它又龐大的廟產，更能在錢財上予同鄉人濟助。本館與彰化市的汀州會館性質完全一樣。淡水還有金門、烽火、同山、海山四處班兵會館。

（六）臺北市

金門會館

館址在廣州街八十一巷四弄三號。咸豐七年（1857）金門人王士仁等人自金門被調到艋舺為班兵，駐紮在「艋舺兵盤埔，亦名營盤埔，俗稱協臺」（按即今廣州街龍山國中校址），為了供奉蘇府王爺與共伙聯誼，王士仁等人就在營區旁興建會館。除金門館外，當時尚有海山館。民前十三年，日人買充為「日本警官訓練所」，乃遷到「蓮花池街」，不久，日人又在此地建「老松公學校」，於是會館才遷建於現址。由於多次遷建，致文物蕩然無存。每年農曆四月十二日王爺誕，金門、艋舺、

鹿港、安平同時盛大慶祝。真是「血濃於水」的表現。

捌、結語

　　臺灣是國人早期移民胼手胝足艱苦經營開拓出來，因此，民族的感情與歷史文化淵源正是臺灣與大陸命運息息相關的基礎與依據。會館雖然僅僅是眾多民間組織中之一種，但是，由於它包含了宗教的、經濟的、倫理的要素，所以，當血緣的凝聚力不足以維繫社會時，地緣性的會館正足以彌補這個缺失。有時又兼具業緣組織之功能。會館的創設，曾經有助於臺灣社會的安定，也有助於臺灣的進步。當我們正感受到文明的進步、社會的變遷演化得太快且又間隔太短所加諸於我們身上的壓力與衝擊時，這種濃厚鄉土色彩的會館將被我們肯定了它在當年的存在價值。

附錄一「銀同祖廟碑記」（道光二十二年）：

即補分府直隸州、福建臺灣縣正堂、加十級、紀錄十次、記大功二次閻，爲懇請給示勒石嚴禁，以昭誠敬，而垂久遠事。

道光二十二年九月二十日，據職員陳邦英、生員陳珏、職員葉飄香、鋪民李玉山、百總陳青山、高興邦等簽稟：「竊聞神道爲設教之方，旅人有桑梓之誼。英等籍屬同安，或拋家而經營，或挈眷而東渡，雖旅次恒有樂土之思，而重洋不無神恩之奇。爰是英等公同酌議，就於南北羈旅同鄉紳士軍民人等，互相捐緣，樂輸磚木各料，相擇郡城內之東安下坊溝仔底處所，買地卜築。業於本年正月內諏吉興工，創建「銀同祖廟」，中祀天上聖母暨保生大帝神像；旁置小室數楹，以便延僧住持，供奉香火。惟念神祠必以莊肅爲敬。或隨俗演戲，恭迓神庥；或備物致虔，歲時祭祀，紳士軍民，均所勿計。第恐日久弊生，萬有兵民借住其間，未免藉滋事端。是後敬神而轉以慢神，尤非英等倡建之本意。勢得瀝情簽呈聲懇，伏乞電察恩准，給示嚴禁：毋許兵民藉端借宿。勒石廟外，永遠遵行。用衛神祠，且杜奸弊。神人均沾，切叩」等情。

據此，除批示外，合行給示勒石。爲此，示仰閤邑軍民人等知悉：爾等須知，此廟係職員陳邦英等因來臺經營，往返重洋，全賴神明默佑，是以告諸南北兩路同鄉之人，共相捐輸樂助，就於郡治卜地，建蓋廟宇，供奉天上聖母暨保生大帝神像；旁置小室數楹，以備延僧奉香火之用。理宜潔淨莊肅，不容閑人混雜。誠恐日久弊生，難保無該同鄉之人，藉以公同捐建爲詞，到廟借宿，喧譁吵鬧，滋生事端，殊非誠敬之道。自示之後，無論軍民士庶人等，永遠不許向該廟借住作寓，用昭誠敬，而壯觀瞻。各宜凜遵，毋違！特示。

道光二十二年十一月十一日給

「臺郡銀同祖廟碑」（道光二十五年）

歲道光乙巳，皎亭李君遊臺歸，以臺郡城銀同祖廟告成，請予爲文以記之，乃告予曰：「郡城故有『同營會館』，歲久而圮，僅存隙地。辛

丑，戍弁陳青山倡議勸捐重建，職員陳邦英、高興邦等協董其事。易其朝向，擴其地基，闢爲前後兩楹，翼以護室。中堂塑天妃暨吳真人、陳聖王神像。凡同人之來郡者，寓焉；及試期，士子寓者尤夥。頗其額曰『銀同祖廟』，實則『銀同會館』也。延僧供香火，若館主人然。禮有之：「有功德於民祀之」。此三神者，本崇祀吾同，屢顯靈異。凡同人赴臺者，咸攜香火，重洋晏堵，皆稱神佑。分祀茲廟，禮亦宜之。斯役也成，民與致力於神，兩得之，故不可不記」。又曰：「試期，南北士子赴試者，交轂聯袂，鱗次麕集，茲廟苦不足容之，往往別投宿，不得相與樂群而敬業。予竊未滿意。幸廟後尙有隙地可購，庶更有義舉者爲之倡捐而董其役；建後蓋並護室以附益之乎？使予獲再遊臺，則茲役也，予必肩其任，不使陳君等擅美於前也」。又曰：「臺郡至我都始入版圖，立學宮，崇祀朱夫子，士人始蒸蒸向化。及鹿洲藍先賢以幕從征，凡所以立制度而式多士者，悉本所學，而見之於實用。以故年來文風日盛，登進士第者踵相接。苟茲廟後蓋成，則予擬中塑五文昌，旁塑朱夫子、藍先賢神像。不但「有功德祀之」，並以起士人道學希朱、經濟希藍之思焉。先生以爲何如」？

予嘆曰：「善哉」！臺灣孤懸海外，茲廟之如何崇敞，予何從瞻仰而記之？而李君所言，悉合於道，記李君之言，而陳青山等之義舉、李君計慮之周至，與夫士子之所宜矜式，皆連類而可見焉。李君，名澄清，皎亭其號，予東也。生平有大志，好經濟。歲癸巳，曾以幕從征張逆。丁酉，又隨平沈基，以軍功議叙而歸。越四年再遊臺，兩年而歸。尙有志再遊，故云然。

鄉進士、例授文林郎、候選知縣、舉人陳貽蘭撰文。

道光乙巳年三月日吉旦，董事陳青山、陳邦英、高興邦、顏捷春，堪輿擇地曾廷玉等同立石。

附錄二「大上帝廟桐山營四條街公眾合約」（道光十八年）

廟之建，不知始自何時；內有明季寧靖王匾額，又有國初陳道憲聯

對。詢諸父老，或云：「有桐山人攜帶神袋到此，靈感里眾，乃為建廟」。或云：「明裔朱氏名戀，牧豕其地，祀神靈感里眾，乃以其地建廟，兼塑其像於西廊」。二說未知孰是。查之「縣誌」，經載此廟乃偽鄭所建；節次重修，均載年代。又誌嘉慶九年設立廟後公館，以為桐山營貴寓。

溯其原委：蓋因康熙年間設營戍臺，桐山營眾登陸、待渡，每羈於此。先輩亦奉斯神香火，廟祀益興。本處紳士倡建重新，桐山營亦有捐題。迨嘉慶七年冬，前之董事因慮每班羈寓神前，乃蓋廟後房屋，於嘉慶九年完工，以為貴營館舍公寓，別營無涉。每班議貼香資，至今如故。可見敬神之心，孚於遠近；彼此相待，禮如賓主、實為美也！

茲因是廟傾塌多年，列位捐資幫工，經將廟後公寓併修。誠恐後人不知來歷，礙議公約立石，擬定：廟後房屋，永付桐山營之人，公寓門窗品物，毋許蹧棄。如有空房，應即暫歸爐主管，固不許二比私租他人。至於廟宇，乃係眾人捐修，通臺可共；惟此房屋，乃四條街與貴營互相捐題起蓋物業，均不得以長住及管顧，踞為私己。切宜共守勿失，永垂此碑以及后世可也。去年經桐山營頭目高雲飛、鄭國平、江士暉同董事蘇建邦、張啟賢、黃璜及四條街等簽稟臺縣主託、本參府珊，察准聯銜出示，准勒石碑，以杜爭端；公約粘抄附卷在案，以垂永遠不朽焉。

道光十八年五月初八日未時吉立。助碑桐山營參起張自陞、陳一春出錢一十一千四千五百文。

附錄三　「重建烽火館碑記」（乾隆三十三年）

蓋善創者莫如善成，而苟安者必須苟美。茲烽營館宇原建一座，崇祀廣利王；迄今已久，棟毀榱頹。近我同仁，戍守斯土，共襄盛舉，建修前後□座。雖館貌壯觀，恐無久遠之計；即有館後瓦屋二櫚、租賃足供油燈之費，惟每年欣逢聖誕，用度無資。復議捐番銀一百大員，就於本館餘地毗連之 東，構置瓦屋二進六櫚，前後一併按年獲息，流交以作聖誕之需。謹將勒石填記四至界址；開列助銀姓名，以垂千古之不朽焉耳！是以誌。

本屋東至牆外，西至本館空地，南至民屋地，北至街。

乾隆三十三年陽月　日，重建陳長古旦

附錄四　「重修浯江館碑記」（道光十四年）

凡物開創為難，而繼承實易；然開創尤易，而繼承則更難也。

彰之西，有鹿溪市焉。其地負山環海，泉廈之郊、閩粵之旅，車塵馬跡不絕於道，而後知臺陽之利藪畢聚於斯也。往者浯人崇祀蘇王爺之像，由淡越府，過鹿溪，而神低徊而不能去。卜之曰：「此吉地也，其將往留於此。」然有是神，必有是館。顧為之考其始，則係浯人許君樂三所居之宇，遺命其子薄賣改建。時在嘉慶乙丑鳩眾而成之，修其頹敗、補其罅漏，相與祈求禱祀焉。

天神聰明正直，惟人是依。鹿之區，其山秀而水清、港深而浪靜，漁舟釣艇、商船哨艦咸泊於此。故凡官斯鎮及弁丁輿夫、彼都人士，無不憩息其間。蓋是館之建，由來遠矣。前任鹿遊府溫公欲重修經理，未及辦事，旋即陞遷。辛卯余抵任，每見棟宇摧殘、垣墉傾圮，心竊傷之；欲為改舊更新，又想獨立難支，不克以濟。礙集衿耆、董事人等公同議舉，並於浯人之有身家者勸其捐幫，而余則傾囊以濟。壬辰花月經始，今茲落成。然余非敢謂有功於浯人也，實欲以誌明神之赫濯，長垂於不朽云爾。是為記。

勒授武翼都尉臺協水師左營鹿港遊擊劉光彩敬撰。董事進士鄭用錫、薛鳳儀、張朝選、薛紹宜、王高輝、楊淵老、歐陽建、郭溪石、蔡宗榮全勒石。

道光歲次甲午年梅月　日立。

附錄五　「泉郊會館規約」

訂清曆三月二十三日，慶祝聖母壽誕，諸同人務須到館定籤首，以主一月事務，期滿一易，苦樂相承，自上而下，上流下接，不得藉口乏暇，致廢公事，違者罰銀六元，以充公費不貸。

訂籤首分別正副，兼辦，以籤首既訂何號，則前一號為副籤，以正籤管傳船幫，副籤管看銀錢。至月滿，副籤即將銀錢繳交正籤核符，正籤月訂薪水四元，副籤月訂薪水貳元，苟費不敷，應公同議填，毋致籤首獨虧。如有不遵，罰銀一倍充公不貸。

訂延師協辦公務，主斷街衢口角是非，應擇品行端方，聞眾公舉，年滿一易，籤首不得徇私自便請留，我同人亦不得硬薦致廢公事，合應聲明。

訂爐主統閤郊事務，然就全年抽分核按起來，除繳生息公費外，所入不供所出，並無別款可籌，集眾公議，惟將每班船，如四百石，加抽分一百石，公議不易，此係專為公費不敷而設，關顧大局，倘有不遵，聞眾公誅。

訂籤首如有公事問眾，諸同人均宜向前共商，公事公辦，不得袖手，致廢公事，違者罰銀六元充公。

訂泉郊諸號船，每百石貨額，訂抽銀一元，以作公費，諸同人如有配儎，應付出海收來交繳，不得隱匿，如有隱匿，察出罰銀一倍充公。

訂船戶如犯風水損失，有救起貨額，船貨兩攤，其杉磁茶葉藥材，此無可稽之貨，例應不在攤內，應與船另議，合應聲明。

訂船戶遭風損失器具，惟桅舵椗三款，應就照貨若干，船主應開七分，貨客應貼船三分，其餘細款，胡混難稽，不在貼款，合應聲明。

訂船戶擱漏，貨額濕損，缺本若干，貨客應開七分，船主應貼貨三分，船之修創，應費多少，船主應開七分，貨客應貼船三分。

訂船戶先後次第大小，分別幫期，不得奪先爭儎，趕纂出口，違者罰銀，以充公費不貸。

訂交關欠數，恃橫強負，應當稟究，諸同人不論親朋，能為苟完更妙，不得助紂為虐，察出罰酒筵賠罪。

訂竹筏駁運，輕船重載，犯盜偷搶，以及風水等因就存餘同筏，苦樂共之，查明失所，稟官報請查究，諸同人不論有無貨額在內，各宜向前協辦，不得袖手觀，合應聲明。

附錄六　「重建烽火館碑記」（乾隆三十年）

特簡鎮守福建等處地方駐劄澎湖水師副總鎮帶紀錄二次江諱起蛟、福建澎湖水師協標中軍副總府兼管左營事林諱雲、緣首福建澎湖水師協標右營副總府帶紀錄二次戴諱福、澎湖右營守備吳科、署左右營守備紀廷政、王子、新調澎湖左營守備卓其祥、楊元、千總許友勝、謝祖。把總許邦賢、游得貴、林廷寶、王國寶、王光燦、孫必高、陳維禮共捐，烽火門換戍澎臺班兵樂助，共成重建新廟，恭奉關聖夫子神像，永為烽火班兵住館，謹勒此碑為記。

乾隆三十年正月　　日穀旦。

主要參考資料

圖書

方豪主編　　　《臺灣方志彙編》國防研究院出版

全漢昇著　　　《中國行會制度史》食貨出版社印行

何炳棣著　　　《中國會館史論》學生書局印行

林衡道著　　　《臺灣古蹟概覽》幼獅文化公司印行

林衡道著　　　《臺灣勝蹟採訪冊》臺灣省文獻會編行

李乾朗著　　　《臺灣建築史》北屋出版

李乾朗著　　　《廟宇建築》北屋出版

周宗賢著　　　《臺灣的民間組織》幼獅文化公司印行

陳知青主編　　《澎湖》澎湖縣政府出版

《臺灣南部碑文集成》臺灣文獻叢刊第二一八種　臺銀本

《臺灣南部碑文集成》臺灣文獻叢刊第一五一種　臺銀本

期刊

《臺灣文獻》　臺灣省文獻會發行

《臺南文化》　臺南市政府發行

《臺北文獻》　臺北市文獻會發行

《臺灣風物》　臺灣風物雜誌社編印

清代臺灣節孝烈婦的旌表研究

一、貞操觀念與改嫁的習俗

　　自古以來，我們的社會對婦女的改嫁是抱著厭惡的風俗，這種將寡婦之再嫁看做違反婦德的觀念，由於基於漢族固有的貞操觀念而愈演愈濃厚強烈。因爲我國父系社會成立的很早，男尊女卑的風俗習尚存在的也早，愈至明清越是激烈，這種演變的結果，便使得夫權非常強大，而妻妾在丈夫之前就被置於絕對服從的關係，歷代在法律上，如果妻妾犯上姦罪而逃走，而夫家因而陷於貧困的話，丈夫甚至被賦予能把她價賣的權利。如明律規定和姦刁姦者，男女同罪，姦婦從夫價賣；清代也同。這樣，雖然妻妾對丈夫是擔負者過分的義務，可是，並未被賦予任何的權利。班昭在她那毒害中國女性及有系統的把壓抑婦女的思想編纂起來而成的名著—女誡七篇云：

> 「夫有再娶之義，婦無二適之文，故曰夫者天也；天故不可逃，夫故不可違也。行違神祇，天則罰之；禮義有愆，夫則薄之：——故事夫如事天，與孝子事父，忠臣事君同也。」（夫婦第二）

　　完全把中國社會關於貞操問題的社會通念表露無遺。對於如此的情形，除下文所引儀禮喪服傳及禮記郊特牲所述者外，穀梁傳也曰：

> 「婦人……從人者也；婦人在家制於父，既嫁制於夫，夫死從長子；婦人不專行，必有從也。」[1]

　　其結果，變成了遵守貞操的事，並非夫妻相互的義務，而是妻妾對其丈夫單方面的義務。因此，丈夫在本妻之外更想要蓄妾若干人，而鰥夫的續娶後室則被認爲當然的事情。特別是三十歲以下棄妻而長年獨居的鰥夫，被稱爲義夫。他死了之後，政府會予以旌表，暗中獎勵她的貞操。本來男女因婚姻而成夫婦，自須相互而負貞操義務，但在中國史上，

---

[1] 公羊隱二年傳文。《孔子家語》，也有類同之言。

除秦始皇會稽祭禹而立石刻，稱曰：

> 「……有子而嫁，倍死不貞。……夫為寄豭（言夫淫他室若寄豭之豬），殺之無罪。」《史記·秦始皇本紀》

尚係兼重男女雙方之貞操外，一般獨課此義務於女子之身，愈至後世，其力愈大。是故中國婦女即是易經恒卦云：

「婦人貞潔從一而終」。及禮記郊特牲云：

「一與之齊，終身不改，故夫死不嫁」。又孔子家語本命解云：

「女子者，順男子之教而長其理者也，是故無專制之義，而有三從之道，幼從父兄，既嫁從夫，夫死從子，言無再醮之端。」又如

《史記》田單傳云：

> 「王蠋曰，忠臣不事二君，貞女不更二夫，吾與其生而無義，故不如烹。」

等等所言一樣。如此一來，婦人以不改嫁爲其遵守貞操的大道，也就是婦德的最高理想。像這一類的思想，在古籍中每有所揭，如《詩經》秦風云：

> 「葛生蒙楚，蘞蔓于野，予美亡此，誰與獨處，葛生蒙棘，蘞蔓于域，予美亡此，誰與獨息，角枕粲兮，錦衾爛兮，予美亡此，誰與獨旦，夏之日，冬之夜，百歲之後，歸于其居，冬之夜，夏之日，百歲之後，歸于其室。」

這首詩一面是描述矢志守節的寡婦對亡夫熱情思慕的歌語，另一方面則對其貞節的讚美。又同書國風鄘之開頭說：

> 「汎彼柏舟，在彼中河，髧彼兩髦，實維我儀，之死矢靡他，母也天只，不諒人只，汎彼柏舟，在彼河側，髧彼兩髦，實維我特，之死矢靡慝，母也天只，不諒人只」。

這一首詩乃是咏吟衛之世子共伯之妻共姜（齊王之女）於其夫死後，其母勸其再婚之際，斷然予以拒絕的堅固決心之歌。蓋在周末衰亂

之世，淫風彌盛，禮制大廢，就在守節者極為稀少的當時，有如共姜那種貞節的婦人，所以特別予以讚美。後世的寡婦其能夠堅守貞節者，稱為「柏舟矢志」便是出於此詩。

從這些讚美貞操的話語，可以證明中國婦女貞潔從一而終的思想自古就被深植於社會之中。可是，另一方面，認為改嫁未必是應該排斥而可恥的觀念也是存在的，所以事實上，改嫁在社會上仍被廣泛地推行者。這種情形，古不為嫌，是故孔子之子伯魚卒，其妻嫁於衛；雖生有子思，亦再嫁之，其視再嫁為不足輕重也可知。[2]即在漢世，離而再嫁固甚普通。夫死再嫁例亦極多；武帝外祖母臧兒，既嫁王仲槐生男信及兩女，仲死，更嫁為長陵田氏婦，生男蚡勝；蔡邕之女文姬（琰），嫁衛仲道，衛死無子，回在娘家。值興平之亂，被盧入匈奴，為左賢王之妾，甚見愛憐，相處十二年，生二子。曹操以金贖其回國，再嫁為董祀妻，恩愛仍極篤。[3]其在帝王方面；如文帝後七年遺詔「歸夫人以下至少使，得令嫁；」景帝後三年遺詔「出宮人歸其家復終身；」平帝崩，「太后詔山滕妾皆歸家得嫁，如孝文時故事；」[4]從這些史實，便足以說明了古代未必以改嫁為非的顯著實例。因此，歷代的法規或者是禮制上面，除了有著極小範圍的限制之外，未曾對改嫁加以禁止。特別是唐朝，甚至頒發法令，對於為夫終了服喪的寡婦，勸導她們的改嫁。如貞觀元年二月四日詔：男女達及婚年齡；妻喪達制之後，孀居服紀已除而非自願守志或有男女者，除鰥寡年老者外，有司皆須申以婚媾，令其好合，免生曠怨之情，或致淫奔之辱；而以准戶口之增減，定有司之考成云云。六年六月又詔禁賣婚，以挽魏、齊之敝風云云。[5]結果，唐朝之中，皇女再嫁者，達二十三人，三嫁者四人。[6]公主再嫁，還可說是挾其勢位，不足為怪。而一代文豪刑部郎中韓愈之女，先適李氏，後嫁樊

---

[2] 參照《禮記》檀弓「子思之母死於衛」鄭玄注。

[3] 《漢書》外戚傳及後漢書列女傳。

[4] 見《西漢會要》卷六出宮人條及《漢書》景帝本紀注。

[5] 兩詔元文見王溥《唐會要》卷八十三嫁娶。

[6] 《新唐書》公主傳。（計高祖女四，太宗女六，中宗女二，睿宗女二，元宗女八，肅宗女一有二十三人再嫁；三嫁者四人；高宗女一，中宗女一，元宗女一，肅宗女一）

宗懿,「傳道統」者也未以為非。其他無論上之漢朝抑或是下之宋朝,在上流社會裡公行再婚的史實,並不為少。直到宋朝末期,由於理學家的倡導,排斥再婚而以此為恥的思想才逐漸濃烈起來。宋程伊川既以「凡取以配身也,若取失節者以配身,是已失節也。」認為孀婦不可取;並答「居孀貧窮,無託者可再嫁否」之問曰:

「只是後世怕寒餓死,故有是說。然餓死事極小,失節事極大!」
(近思錄卷六)

於是朱子與陳師中書,勸其妹守節。自經程朱深刻地為夫死不嫁之說後,世俗遂以再嫁為奇恥。不過這畢竟未能完全轉變風俗,故伊川先生雖然激烈道出「寡婦與其再婚,無寧死」,可是其兄顥之子婦,卻未曾顧及這些而實行了再婚,[7]又反對伊川先生說法的學者,也不算少。

自唐以後,關於婚政詔令,時多出現,惟合獨之因再醮問題嚴重,由宋迄清,皆認為非應提倡者,遂與隋唐以前又有其異。

二、歷代對改嫁的限制

我國對於夫死再嫁之事,律所禁止者除居夫喪而改嫁者外,惟對於強娶婦改嫁者罪之,倘再嫁而出自所願,於原則上均未禁也。不過在禮之方面則以夫死不嫁為極則,後儒又從而張大之,政府又從而獎勵之,女子從一而終逐於數千年來無人敢非之矣。不過在實際上,自周迄於唐,夫死再嫁縱不視為合於禮制,顧亦不視為奇恥大辱,已如上文所述,其輕視再醮[8]之婦,乃自宋以後始甚也。

但是,歷代對於改嫁這事仍有許多限制,有的基於禮教上的,有的從律令上加以干涉的。禮教上反對再嫁之最早者為禮記郊特牲所記:「一與之齊[9],終身不改,故夫死不嫁」這種甚於「婦人貞潔從一而終」之

---

[7] 《新五代史》〈周家人傳〉及《宋史》〈公主傳〉。

[8] 再醮或稱改醮,原指男子再婚而言,後男女兼用,今則專用於女子再嫁或改嫁方面。

[9] 齊,共吃牢肉之意。

義，雖非強人必行，但卻是禮制上的原則，婦德的最高理想，對於偶偶
能完此義者，稱爲貞女或者烈婦，以禮厚葬之，或者刻碑以傳之，用以
褒獎。無所不至。漢宣帝神覺四年（西元 58 年）詔賜貞婦順女帛。是
有史以第一次褒獎貞順。見《漢書》宣帝本紀可是國法上卻未設定明文
來加以禁止改嫁。然而，在改嫁的時候，附以某些限制，則爲歷朝法令
所明示。

唐律戶婚律云：

> 「夫喪服除而欲守志，非女之祖父母、父母，而強嫁之者徒一年，
> 期親嫁者減二等，各離之，女追歸前家，娶者不坐」

這條律令是對夫死服除後尙須守節的寡婦，除其女之祖父母或父母
之外，誰都不許強制她有反其志的再嫁的。元的典章上將此種強制權賦
予舅姑之上，亦即夫之父母，規定爲再嫁的事，依從舅姑的意志作決定。
其後，明律戶律婚姻「居喪嫁娶」律云：

> 「其夫喪服滿，願守志，非女之祖父母父母，而強嫁之者杖八十，
> 期親強嫁者減二等，婦人不坐，追歸前夫之家聽從守志，娶者亦
> 不坐，追還財禮」。

這條規定，雖然再度回復了唐制，可是清律卻完全把它更改了。清
律戶律婚姻「居喪嫁娶」律上云：

> 「其夫服滿（妻妾）果願守志，而女之祖父母父母及夫家之祖父
> 母父母強嫁之者，杖八十，期親加一等，大功以下又加一等，婦
> 人及娶者俱不坐，未成婚者追歸前夫之家，聽從守志，追還財禮，
> 已婚者給與完娶，財禮入官」。

這規定著，寡婦的期親，大功以下的親屬不用說，即是舅姑以及生
父母，亦被禁強制有反女志的改嫁。如遇觸犯該禁時，必處以杖刑。但
是，在這裡如寡婦尙未成婚時，即使復歸前夫之家讓其守節，而財禮亦
予歸還，但如果已成婚時，即以既經污節爲由，不令與後夫離異，僅將
財禮沒收歸官而已。

其他，在明律及清律上，非主婚者而強要願意守志寡婦，因受聘禮逼而致死的，刑律人命「威逼人致死」律的條例上有著：

「婦人夫死願守志，別無主婚之人，若有用強求娶，逼受聘財因致死者，依律問罪，追給埋葬銀兩，發邊衛充軍」云云。

規定，依照「威逼人致死」之律，處杖一百，若是致死時，追徵埋葬銀兩二十兩給付死者的家，並且把本人遣發邊衛充當兵役。

如上所述，清律對於一般普通的服除寡婦，在其同意者，雖然不加禁止改嫁，但於服喪中同律，即：

> 「凡（男女）居父母及（妻妾居）夫喪，而身自（主婚）嫁娶者杖一百，若男子居（父母）喪而娶妾，妻（居父喪）女（居父母喪）而嫁人為妾者，各減二等。」

等與之規定。凡婚姻不管是否改嫁，又婦女本身是否同意，觸犯者，就以忘記哀戚之心，不幸莫大的理由之下；加以禁止，而犯者即處以杖刑。

這樣子，在歷代的法律上，除了上述依些限制之外，雖然對寡婦的再婚，除如隋開皇十六年詔九品以上妻，五品以上妾，夫亡不得改嫁；遼開泰六年禁命婦再醮；元至大四年尚書省奏准命婦於夫死後，不得再嫁[10]，其他並未加禁止。但在禮制上，依然不會忘卻「婦女貞潔從一而終」的本義。從而國家以及社會上經常設置了旌表貞婦之典，或者建立寡婦救護之法，暗中獎勵寡婦的守節，更要嚴禁前述一樣的生家或者是夫家強制寡婦作不願的再嫁，而寡婦改嫁的場合，清律之戶律戶役「立嫡子違法」律的條例，即：

「婦人夫亡無子守志者，合承夫分須憑族長擇昭穆相當之人繼嗣，其改嫁者，夫家財產及原有粧奩並聽前夫家為主。」等與規定。就是說，夫家的財產以及寡婦所有粧奩，公認夫家可以抑留。又上述命婦即品官封爵者之妻，亦即接受了夫人、淑人、恭人以及宜人等等誥命者。對她們，在同項戶律婚姻「居喪嫁娶」律裡：

---

[10] 《隋書》高祖下，《遼史》聖宗及《元典章》卷十八。

「若命婦夫亡雖服滿再嫁者，罪亦如之（亦如凡婦居喪嫁者擬斷）追奪（勅誥）並離異，知而共爲婚姻者，（主婚人）各減五等！財禮入官，不知者不坐」。云云。

依上規定，不論服除與否，嚴禁再婚，暗暗裡獎勵著寡婦的守節。因爲命婦乃是得到朝廷特別恩典的人，必須遵守婦道的「婦人貞潔從一而終」或者是「貞女不更二夫」等本義，負有對一般人示範的義務所致。

其他在我國法律上基於前述理由，雖然古來即對寡婦迎進後夫亦即招夫之制不予承認，但是到了清朝高宗的乾隆十一年（1746）始予立案，假若寡婦在丈夫死後獨立無法扶養舅姑或子女，且不能經營祭祀時，公認可以迎進招夫，對於再醮的限制作了更進一步的放寬。

三、旌表的種類及準則

旌表乃是風教振作的一種國家行政，在我國古來一直重視而屬於皇帝特權的榮譽權之一。從清代旌表的種類看，接受的資格是節婦、烈婦、孝子、義夫、殉難官民、名宦鄉賢、樂善好施、累世同居、百年耆壽、五世同堂、親見七八代以及一產三男等十二種[11]。對這些人旌表的準則，本文分爲節烈婦及孝子義夫的旌表以及其他旌表兩項來加以說明。

第一項　節烈婦及孝子義夫之旌表

在我國歷朝爲了獎勵寡婦守節，一方面設置了救護機關，另一方面即在改嫁方面加以若干限制，同時設置旌表之典。救護雖然限於對貧困者，而旌表的典禮並非救護，而是國家要表彰其善行的措施，故不論貧富貴賤，又不分妻妾婢女之別，一樣得獲沐其恩典的。在清朝其旌表的準則是載於大清會典的「節婦貞女建坊例」及「道光禮部則例」，今據此二者，就節婦女及烈婦以至孝子、順孫、義夫等之旌表加以綜合分類說明。

---

11 見《大清會典》〈節婦貞女建坊〉例及道光〈禮部則例〉。

（一）旌表之準則：

（1）被旌表者之種類與恩典：清代如有值得旌表的孝子、順孫、義夫、節婦以及貞烈婦女時，依據府州縣的儒學之申告，由該督撫經得學政使之同意，一即咨報禮部，一即上奏皇帝，皇帝即附之於禮部之覆議後予以准許，其准許後便令地方官支給銀三十兩，使被旌表者之家建造牌坊，且將其姓名刻在屬於府州縣所建設之忠義孝悌祠或者節孝祠內的石碑上，同時把他的神主安置於同祠之內，春秋二季由地方官來作祭祀。[12]

---

12 原文見《大清會典》〈節婦貞女建坊〉例。又據《鳳山縣采訪冊》附錄采訪貞孝節烈婦旌表例云：

一、孝子。凡實行昭彰，鄉鄰共喻，無間人言者，可采其平日事親若何？奉養若何？終喪若何？詳為記載。間有割股療疾，出於至性者，亦須敘明。

一、孝子割股傷生及烈婦夫死並無逼嫁情形而遽殉節者，奉旨不准給旌。此自聖朝廣大好生之德；然有出自至性，割臂割股療病至愈，兩無傷損者，伉儷情重，不因逼迫而慷慨以殉夫者，由六部九卿科道疆臣奏請旌表，候旨遵行。此足見我朝典例，仁之至，義之盡。凡我士民，當仰體朝廷德意，遇有此等，一體開報。

一、列女分貞、孝、節、烈四種名目。女曰貞，婦曰節。孝者，婦女善事其父母、翁姑也。烈者，婦女慘遭不幸，奮不顧身也。此須分晰明白。

一、女未字在母家守貞者，曰貞女。已字未嫁而夫死，逕赴夫家守貞者，曰貞婦。女家無男子，女字誓在家守貞，奉養父母終老者，曰孝女。出嫁孝養舅姑代替危難者，婦女代夫危難者，均曰孝婦。夫死守節，孝養舅姑，撫孤成立者，或無子而守節終養者，均曰節孝。凡節未有不孝者也。不論妻妾，但年三十以前夫死而守節至五十歲者，或年為五十身故，其守節已及六年者，均曰節婦。

一、夫死以身殉夫者，曰烈婦。遭遇盜賊，強暴捐軀殉難者，婦曰烈婦，女曰烈女。力不能拒，羞憤即時自盡者，亦合旌表例建坊。凡婦女貞而兼孝者，曰貞孝；兼節者，曰貞節；兼烈者，曰節烈。個隨其事時變通辦理可也。

一、女許字未嫁而夫死，女往夫家守貞身故及未符年例而身故者，一體旌表。

一、婦女遭寇守節致死，歷事歷年久，准補行請旌建坊。

一、節婦夫死毀容自誓，如令（？）女割鼻之類。近年新例不俟年限即行給旌；如遇此等，亦應開報。

一、本省府廳州縣開報貞孝節烈婦女，請註明某里、某鄉及里鄉戶首姓名，共舉生監保認姓名，以備查核。

一、貞女、孝女請載父母名氏，云某人之女某貞姬、貞娥、貞姑，稱謂各隨鄉俗可也。已許字者曰字某姓，未字則云未字。

一、貞節婦某年於歸，某年夫卒，計守貞守節若干年，現存年若干歲；其未五十而身故者，載某年身故，計生前守貞、守節若干年。

一、節婦有子幾人，或撫子、或無子，均請分晰載明。凡婦人守貞砥節，其志至苦而其神至清，故子孫多致貴顯，非獨天之報施不爽，亦其平日之懿行淑德所以感之者有漸也。如貞節之子孫，有得科名仕官者，均應詳載。

　　上述忠義孝悌祠及節孝祠乃是各省的府州縣分別各設一祠的規定，忠義祠內建有石碑，而節孝祠外即設大牌坊，把被旌表者姓名刻在那裏，且其死後，安置他的神主，春秋二季施行官祭，其情形就如上述所雲的。後來到了宣宗道光二十七年（1847），戶部經過裁可公佈了有關旌表的改訂規則。該規定是，在各省遇有孝子、順孫、義夫、孝悌、貞孝、節烈該旌表時，禮部應在每年末將其人名作表上奏，而在各府州縣各建造三所共同的牌坊，每年在那上面刻上姓名。如果牌坊表面刻滿而無餘地時，立即新設一個牌坊。其他被旌表者之家族或者是鄉人等，特別有願意爲他一人建造牌坊時，也可一任他們的希望[13]。

　　（2）孝女的旌表

　　孝女是其父母沒有子孫，且無人奉養，爲此終身俸伺父母不嫁者，對此，即依照上述之準則加以旌表。[14]

　　（3）節婦的旌表

　　（4）長年寡居及孝義兼備的節婦

　　清代規定三十歲以前寡居達於五十歲者，或者五十歲未滿前寡居，守節六年以上而孝義兼備，且貧窮者，無論妻妾，依照上述之旌表準則。對後者寡居之年限，當初雖爲二十年，而於世宗雍正三年祭減爲十五年，再於宣宗道光四年減爲十年，又於穆宗同治十年再縮短爲六年。

　　（5）其他的節婦

　　除了上述節婦外，其循分守節，合年例（前揭法定寡居期間）之節婦，即由皇帝下賜「清標彤管」四字匾額，以旌獎其志，且准於節婦之家，於官設節孝祠內另建一碑，鐫刻其姓名。但其建碑係屬自辦，官府不給建坊銀兩。又祠內春秋二季之官祭不能參與。

　　一、烈婦、烈女，請載某年月日遭寇賊強暴自盡。其貞、孝、節三等婦女卒之年月日及葬地，有可考者，亦應載明。

　　一、貞、孝、節、烈婦女已請旌表者，應書明某年月日，某官某題請旌表。其未旌表者，亦應書明尚未奉旌表。

　　一、貞、孝、節、烈業經題奏，奉旨予旌，而通志遺漏未載者，亦請開明補刊不誤。

[13] 見同治戶部則例第五三卷八章。

[14] 在原則上，孝子爲醫治父母之病，割股肉煮而供父母食者，對此不予旌表。然而，若有人替他奏請旌表時，其建坊以及入祠等，得經裁可行之。

其他特別請願於節婦之家建坊之際，准其自費建造。

（6）節婦之定婚女

定婚女（即唐律的許嫁女）在婚約後定婚夫死亡，而於其夫家或者是實家留居守節者，對於如此的女子，也依照上述之準則予以旌表。

若定婚女於婚約夫死後，在其神主之前舉行婚式，式後脫掉禮服，換穿喪服。以後夫家即以子婦看待爲其慣例。

（7）殉死的定婚女

定婚女於婚約夫死後，矢志守節，且自盡者，視爲貞烈之婦，也依上述之準則予以旌表[15]。

（8）貞烈、調姦及殉難婦女之旌表

（9）烈婦

婦女將遭強姦之際，反抗致受殺害者，依照上述之準則旌表之。

其他婦女因遭強姦而被殺害時，以及被辱之後不堪憤怨而自盡者，均加以旌表。如果後者之自盡發生於翌日以後時，就不予旌表。但是此類旌表之官給建坊銀，係定額三十兩之半數，且不許祠內設置其神主祭祀。[16]

（10）被調姦之處女

童養之女未成婚，拒夫調姦致死者，建坊於父母之門，以示旌表。而其建坊銀三十兩官給。

其他處女之因受調戲而羞忿自盡者，也依前述之準則旌表之。

（11）殉難之婦女

女人遭寇守節致死，雖事歷年久，覈實準其補行題請給銀建坊。如無親屬，則官爲建坊於墓前，節孝祠內設其神主施行祭祀。

（12）再醮及賣淫拒絕婦之自盡的旌表

節婦被親屬逼嫁致死者，旌表如例，若本夫逼令賣姦，抗節自盡者，建坊於父母之門；若係翁姑逼勒，坊銀另擇家長支領，督理建坊。

（13）一般拒絕姦淫之僕婦及尼僧道姑之旌表

---

15 見《嘉慶會典》事例。
16 同註2。

　　凡僕婦、婢女、女尼、女冠，拒姦致死者，建坊於本婦墓前，但不於祠內設神主祭祀。

　　（14）殉死婦之旌表

　　寡婦於夫死後，雖無其他外來強迫，而據作殉死時，原則上不予旌表。然而，如果有人為其奏請旌表者，經裁可後得建坊以及入祠而予以旌表之。

　　（15）義夫之旌表

　　與亡妻之間有子嗣子，三十歲以前便成鰥夫，唯其後不娶妻妾，且孝友克敦，素性淳樸為鄉黨所推賞，年過六十以上而死亡者，視此為義夫而予以旌表。

　　（二）牌坊之型式

　　坊也稱為牌坊，係建造於被旌者住家門前或其墓前的東西。其結構就如左圖以縱柱和橫柱所組成。這種柱子有施雕刻的，也有沒有雕刻的，又有屋頂的，也有無屋頂的。其中華美的牌坊，如左圖第三牌樓和第四牌樓以裝飾瓦鋪蓋屋頂，這種樣子的特別稱為牌樓，同時，記入這種牌坊所用的書式大約如下述：

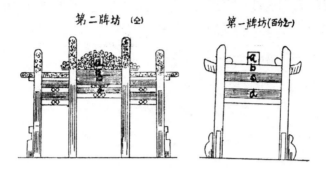

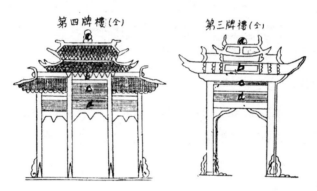

黃氏貞節坊正面圖（今置於台北市新公園內）

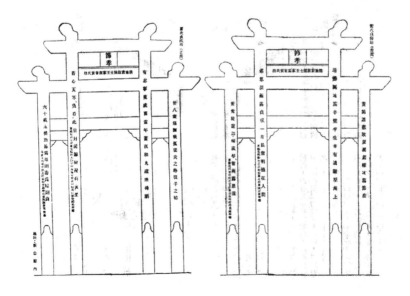

（a）的地方，刻「聖旨」二字。

（b）的地方，刻所以表示旌表種別的坊名，亦即孝女坊、節孝坊、貞孝坊、節烈坊、貞烈坊、孝子坊等等之類。

（c）的地方，刻受旌表的人名。

（d）的地方，刻聖旨傳達的年月日。

縱柱上面刻一對讚揚被旌者的對聯。

得皇帝下賜匾額的被旌者之資格，須五十歲以上，而寡居達二十年以上之節婦[17]，其手續，首先如上述寡婦之家的家族委託鄉黨的縉紳去請求學政使，請願匾額之下賜。然後，學政使認爲所請適當，則於年底作成其寡婦人名表上奏皇帝，由禮部記錄單位保存起來。這種請願比較容易獲許的，其匾額的文句，大體上斟酌被旌表者的人格和行爲，大多數由下列文句中來選定：

（1）清標彤管

清標乃是風貌純青而氣志高潔的意思，彤管即是赤色管子之意。原來彤管是周代屬於朝廷中仕奉後宮掌理紀錄的女官所使用的紅筆，後來變成推獎被旌表者生平事跡的意義之用。亦即前述節婦的旌表（b）其他節婦的情況時被下賜的。

（2）盟心古井

盟心古井是，是爲推獎以潔白堅固之心遵守偕老同穴的盟約之意。尤其古井是，不使用的古井之義，表示清淨靜穩的情形所用。

（3）松筠節古

松筠節古是，寡婦固守其貞操的意思。尤其松樹比之內充盛德，筠乃是竹的青皮，比之禮表於外，還有竹和松同爲經得起風雨寒霜的植物，並且歷久益堅的性質，因此，用以表示堅持節操之意。

（4）茶古筠清

茶古筠清乃是，寡婦在憂苦之中，克守節操不污的意思。尤其，因爲茶具有苦味，所以表示窮困之意，筠就如前述，能克服艱難，所以同爲表示堅守貞操的情況時之用。

---

[17] 同治十年以後改減爲六年。

（5）玉潔清筠

玉潔清筠是，寡婦保持了清淨無垢，克持貞操之義。一般上玉就是表示無垢的情況時使用。

（6）冰蘗清操

冰蘗清操即是，寡婦在困難之中克全其貞操之意。冰比喻清明純粹，蘗就是寒地所產的喬木，因其果實帶有苦味，所以也表示窮困之意的情況使用。

（7）柏舟矢志

柏舟矢志乃是，立誓不再嫁的意思。這是由於齊子王女衛的世子共伯之妃共姜，於夫死亡之際，雖然她的母親勸她再嫁，可是她斷然拒絕，且作了一篇施表示了決心的故事所產生的[18]。

（8）巾幗完人

巾幗完人是，作為寡婦而完全的意思。巾幗乃是婦人於喪中所用的冠或首飾，由此轉用為一般婦人或寡婦之意。

以上是摘錄較重要而常用的。

至於下賜所用字樣，在拜受它的家裏，更要讓善於寫字的人寫在匾額上面予以揭掛起來。其大小及書寫方式大約如下：

（1）字體用隸書，其大小每字約為四十五英寸見方。

（2）匾額長度約二公尺，高約一公尺左右，塗漆，更要施以金箔。

（3）左圖的匾額（a）的地方，要記上選定被旌者之學政使的爵位姓名。

（4）（b）的地方要捺蓋學政使的印章。

（5）（c）的地方記入旌表的年月日。

（6）（d）的地方要記入夫家之姓和寡婦本家之姓氏。

（7）扁額要掛在正廳的樑上。

---

[18] 見《詩經・國風・鄘之部》。

　　以上所述，乃是我國內地所通行的準則，臺灣雖孤懸海外開闢較遲，但到清代，仍依此準則來實施的。其實施之事項乃本論文的主要部分，將依次揭示。

四、臺灣婦女改嫁的習俗

　　在臺灣由於未能按律例厲行，同時禮制也頗紊亂，結果往往可見違背法規以及禮制的習俗公行著，不過「婦人貞節從一而終」的婦德則始終未曾完全墜落，自來失掉了丈夫的寡婦或者是未成婚的定婚女，終生不見二夫而堅持貞節，以及對翁姑竭盡孝義的節孝婦，古來不乏例子。其數字單是在《臺灣縣志》、《諸羅縣志》、《鳳山縣志》、《彰化縣志》、《噶瑪蘭廳志》、《淡水廳志》、《澎湖廳志》等六部志書中就超過七百多人[19]，而不在其他記錄上的數字還是相當多數的[20]。臺灣雖然其祖先多數為無學之徒的移住者，但是在閨教方面則始終沒有敗壞的，雖然光緒十八年三月臺灣巡撫邵友濂曾有矯正當時淫風之告諭，但是臺灣婦女在事實上為了堅持貞操，敢做殉亡或者終生饑寒而與誘惑撲鬪以遂孝節的事例是不少的。在臺灣，古來淫蕩亂倫之風雖盛，而其所以有貞烈之芳名永垂於青史者，其原因則為「婦人貞節從一而終」這一中國傳統的倫理信念根植於社會思想中所致，除了，也有出於只顧體面的社會思想，或為虛

19　本省的節婦依《臺灣全誌》計共六一一人。由於篇幅的關係，本文略去這一部分的人名，其事跡則詳見於《臺灣縣志》、《臺灣府志》、《鳳山縣志》、《諸羅縣志》、《彰化縣志》、《淡水廳志》及《澎湖廳志》等方志之中。現今所刊行的方志，全數當不止此數。約一千多名次。

20　據筆者岳家《登瀛陳姓伯壹房私譜》所記：「怡贊公……配林氏臺灣人，以守節符例奉旨旌表欽襃節孝」，但並未列入方志。可見遺漏者當為數不少。

榮心所驅使，或者是自甘陷於鴉片吸食的習僻，或者是由於受到親戚等強迫所致[21]。另外還有一個原因就是迷信，比如寡婦能守貞節時，死後便能成爲仙女一類的迷信。本省地處東南海外，迷信的力量籠罩著一般的生活，而且力量是非常強烈的，一直到今天，這種情形仍無法理解者相當不少。我們可以看到被稱爲節孝婦的女人，往往爲了治癒重病的父母而自割股肉以作稀飯或者是滲爲藥餌供食的記載，足爲推知其對迷信固執是如何強烈的情形了。

五、臺灣節孝婦之旌表

臺灣的節孝婦雖然列於各縣廳志的有六百多人，但是其中受到旌表者僅僅二十一人而已。此中被建坊入祀節孝祠的有十四人，其他七人僅得匾額而已。這些旌表大多數是在宣宗道光以前與烈婦同時期施行的。只有一人是在穆宗同治六年（1867）旌表的。顯然的是與滿清的積威逐漸向衰有關。還有上述旌表在當時雖然是在每一縣廳施行，可是澎湖卻不論節婦和烈婦皆未曾有一人得到建坊旌表，只有乾隆年間受到海防通判頒下匾額予以旌表的節婦一名。嗣後到了道光年間，臺灣兵備道調查同廳的節孝貞烈婦時，把它歸祀進節孝祠而已。這顯然是爲政者的怠守職守造成的。所以澎湖廳誌烈女傳統論中有「夫十步之澤必有香草，今者一澳之內烟戶數千矣，而謂無一人可舉者，賊斯人者也，謂人言無一可信者，必居心慘刻，而不樂文人善者也，嗚呼澎湖自開闢至今，從未聞有請旌節烈之舉，幸得良有司，修明文獻開局蒐採，則匹婦一生苦節，僅賴一時載筆以不沒其真，而讀書好學之君子，顧或以徒勞罔得而不暇採，則地方何貴有吾儒，吾儒平居之讀書講學，高談忠孝者，果何爲也哉，吁」[22]等語，對爲政者之怠慢表露了憤慨。就因爲這一激憤而作了

---

[21] 《大清會典》福建省例云：「閩省等有殘忍之徒，或慕殉節虛名，或利寡婦所有，不但不安撫以全其生，反慫恿以速其死，甚或假大義以相責，又或藉無倚以迫脅」云云，雖然係屬對殉死之一例子，可是仍不失爲說明此原因的一項佐證。

[22] 見《澎湖廳志》烈女傳總論卷之八。

一次清查的結果，澎湖廳下節婦的數字竟能比別的縣廳爲多，其人數高達三百十九人而占全臺第一位，而烈婦的數目也占全省第三位八人的多數了。雖然，對於此等節烈婦未曾與他府縣廳一樣地加以旌表，但宣宗道光十八年臺灣兵備道姚瑩依據澎湖廳通判及臺灣府經歷之申請，特於媽祖天后宮之西側創設節孝祠[23]，調查既往的節孝貞烈婦後，才把它予以合祀的。

正如本文所指，臺灣的社會由於承繼了我民族的倫理觀念和習慣，乃產生了頗爲厭惡離婚以及再醮的風尙，但是，由於清領臺灣的初期嚴禁攜帶婦女乃產生社會的缺陷，在諸羅縣志上載有：

> 「男多於女，有邨莊數百人，而無一眷口者，蓋內地各津渡婦女之禁既嚴，娶一婦動費百金，故莊客個丁，稍有贏餘復其邦族矣，或無家可歸，乃於此置室，大半皆再醮，遣妾出婢也，臺無愆期不出之婢」。[24]

如上文可知並不免強辭卻而再醮了。但是，到了乾隆年間海禁放鬆，於是婦女之渡來居住的逐漸增加，忌避再醮的習慣也漸次移進來了。不過，這種習慣，主要的爲中流以上的良好家門所遵行，至於下層社會裏面，則由於生活上的經濟關係，敢於出諸再醮的事例仍是很多的。

另外，我們從節婦的身分別，地方別人員時，妾有六人，而後面將提的烈婦，妾有九人，則妾以妻看，未必可以將他卑視的社會觀念，顯然是深入於本省的。

附節孝婦的旌表

（1）節婦身分別地方別表[25]

身分＼縣廳		妻	妾	許嫁女	處女	婢	合計
臺灣縣	人員	五一	一	三	｜	一	五六

[23] 《澎湖廳志》卷十二藝文上。
[24] 見《諸羅縣志》。
[25] 據臺灣叢書第一輯《鳳山縣志》。節婦應爲一百三十名，受旌四十二名。其餘人數則相符。

鳳山縣	人員	七	｜	｜	｜	｜	七
諸羅縣	人員	二	一	｜	｜	｜	三
彰化縣	人員	三七	｜	｜	｜	｜	三七
淡水廳	人員	一八二	四	一	二	｜	一八九
澎湖廳	人員	三一六	｜	三	｜	｜	三一九
合計		五九五	六	七	二	一	六一一

（2）節婦旌表年次別地方別表：

縣廳＼年號		康熙年間	雍正年間	乾隆年間	嘉慶年間	道光年間	咸豐年間	同治年間	光緒年間	不明	合計
臺灣縣	人員	｜	四	三	一	｜	｜	｜	｜	一	九
鳳山縣	人員	｜	｜	二	｜	｜	｜	｜	｜	｜	二
諸羅縣	人員	｜	一	一	｜	｜	｜	｜	｜	｜	二
彰化縣	人員	｜	｜	一	一	二	｜	｜	｜	｜	四
淡水廳	人員	｜	｜	｜	一	一	｜	一	｜	｜	三
澎湖廳	人員	｜	｜	一	｜	｜	｜	｜	｜	｜	一
合計		｜	五	八	三	三	｜	一	｜	一	二一

飭澎湖廳續舉節孝札

臺灣兵備道　姚瑩

「為通飭訪辦事，道光十八年三月十五日，據代理澎湖通判事臺灣府經歷魏彥儀申稱，澎湖向未建立節孝專祠，而閱澎湖紀略等書，內載節孝貞烈婦女李國魁之妻吳氏等六百二十人，皆係茹茶飲蘖矢志堅貞，姓氏雖存，旌揚莫逮，良由窮境僻壤，遂致苦節勿彰，切思振末俗之淫靡，用昭激勸闡幽光於已泯，定起興觀，卑職於天后之西偏，捐建節孝一祠，安設眾節婦牌位，茲擬於每歲春秋，祭天后禮畢，同日附祭，所需品物，隨時官捐備辦，造具清冊申請立案等情，本司道查，魏經歷此舉大得維持風教之道，不僅足光潛德已也，維李吳氏等，乃澎湖續編所載，尚有澎湖紀略內許裕之妻林氏等十一人，應一併入祠，通詳立案，以垂永久，澎湖孤懸海外，該婦女等，矯矯不群，或節或貞或烈，均能自全其志，洵堪嘉尚，允宜旌表以慰幽魂，第人數較多，勢難一一分辨，查江蘇武進陽湖兩縣，曾將節孝貞烈婦女無論世遠年湮，凡有志乘可考，家譜可查，前人記籍可據者，廣搜博採，共得三千十八人，彙造總冊，詳經陶宮保在蘇撫任內奏准，總建一坊竝於節孝祠內，總立一牌位，春秋致祭，今澎湖眾節婦，自可援照辦理，除紀略續編所載外，恐有遺漏，應再遍訪澎湖，如此各島諒亦不少，更當一律訪辦合行，札飭札到，該廳立即遵照會同儒學暨公正董事，廣搜博採，凡有節孝貞烈婦女，年例已符確有徵據者，不論年代遠近，即仿照江蘇省武陽兩縣之案，彙造總冊，通詳請旌，以免湮沒，此守土者分內之事，務須認真迅速尊辦，毋稍泄視草率致有遺濫，切切特札」。

六、殉死的習俗與性質

（一）殉死之意義

殉死乃是為了隨伴死者，而於其死亡之後自殺的意思。說得更詳細一點，便是尊屬亦即主長者死亡之際，受到恩顧之卑屬亦即妻妾臣僕

等，爲感念報答其恩，於其死後永遠隨伴服侍的熱忱，在其死後不久採行自殺的意思。這種熱望原來是基於靈魂不滅的觀念而產生的，這當然是發自熱烈的謝恩奉侍的最完美的至情了，並非出自本己的名譽心或者是受第三者的強迫，純粹是出於滅己報恩的至誠所致。然而後世卻逐漸混入不純的心情，或者爲了一家一族之名譽而敢於爲之，或者爲權勢所迫不得已而從之，結果變成具有權勢之尊屬埋葬時，強制其卑屬之一種殉葬的習俗。這種殉葬的習俗自古就很流行了。

（二）殉死之方式

關於殉死的方式，不論中外，若觀其自殺的方法，其主要者是，活埋、焚死、縊死、切腹、投水、服毒、割舌以及自刎等八種[26]

（1）活埋

活埋乃是，使卑屬活活地與其尊屬一起埋葬的方法，這一種方法在中國常被採用，鄰近的日本也是。

（2）焚死

用火焚以殉的在亞洲如尼泊爾、印尼等地多處可見，在我國則不多見，以前宜蘭也曾發生過，這可能是依據宗教上的迷信。

（3）縊死

縊死可以分爲自縊而死和由他人絞殺兩種方法。這種方法自古以來是最廣被採行的，在歷史上實例最多。

（4）切腹

這種殉死可以說爲日本所獨有，中國不採行。無例。

（5）投水

這是投身河海古井溺死的方法，這方法在中國也是很普遍的被採行的。

（6）服毒

服毒乃是自飲毒藥而殉死的方法。

---

[26] 引杵淵義房著《臺灣社會事業史》。

（7）割舌

割舌就是割斷自己的舌頭而死的方法。

（8）自刎

自刎就是用刀自行割頸而死的方法。

（三）中國殉死之沿革

在我國關於殉死事，依據史記所記載，春秋時代秦之武公逝世之際，以臣僚六十六人活埋殉葬為文獻上之嚆矢[27]。在這以前的西周時代，乃是以俑來跟死者共埋，而在西周以前，則採用芻靈，就是以茅草束成人形，以此作為侍衛用而與死者共埋。武公逝世之際，廢棄了從前還制的俑，而到穆公去世之際（西元前 621 年）殉葬的竟多達一百七十七人了。而這些人中，有子車氏之子而被稱為忠良之臣而對民眾信望頗高的奄息、仲行以及鍼虎三兄弟參加在內，以致使當時人大為悲惜，作詩「黃鳥」暗地裏諷刺這一非行[28]。詩曰：

> 「交交黃鳥，止於棘，誰從穆公，子車奄息，維此奄息，百夫之特，臨其穴，惴惴其慄，彼蒼者天，殲我良人，如可贖兮，人百其身。
> 交交黃鳥，止於桑，誰從穆公，子車仲行，維此仲行，百夫之防，臨其穴，惴惴其慄，彼蒼者天，殲我良人，如可贖兮，人百其身。
> 交交黃鳥，止於楚，誰從穆公，子車鍼虎，維此鍼虎，百夫之禦，臨其穴，惴惴其慄，彼蒼者天，殲我良人，如可贖兮，人百其身。」
> [29]

由於秦以眾多活人殉葬的結果，其他列國也倣效為例，使得這種風氣逐漸被公開盛行起來。致使孔子深為激憤；而在「禮記」檀弓下第四說：

---

[27] 《史記》卷五秦本紀第五：武公卒……初以人從死，從死者六十六人。

[28] 《史記》卷五秦本紀第五：繆公卒……從死者七十七人，秦之良臣子輿氏三人名奄息、仲行、鍼虎，亦在從死之中，秦人哀之，為作歌黃鳥之詩。

[29] 見《詩經》國風秦風。

「孔子謂為明器者，知喪道矣，備物而不可用也，哀哉！死者而用生者之器也，不殆於用殉乎哉，其曰明器，神明之也，塗車芻靈，自古有之，明器之道也，孔子謂為芻靈者善，謂為俑者不仁，不殆於用人乎哉！」[30]又「孔子家語」曲禮公西赤問第四十四云：「原思言於曾子曰，夏后式之送葬也用明器，示民無知也，殷人用祭器，示民有知也，周人兼而用之，示民疑也，曾子曰，其不然也，夫以明器鬼器也，祭器人器也，古之人胡為而死其親也，子游問於孔子，子曰，之死而致死乎，不仁不可為也，之死致生乎，不知而不可為也，凡為明器者，知喪道也，備物而不可用也，是故竹不成用，而瓦不成膝，琴瑟張而不平，笙竽備而不和，有鐘磬而無簨，其曰明器，神明之也，哀哉，死者而用生者之器，不殆於用殉乎。

子游問孔子曰，葬者塗車芻靈，自古有之，今人或有偶，是無益於喪·孔子曰，為芻靈者善矣，為偶者不仁，不殆於用人乎。」

除了上引的之外，「孟子」梁惠王章句上云：

「仲尼曰，始作俑者；其無後乎，為其象人而用之也。」

由於以創俑之制而導引後來以活人殉葬而加以激烈地痛責，暗地裡強調了殉死之不人道，而給與社會以一大警告。因為芻靈僅有外觀似人之形而已，並不釀成弊害，而俑即以木頭作成具備面目酷似活人，終於容易導致以活人殉葬的惡習來。其實，俑之製實用芻靈演進而來，沒有芻靈的製作，恐怕不會產生出俑的製作了。在史料上看，對於殉葬之不滿，記載是很多的，如「禮記」檀弓下第四云：

「陳子車死於衛，其妻與其家大夫謀以殉葬，定而后，陳子亢至，以告曰，夫子疾，莫養於下，請以殉葬，子亢曰，以殉葬非禮也，雖然則彼疾當養者，孰若妻與宰，得已則吾欲已，不得已則吾欲以子者為之也，於是弗果用。」

「陳乾昔寢疾，屬其兄弟，而命其子尊已曰，如我死則必大為我

---

[30] 明器又稱鬼器，為供葬式用，以粘土或竹木做成如車馬、從僕、侍女、牀帳、茵蓆、桌椅等類的東西，本省至今仍採行。

　　棺，使吾二婢子夾我，陳乾昔死，其子曰，以殉葬非禮也，況又
　　同棺乎，弗果殺」。

　　上引所述都表示了殉死之所以爲非禮。但是，這種風氣，雖然被強
調著不可爲，但依然不能改善，所以到了後來，主張兼愛論著名的墨子
在「墨子」節葬上裡，痛論厚葬久喪之弊云：

　　「送死若徙。曰天子殺殉，眾者數百寡者數十，將軍大夫殺殉，
　　眾者數十寡者數人。處喪之法將奈何哉！」從這裡，便可窺見當
　　時自天子迄於諸侯，殉死之風是一般的被普遍採用著。後來，秦
　　獻公（西元前384年）雖然曾經禁止殉死之舉，但未得效果，降
　　及統一天下的秦始皇逝世（西元前210年）之際，就將後宮美女
　　數百名，加上百官的臣僚以及工匠等合計一千餘人活埋殉葬了
　　[31]。後來這一風俗越演越烈，尤其是後宮嬪妃的殉死，似乎自秦
　　始皇以來歷代被施行著。明英宗臨崩[32]，為此，其臣李賢曾以「真
　　盛德事也，即此一事，尤高出千古矣」云云而加以激賞讚頌着。

（四）寡婦之殉死

　　我國有關寡婦之殉死其起源甚難考，不過在《左傳》昭公二十八年
之條有云：「夫人聞之泣曰，先君以是舞也，惜戎備也，令尹不尋諸仇
讎，而於未亡人之側，不亦異乎」云云，據此「未亡人」一語，足以窺
見早在春秋時代此一風氣已被施行的事實。上述文句，乃是昭公二十八
年，當時楚文公歿後，其弟子元暗慕文公的夫人息嬀，爲要博取歡心，
有一夕開了大宴會，而在宴會中敲了出陣大鼓助興，但是息嬀認爲在夫
君逝世時日尚淺，便以夫君臨陣所用的大鼓臨宴敲打作興，覺得異常悲
傷憤慨的意思。那末，「未亡人」這一句，就是夫死之後，其妻也要死
的，可是由於還沒死而活著，所以說是漏掉了死亡之人的意思。後世的

31　《史記》卷六秦始皇本紀第六。
32　《明史》本紀十二英宗後記：帝豫……遺詔罷宮妃殉葬……贊曰罷宮妃殉葬，則盛德之事，
　　可法後世者矣。

寡婦自稱未亡人，便是起源於此的[33]。

　　寡婦的殉死雖然自古即被採行，但後來此風之成為一般化則有三個主因。一是前述秦始皇逝世時將後宮美女數百及臣僚等共千餘人強迫其殉死之後，每遇帝王埋葬時，均以妃嬪殉葬而終於演變成一種習俗，其弊風逐漸普及於一般民眾，而助長了此風愈盛。二是後世對堅守貞操的節婦推行賞揚旌表，同時對於殉夫的寡婦歎讚為烈婦之風也產生，終於使國家也在有些時候，要特別加以旌表。三是傳統的士大夫面子觀念和虛榮心的連結一起，益發助長了殉死的風氣，後來，這一風俗經過歷代都未能消失，不僅如此，到了清代更為熾烈，乾隆初年終於特別以勅命勸諭此俗之非，並且宣佈了對殉死不再旌表之旨。[34]可是仍未能得到效果，尤其是在與臺灣具有最密切關係的福建省，借所謂「婦人貞潔從一而終」的大義之名，或是為了誇耀其家門的虛榮心所驅使，或者為了獲得寡婦的私財的自私心而強要寡婦殉死的惡風愈是強盛，對社會引起的弊害委實足以使人寒心的地步。安徽進士俞理初（官名俞正燮）所著「癸巳類稿」記載在福建省有個婚約之夫於未成婚之前死亡的時候，女家為了獲取建坊的榮耀，不惜勸其女兒自殺。並且揭示一首詩云：

閩風生女半不舉　　長大期之作烈女
婿死無端女亦亡　　鴆酒在樽繩在梁
女兒貪生奈逼迫　　斷腸幽怨填胸臆
族人歡笑女兒死　　請旌籍以傳姓氏
三丈萃表朝樹門　　夜聞新鬼求返魂

　　如上述在福建省內，寡婦殉死的弊害情形漸次嚴重起來，高宗乾隆二十四年（1759）四月特以省例頒佈了嚴禁之令。由於從禁令足以窺知當時寡婦殉死的實情，因此將全文揭示於下：

禁止寡婦殉死的福建省例
禁止殉烈

---

[33] 見杵淵義房《臺灣社會事業史》。
[34] 見《清史》高宗本紀。

一件嚴禁事，乾隆二十四年四月，奉前巡撫院吳憲諭，照得，從容守節為婦道之常，慷慨捐軀，終屬人倫之變，伏查，欽奉上諭，婦人從一之義，醮而不改，天下之正道，而其間節烈，亦有不同者，然烈婦難而節婦尤難，蓋夫亡之後，婦職之當盡者更多，上有翁姑則當奉養，以代為子之道，下有後嗣則當教育，以代為父之道，他如脩治蘋蘩，經理家業，其事難以悉數，安得以死畢其責乎。，是以節婦之旌表載在典章，而烈婦不在定例之內，向來未曾通行曉諭，今特頒諭旨，著地方有司，廣為宣布，務期僻壤荒村，家喻戶曉，俾愚民咸知，節婦自有常經，而保全生命，實為政理，倘訓諭之後仍有不愛驅命陷危亡者，朕亦不槩加旌表，以成閭閻激烈之風，長愚民輕生之習，思之思之，欽此。欽遵在案，仰見聖天子明倫訓俗，保全民命之盛心，至深且切，凡民間當婦女不幸夫亡之日，見其蹌地呼天，迫不欲生之狀，親族人等茍有人心者，自應惻然動念，從旁勸慰，乃聞閩省有殘忍之徒，或慕殉節虛名，或利寡婦所有，不但不安撫以全其生，反慫恿以速其死，甚或假大義以相責，又或藉無倚以迫脅，婦女知識短淺，昏迷之際，惶惑無措，而喪發病狂之徒，輒為之搭台設祭，併稱鼓吹輿從，令本婦盛服登台，親戚族黨皆羅拜活祭，扶掖投繯。此時本婦迫於眾議，雖欲不死，不可得矣，似此忍心害利，外假殉節之說，陰圖財產之私，迫脅寡婦，立致戕生，情固同於威逼，事實等於謀財，查律載，謀財害命者，擬斬立決，為從絞，卑幼謀殺尊長致死者，凌遲處死，威逼人致死者治罪追理，卑幼威逼尊長致死絞，知人謀害他人、不即阻當首告者分別治罪，律治森嚴難容輕貸，及愚民陷於不知，自蹈顯戮，殊堪憐憫，合行出示曉諭。為此示仰所屬軍民人等一體知悉，嗣後婦女不幸夫亡，凡屬親族黨務必勸諭，使知舅姑當事，遺孤當撫，即或無子者，亦以立繼承祧為重，毋慕殉節之虛名，致已故之夫同於若敖之鬼，倘本婦勵志守孀，而親族人等漸染澆風，各懷私意，或假以大義，迫令投繯，或利其資財，促之速死，定將創議之人及搭台之人，照謀殺威逼為首律，查明服制分別凌遲斬絞，其扶掖登台相幫投繯者，照為從動手加功律，按照服制分別斬絞，其獻酒活祭在場羅拜者，照為從不加功律，亦按服制分別絞流，親戚族長地保鄰

佑及鼓吹與從人等，知情不即勸阻，又不飛報官者，照知情謀害
他人不即阻當首告律治罪，此等惡俗實駭聽聞，爾等務各彼此勸
戒，率相禁止，切勿視為泛常，負虛名而攖實禍，自貽後悔，噬
臍莫及，凜之慎之，毋違等因。[35]

（五）臺灣殉死之習俗及烈婦人數與旌表

　　由於臺民多數從福建移住過來，所以，許多習俗都來自福建，寡婦
殉死的習俗自不例外，清領臺灣以來，由於受到殉節的虛名或迷信等原
因所驅使，為夫殉死的婦女其數並不為尠。我國自古以來對於殉夫的妻
妾以及為守節自盡，或者被殺害的婦女，均稱之為烈婦，受到社會一般
認為家門之榮譽而加以讚賞，且要由國家以為婦龜鑑而予以旌表。可
是，在清朝對殉死者之旌表一項，原則上不加承認。亦即對於為守節而
自盡，或者被殺害的所謂烈婦，如果按照前述所揭旌表準則，原則上雖
予以旌表，可是，殉死者以不與割股傷生的孝子一起旌表為原則，只有
在特別的情形，獲得皇帝之裁可加以旌表而已。但是，由於後來殉死的
弊風越是熾烈，到了乾隆年間連這項例外也不加承認了。同時更宣布了
殉死之舉所以非婦道常經之意義，並對於知情而不加勸阻的親戚族黨地
保鄰右等甚至加以嚴處。雖然如此，在臺灣此禁令如同在內地一樣，未
曾被厲行，其後違反的仍屢見不絕。

　　至於台灣烈婦的人數，就如同節孝婦一樣無法得知其詳確的數目。
現根據台灣全誌的記錄，其總數只六十三人而已。分析這些烈婦的身
分，即人妻四十九人，妾九人，定婚許嫁女四人，處女一人，還有分析
她們殉節的方法是，服藥自殺而死的一人，撞牆而死的一人，斷舌的一
人，被虐殺的三人，投水而死的三人，飲毒而死的十一人，殉死的四十
二人，自刎的一人。[36]

　　茲列其身分別地方別人數及旌表的年次別地方別人數表於左：

---

[35] 見《臺灣私法附錄參考書》第二卷。

[36] 臺灣全誌資料不足，上文只是提供說明，實際的烈婦人數則比此更多。當中，鳳山縣志就相
　　差五名，受旌者亦相差二名。

（1）烈婦的身分別地方別表

身分＼縣廳		妻	妾	許嫁女	處女	婢	合計
臺灣縣	人員	一一	五	一	｜	｜	十七
	列傳番號	｜	（3）	｜	｜	（9）	｜
鳳山縣	人員	六	｜	｜	｜	｜	六
	列傳番號	｜	｜	｜	｜	｜	｜
諸羅縣	人員	二	一	｜	｜	｜	三
	列傳番號	（1）（3）	（2）	｜	｜	｜	｜
彰化縣	人員	七	｜	｜	一	｜	八
	列傳番號	｜	｜	｜	（2）	｜	｜
淡水廳	人員	一八	三	｜	｜	｜	二一
	列傳番號	｜	（3）（16）（18）	｜	｜	｜	｜
澎湖廳	人員	五	｜	三	｜	｜	八
	列傳番號	｜	｜	（6）（7）（8）	｜	｜	｜
合計		四九	九	四	一	｜	六三

（2）烈婦旌表的年次別地方別表

年號＼縣廳		康熙年間	雍正年間	乾隆年間	嘉慶年間	道光年間	咸豐年間	同治年間	光緒年間	不明	合計
臺灣縣	人員	二	四	二	｜	｜	｜	｜	｜	｜	八
	列	（4）	（5）	（12）	｜	｜	｜	｜	｜	｜	

	傳番號	（9）	（6）（7）（11）	（13）							
鳳山縣	人員	丨	二	丨	丨	丨	丨	丨	丨	一	三
鳳山縣	列傳番號	丨	（2）（3）	丨	丨	丨	丨	丨	丨	（1）	
諸羅縣	人員	一	丨	一	丨	丨	丨	丨	丨	一	三
諸羅縣	列傳番號	（1）	丨	（3）	丨	丨	丨	丨	丨	（2）	
彰化縣	人員	丨	丨	五	一	一	丨	丨	丨	丨	七
彰化縣	列傳番號	丨	丨	（1）（2）（3）	（4）	丨	丨	丨	丨	丨	
淡水廳	人員	丨	丨	丨	丨	丨	丨	丨	丨	丨	一
淡水廳	列傳番號	丨	丨	丨	丨	丨	丨	丨	丨	丨	
澎湖廳	人員	丨	丨	丨	丨	丨	丨	丨	丨	丨	丨
澎湖廳	列傳番號	丨	丨	丨	丨	丨	丨	丨	丨	丨	
合計		三	六	八	一	二	丨	丨	丨	二	二二

七、烈婦事跡

　　臺灣在有清一代列入烈婦的共計六十三人，由於節省篇幅的關係，本文以臺灣全誌為依據，以受旌表的作為代表，如此雖不無遺憾，但對了解前代女子犧牲的內涵也當能瞭解了，其餘的則列出其姓氏以供參考。

（一）臺灣縣

　　臺灣縣下的烈婦有十七人列入方志，而受旌表者八人（見前表）。康熙年間二人，雍正年間四人，乾隆年間二人，茲分別說明於下：

（1）鄭氏　鄭斌之女，沈瑞之妻，自縊死。

（2）陳氏　鄭克𡒄之妻，陳永華之女，自縊死。

（3）寧靖王之五妃　即袁氏、王氏、秀姑、梅姐、荷姐等五人。五妃墓（臺南市南區仁和里桶盤淺）之建是於高宗乾隆十一年因巡台滿御史六十七以及巡台漢御史范咸二人深感其貞烈，命海防同知方邦基修理其墓，並於臺南城大南門外城壁上豎立了五妃墓道碑，刻二人的輓詩，用以旌表她們的貞烈。乾隆十六年臺灣知縣魯鼎梅再予以重修，四十年劉國軒為了表彰她們的貞烈，新建了五妃廟，近年臺南市政府高唱觀光年，也曾大事整修。自巡台御史起，其他名士嘆賞五妃貞烈之輓詩極多，現抄錄較重要的如下以供參考：

　　　五妃娘墓道　巡台滿御史　六十七
　　　東風駘蕩天氣清　　載馳驄馬春巡行
　　　刺桐花底林投畔　　森然古墓何崢嶸
　　　路旁老人為余泣　　當年一線存前明
　　　天兵既克澎湖嶼　　維時五烈皆捐生
　　　至今抔土都無恙　　誰為守護勞山精
　　　雲封馬鬣連衰草　　四圍怪石爭縱橫
　　　時聞鬼母悲啼告　　想見仙娥笑語聲
　　　歲歲里民寒食節　　椒漿頻奠陳香羹

滿目淒涼已感歎　更聽此語尤傷情
有明歲晚多節義　樵夫漁父甘遭烹
島嶼最後昭英烈　頌廉懦立蠻婦貞
田橫從死五百皆壯士　吁嗟五妃巾幗真堪旌

弔五妃墓　巡臺滿御史　范咸
明亡已歷四十載　死節猶然為古明
荒塚有人頻下馬　真令千古氣如生。
天荒地老已無親　肯為容顏自愛身
遙望中原腸斷絕　傷心不獨未亡人。
君后相將殉社稷　虞吳未敢笑重瞳
廟廷倘使增陪祀　臣妾應教祭享同。
田妃金鴛留遺穴　何似貞魂聚更奇
三百年中數忠節　五人個個是男兒。
可憐椎髻文身地　小字人傳紀載新
卻恨燕京翻泯滅　英風獨顯費宮人。
明妃無命死胡沙　青塚荒涼起暮笳
爭比冰心明似月　隔江不用怨琵琶。
壘壘荒墳在海濱　魂銷骨冷為傷神
須知不是經溝瀆　絕勝要離塚畔人。
又逢上巳北邙來　宿草新澆酒一杯
自古官人斜畔土　清明可有紙錢灰。
十姨廟已傳訛久　參昴還應問水濱
此日官僚為表墓　五妃直可比三仁。

五妃墓　巡臺御史　張湄
瘞玉埋香骨未塵　五妃青塚草長春
雲凝孤嶼魂相伴　直抵田橫五百人。

五妃墓　舉人　張輝
精誠歸帝子　大節凜冰霜　慷慨同千古
從容共一堂　蘭焚山失色　玉瘞土留香

捲地悲風至　蕭蕭起白楊。

寒食過五妃墓　諸生　何借宜
寒烟囊革暗離披　隱隱高原見古碑
謾說從人皆妾婦　應誇死義是男兒
投環不解王孫恨　奕世猶聞鬼子悲
異域天荒開世運　五常還是五人持。

　　從這些詩可以看出除了讚賞五妃之貞烈外，實含有鼓勵人民愛國忠君之意義在。

　　（4）鄭氏宜娘漳州人，十八歲嫁給臺灣縣的謝燦，三年後謝燦不幸病死，鄭氏便朝夕號泣，甚至決心爲亡夫殉死，這給鄰家的老嫗察知而寄以甚深的同情，而以「姑老家頻，且無兄弟若何」再三勸其再嫁，但是，鄭氏卻以「婦人從一而終，余惟知從一義耳」爲答，然凜予以斥之，而就縊而死。天興縣爲了嘉許她的貞烈，就在下寮港街建立貞節坊加以旌表。這個就成了本書建坊旌表的嚆矢。

　　（5）郭氏益娘

　　郭氏臺灣縣人，幼年適曾國，未生子，十八歲時曾國溺死海上。郭氏日夜哀哭，最後決心殉死而告其親說「夫亡義不獨存，願相從地下」云云。親人聽了大爲吃驚，雖然多方加以安慰，可是她仍然自縊而死。後於世宗雍正五年被合祀節孝祠裡旌表了。

　　（6）趙氏

　　臺南城內鎮北坊人，幼時適於李宋，二十二歲時，因李宋患重病，爾後趙氏變廢止梳洗，不解衣服日夜專心照顧，但是，李宋仍然因病歿了。趙氏甚爲哀慟，狀極悽慘，終於卒哭期滿便告縊死，時人讚其高節，爭相弔祭，後來，臺灣縣於世宗雍正五年，將她合祀節孝祠內加以旌表。

　　（7）紀氏險娘

　　險娘爲臺灣紀惠之女，幼時許配吳使，十八歲時，吳使患了重病。是時，紀氏雖然尚未成婚，聞此心痛之餘廢寢忘食爲其祈願平癒，後來吳使未癒病歿，紀氏毅然自縊以殉亡夫。夫家深爲感動其貞烈，將其柩

合葬於武定里洲仔尾（今臺南市永康區）。其後，臺灣縣於雍正五年將她合祀於節孝祠內加以旌表。

（8）王氏德娘

安平鎮人，幼年適於楊軫，二十二歲時，楊軫出海捕漁溺斃，王氏於卒哭期滿之夜，設四教祭筵完畢了哭奠之儀後，自縊而死。

（9）黃氏器娘

黃氏爲臺邑武定里人黃勉之女。幼許陳越琪；聞其病，即爲減饍祈禱。迨琪死，父母秘不與言；氏密察得實遂自盡。夫家舁棋柩與氏柩會於路，合葬魁斗山。康熙六十一年旌表建坊十字街。

（10）莊氏珠娘（事跡略）

（11）袁氏順娘

臺灣人，袁權之女，年十六，適魯定公。甫六月而定公歿，袁哀慟悽慘。越七日，白內外諸親，自縊以殉；合葬魁斗山西。雍正五年旌表，祀節烈祠。

（12）呂氏諧娘

臺南城內東安坊人，呂昭之女，年十八未許嫁，里中惡少戲之，諧娘羞忿自盡。知縣李閶權嘉許其高節將她審擬，在乾隆十三年，遵例旌表建坊於城內東內坊。

（13）蔡氏偕娘

臺灣人蔡丁之女，許張金生爲妻。年二十五歲於歸，甫五月而金生即臥病。氏奉侍湯藥，朝夕無倦容。迨病危，多方延醫調治，願以身代，日不交睫，食不下咽者兩月，乾隆九年三月初六日，金生死；氏泣謂其母曰：「兒上無姑嫜，下無子嗣，義不得獨生」。視殮畢，即於是夜從容自縊；死後，顏色如生。乾隆十年，建坊於臺南城內大南門而予以旌表。

（二）鳳山縣

鳳山縣下的烈婦計六人，中受旌表的有三人，茲分別記述如下：

（1）黃氏棄娘

東石黃堂壯次女。年十九，歸僞賓客司傅爲霖次子璇。爲霖以反間謀洩，父子俱置極刑，眷屬發配。時堂壯已故，胞兄銓爲氏營救獲免，得領回家。方傅之逮繫也，氏猶日望其生，且驚且泣；及爲霖父子遇害，絕計身殉。其胞兄多方開譬，慰藉甚殷；氏答曰：「今日之事，子爲父死、妻爲夫亡，於理甚順；妹復何憾」！遂自縊死。其後被入祀節孝祠旌表。（重修臺灣府志）

（2）阮氏蔭娘

阮氏年十六適王尋，尋貧不聊生，寄身行伍，於歸後，未有生育；伯兄沒，有遺腹子，嫂已別適，氏撫之如同己出。未幾，尋沒。氏於殯畢，屢次自縊獲救，康熙二十二年夏五月以酒醉護者而自縊。鄭氏將旌之，會戰爭，清人入臺而不果。雍正五年鳳山縣將她合祀於節孝祠而旌表。（重修臺灣府志）

（3）鄭氏月娘

鄭氏年十九，歸儒士王曾儒家，王食貧志學，甫閱年，以病卒。翁以貧故，欲即葬；月娘跪泣告乞，得暫停。眾謂夫死不忍恝然，常情也。數日後，語其翁，願死從夫葬。翁駭然，囑鄰媼勸止；月娘曰：「吾當夫病據時，即以死許之，義不可移」。此後堤防稍疏，投繯而逝。邑侯宋公加其節，通聞上憲，獲褒獎焉。侯親察其墳，額其盧曰：「百年今日」，以挽詩「百年今日乾坤老」之句中詞也。雍正五年合祀於節孝祠加以旌表。（重修臺灣府志）

（4）王氏掞娘（略）

（5）吳氏潔娘（略）

（6）黃氏明娘（略）

（三）諸羅縣

諸羅縣下烈婦有三人，受旌表者有三人，事跡如下：

（1）王氏焄娘

歐預妻。年二十，適預，逾年而預卒，王氏哀毀悲號，治喪盡禮。

既卒哭，白內外諸親，沐浴更衣自縊而死。知縣周鍾瑄旌其門曰「節義凌霜」。雍正五年，詳請入節列祠（重修臺灣府志）

（2）蔣氏

北路參將羅萬倉之妾。康熙六十年朱匪（一貴）之變，賊犯諸羅城。萬倉出與戰，爲賊所殪；氏見萬倉所乘馬逸歸署帶血，曰：「吾夫其死矣！」遂自縊以殉。事聞，奉旨旌表，祀節烈祠，（重修臺灣府志）

（3）嚴氏

適趙越，其後越出遊遠方，嚴氏抱養一子堅守空閨，然而，有一天鄉里惡少潛入意圖汙辱，嚴氏嚴然斥之曰：「吾婦人，義不可辱」旋即投繯自盡。知縣秸漩深受感動，予以詳請題旌。

（三）彰化縣

彰化縣下烈婦共八人，受旌表有七人，事跡如下：

（1）汪門雙節（劉氏、余氏）

汪家姑歸也。姑劉氏，婦余氏，素慈孝，雍正九年大甲西番作亂，焚殺居民；姑急告婦曰：「義不可辱，當各爲計」。語畢，逐自刎。婦方抱姑尸而泣，逆番猝至，逐觸垣死。乾隆三年旌表，勒碑縣東門。（重修臺灣府志）

（2）劉滿姑

十七歲隨父攝彰化縣事北路理番同知劉亨基來臺，乾隆五十一年冬，林爽文作亂攻陷縣城之際，亨基戰死，劉氏投水未死，爲林黨所獲，劉氏不屈，終爲賊所支解，事情上聞後，下賜了優厚的襃獎，並在她的原籍湖南湘潭建坊旌表，並入祀烈女祠。

（3）朱魯氏及群姑

朱魯氏乃是署彰化知縣朱瀾之媳，群姑則是瀾之女。群姑在十三歲時就和魯氏一起跟隨父親住在縣署裡，乾隆六十年三月陳周全之亂，朱瀾戰死，縣治陷落，魯氏和群姑投水未死而被俘，而於行將被辱時，大罵賊人豪不屈服，最後以腰帶自縊而死，後於其原籍及縣治分別建坊旌

表，並進烈女祠，由官府按春秋二季加以祭祀。

（4）楊顏氏

彰化縣人楊聯盛之妻，林爽文之亂時，楊顏氏被俘，並且被剖腹殺戮，兩個子女也一起被虐殺。知縣吳性誠乃把顏氏從祀於忠烈祠後堂加以旌表。

（5）黃江民（略）

（6）康吳氏（略）道光七年受旌表。

（以上詳見彰化縣志）

（五）淡水廳

（1）江擔娘

江擔娘為竹塹人江瑞之女，嫁鄭林為妻，後林病了一年多終於死了。江氏即俟殯殮之儀完畢，投繯自縊而死。年二十六歲，宣宗道光十七年受到旌表。

（2）黃貞慎（3）黃鴻娘（4）鄭珍娘（5）張氏

（6）林香娘（7）戴儉娘（8）楊氏（9）張春娘

（10）黃月娘（11）杜禾娘（12）林棲娘（13）徐長壽

（14）廖氏（15）蕭氏（16）黃桃娘（17）蘇祝娘

（18）郭瓊華（19）楊氏（20）魏梅娘（21）何氏

（以上詳見淡水廳志）

（六）澎湖廳

（1）李氏（2）薛質娘（3）陳貞娘（4）許引娘

（5）王挑娘（6）林氏（7）顏居娘（8）吳循娘

（以上詳見澎湖廳志）

八、結　論

　　婦女貞潔從一而終的觀念自古已然，非始明清以來，故貞節牌坊建置與入祀節孝烈祠，可說是一種補救政策。從本文的分析和敘述，我們將能明瞭這種節烈的風氣以及這種旌表的結果，對社會的秩序，社會的形態，社會的價值觀都有極大的影響作用在。

　　從本文可以看出，社會對於貞節的觀念，實在於明代以來才變成狹義的極端的，入清已差不多就成了宗教，非但夫死守節，認爲當然，未嫁夫死，也要盡節，偶爲男子調戲，也要尋死，如此一來，婦女的生命，變得豪不值錢，貞節才是真正的生命，要知這種方式的節烈，當然爲男子極端稱道的，因爲太有利於男子了。這樣是否公允？是否合乎道德與人性？陳東原氏中國婦女生活史舉了一個事例：傳說有老寡婦將死，圜集家人告以己身守節數十年之苦痛，中間幾至失節者數次，因訓子孫曰：「世世勿勸人守節」。這個事例當能道出此一問題的苦痛來。不僅當事人苦痛，要知，在此家庭中，多少子弟由於缺乏適當的、公平的教養，而至無法就學立業，終成社會問題，可惜，方志之中，對於這個問題沒有甚麼記載可尋，雖然如此，並不能排除這個問題的存在性，至若受旌表者之子弟得科名仕宦者，證之方志委實太少了。更有甚者，在顧及顏面及虛榮心之下，不惜壓迫年青的媳婦長年守寡，這一現象，不僅是社會的病態，也易產生家庭的問題，何況對於女子的一生是存在了殘忍的一面。然而，很不幸的，處於今日的社會形態下，臺灣仍有如此不幸的事發生，實在太悲慘了。

　　雖然此一風氣和補救政策會造成上述許多不公平的現象，但是，最重要的地方，或許如連橫所云：「夫婦之道，人之大倫。男子治外，女子治內，古有明訓。臺灣三百年來，旌表婦節，多至千數百人，雖屬庸德之行，而菇苦含辛，任重致遠，固大有足取焉者。夫人至不幸而寡，家貧子幼，何以爲生？而乃躬事縫紉，心凜冰霜，日居月諸，照臨下土。卒之老者有依，少者有養，以長以教，門祚復興。其功豈不偉歟？又或變起倉卒，不事二夫，慷慨相從，甘心一殉，貞烈之氣，足勵綱常，斯又求仁得仁者矣。昔子輿氏謂可以託六尺之孤，可以寄百里之命，臨大節而不可奪者，是君子。余觀節婦所爲，其操持豈有異是？惜乎其不爲

男子，而男子之無恥者且愧死矣。」《臺灣通史》烈女列傳，連氏所言當稱公允。要知臺灣僻在荒域，風俗不無淳漓之感，而節烈之教，留而不衰，實為我民族正氣之表現，至性所彰故也。試看烈女捨生同逝，不稍緩於須臾，盡節於一時，節婦之堅貞自矢，撫孤以成，盡節於終身，她們這種碎寶玉於寒冰，摧貞松於絕壁的美德，實可移淫風為正氣。故能生受旌表之榮，歿享春秋之祭，蓋其有裨於世故太大了。

附臺灣現存節孝坊：

一、台南市府前路三○四巷三號福安宮門前，有一節孝坊，額曰：「節孝」，上款：「旌表太學生沈耀汶妻蕭氏」；「大清嘉慶五年陽月吉日立」。

二、苗栗縣苗栗鎮天雲廟旁，有一節孝坊，坊上正面、後面所刻文字：「聖旨天旌節孝臺北府新竹縣貓貍街儒士劉金錫之妻賴氏節孝坊，光緒九年葭月日」。

三、新竹縣新竹市石坊街六號門前，有一節孝坊，正面刻文：「聖旨天旌節孝旌表臺灣府淡水廳本城民人林熾之妻楊氏，道光甲申年臘月立」。後面刻文：「聖旨天旌節孝詳請各部職官姓名閩浙總督董教增福建巡撫史致光福建提督學政吳椿福建布政司明山臺灣府知府鄭○廷彰化縣知縣吳性誠彰化縣教諭朱開垣彰化縣訓導張夢麟，嘉慶己卯年十二月，題准建坊」。

四、新竹市北門外湳雅街湳雅屠宰場門前，有一節孝坊，坊上正面刻文：「節孝皇清旌表同安縣金門故淡廳庠生鄭用錦妻張氏坊」；後面刻文：「同治五年吉月題准建坊」。

五、新竹市北門外湳雅里，有一古廟─南邨福建，廟前有一節孝坊，正面刻文：「聖旨節孝旌表臺北府新竹縣即前臺灣府淡水廳故儒士例贈文林郎吳國步之妻蘇氏坊」；後面刻文：「聖旨節孝會題請旌芳名閩浙總督部堂左鶴年福建巡撫部院王凱泰福建提督學政馮譽驥福建布政使司葆亨臺澎督學道獻綸臺灣府知府孫壽銘淡水廳同知陳星聚淡水儒學訓導梁仲年光緒庚辰仲秋」。

六、臺北市二二八紀念公園，有清光緒年間所建的節孝坊，額曰：「節孝」，並刻有一清旌表故儒士王家霖妻黃氏坊」

七、臺北市北投國小附近有一清道光三十年建的節孝坊，刻字：

「旌表臺灣府淡水廳故儒士陳玉麟之妻周氏」。

上附圖及文字引自林衡道先生所著臺灣的石坊，刊於臺灣文獻第十九第三期。

主要參考用書

1. 《詩經》
2. 《史記》
3. 《清史》
4. 《大清會典》　臺灣中文書局總發行
5. 《臺灣叢書第一輯》　臺灣方志彙編　中華學術院國防研究院出版
6. 《臺灣通史》　連橫著　臺灣文獻叢刊　（臺銀本）
7. 《臺灣全誌》　臺灣經世新報社（中央圖書館臺北分館藏）
8. 《中國婦女生活史》　陳東原著　臺灣商務印書館
9. 《中國婚姻史》　陳顧遠著　臺灣商務印書館
10. 《臺灣縣雜記》　臺灣文獻叢刊第五二種
11. 《臺灣采訪冊》　臺灣文獻叢刊第五五種
12. 《臺灣府志》　臺灣文獻叢刊第六五種
13. 《重修臺灣府志》　臺灣文獻叢刊第六六種
14. 《鳳山縣采訪冊》　臺灣文獻叢刊第七三種
15. 《彰化節孝冊》　臺灣文獻叢刊第一〇八種
16. 《臺灣通史》　臺灣文獻叢刊第一二八種
17. 《臺灣文獻》　臺灣省文獻會出版
18. 有關本文的其他部分參考資料，引於文中，不再列述。

臺灣府城隍廟的歷史沿革

第一節　城隍的由來

城隍又稱城隍爺、城隍老爺。「城隍」究竟爲何神？起源何時？職司何事？隸屬如何？神格品級如何？其任用陞遷又是如何？均是必須先探討清楚。

一、城隍本義

「城」字，許慎說文解字云：以土石建築而成者曰城，故城之本義作盛民解。段玉裁注云：言聖者，如黍稷之在於器中也。辭海云：城，城郭也，都邑之地，築此以資保障者也。形音正義大字典云：城乃用以盛受眾民於其中者，亦爲用以保護聚居中者之建築物。簡言之，環繞都市築圍牆以保衛的建築物曰城。

「隍」字，許慎說文解字云：

> 隍，城池也，有水曰池，無水曰隍矣。段玉裁注云：池之在城外者也。形音正義大字典云：隍爲環城而近城者，城高大如阜，又以皇本作大君解，隍繞城有廣大義，故從皇聲。故，要言之，隍乃城外的無水城壕，環城而近城，目的在禦敵於前，護城於後。[1]

按城壕之設，在於卻敵，故城有內、外，內曰城，外曰郭，城牆之高者曰墉，卑者曰垣。故外城可視爲第一道防線，內城爲第二道防線，至於內城之內復有皇城、宮城，內外構成四重城，均是相同功能。而壕隍之設，在於阻絕敵人，其寬大爲弓矢所不能達；其寬深爲人馬所莫能渡。平時無水，間或引注河流以備險警，如一旦有敵來攻，城壕滿水，並將城內壕上木橋吊起，雖千軍萬馬亦不能攻近城牆。所以城池具有禦

---

[1] 「城」、「隍」本義之解，詳見追雲燕「三教聖誕千秋錄」、「天下都城隍聖誕」條，頁94。財團法人台中聖賢堂，民國80年2月再版。

敵守護之功能，無遜於先鋒大將。

城與隍，在古代，視邑的大小及險要，並審諸地理形勢而建，故其構造型式亦各自不同，然其建築材料則大體相同。上古建築簡陋，造城牆以土、石為主要材料；隍池則是掘地而成大壕溝，壕壁砌石，以防崩潰，故城、隍本質同屬土石，所不同者，城聳立於地上（象陽），隍深陷於地下（象陰），因此，城、隍合一體而兩面，氤氳陰陽，相濟相護。土石本自然之物，我國民間信仰，一向把神明分為：自然崇拜、器物崇拜，此種「萬物有靈」觀念之下，於是乎「土」有土地公神；「石」有石頭公神，城隍即是土石之體，逐亦被尊為有靈性之神明。清秦蕙田《五禮通考》說得好：[2]

> 夫聖王之制禮也，功施民則祀之，能御災捍患則祀之。況有一物，有一物之神，近而居室飲食，儒門井戶灶中霤，尚皆有祀，矧夫高城深溝，為一方之屏翰者哉！……是城隍直與地方民物相依為命，誠不殊於社稷矣！……但社稷所以養人，而城隍則所以衛人，且城隍為城，亦土之功用，則社宜足以該之。然而古人必別有水墉之祭，而後世且盛於社稷者，竊意三代時封建法行，分茅胙土，首重社稷……專以土穀為重，故自天子諸侯而外，大夫以下，成群置社，祈焉報焉，如是而已。至城與隍，不過秩百神之列，而掌饗之，亦其宜也。後世易封建為郡縣，而兵戈盜賊，戰功防守之事起，逐專以城池為固。守土之臣，齋肅戰慄而嚴事之，平時則水旱疾疫於以祈禳，有事則衛民御敵，於焉請禱，亦理勢之不得不然者也。

二、祭祀的起源

我國祭祀城隍由來已久，古時於每歲的歲終之月，（即十二月，夏朝稱嘉平，商朝稱清祀，周朝稱大蠟，秦漢稱臘月）舉行臘祭，合聚萬物以祭祀，由天子親祭，稱作「大蠟」，故「禮記」的「郊

2 轉引呂宗力、欒保群編《中國民間諸神》丙編〈城隍〉條，頁234~235。（台灣學生書局，民國80年10月初版）。按，本節所引諸史料，率出自本書所輯，非特別必要說明，茲不一一註明。

特牲」記載：「天子大蠟八」，而釋文記為：「祭有八神，先嗇一、司嗇二、農三、郵表畷四、貓虎五、坊六、水庸七、昆蟲八」。所謂（一）先嗇即神農，亦稱田祖，因係最早教民耕田，稱作田祖。而神農氏又是最先教人稼穡，故名先嗇。（二）司嗇即後稷，係虞舜時的農官職稱，後轉為穀神之意義，由於周朝始祖棄曾擔任這職位，所以後人稱棄為後稷。（三）農係古時的田畯，即典田官，有功於民，後轉為田神。（四）郵表畷，郵為田間的廬舍；表為田間道路；畷為田土疆界相連綴，所以郵表畷就是始創廬舍、表道路、分疆界以利人民的人，而田畯為典農之官，所以督約百姓於井田之間，因此後世亦轉而為祀神。（五）貓虎，因田鼠、田豕皆能害稼苗，而貓食鼠，虎吞豕，乃迎貓虎之神以祭食鼠，豕而護苗。（六）坊即堤也，今名堤防，可以蓄水亦可以障水以灌溉洩洪。（七）水庸，即溝也，庸者所以受水、泄水。（八）昆蟲，係螟蝗之類，害稼苗，故祭之，祈其勿侵食不為災害

依照上引禮記所述：天子大蠟八，指祭祀八種神，故稱作「八蠟」之祭。其中水庸居七，水則隍也，庸則城也，是祭祀城隍的開始，只不過當時不稱「城隍」，原名「水庸神」。然而，在此有一疑問？照上面所引注解，既名「水庸」，則依字序轉稱，應稱為「隍城」，為何稱為「城隍」呢？是否因周易泰卦（☷乾下坤上）之「上六城復於隍，勿用師自邑告命，貞吝」之語影響，而逕稱之為「城隍」耶！[3]

總之，城與隍兩相齊備，固若金湯，保護城內官民，於是城與隍在君臣庶民心目中，成為安全之象徵物，為尊崇其守護保衛之功德，祭祀之舉油然而生，此即崇功報德之蠟祭水庸神之由來也。城隍神原名既曰水庸神，為自然神，既無神像又無廟宇，祭祀惟築土壇而已，而祭祀乃天子之專權，一般庶民不得參與。至於何時改稱「城隍」，尚難考據。

第二節　城隍廟的演變

---

[3] 關於「城隍」之名由來仍有待進一步探討，趙翼《陔餘叢考》卷三五〈城隍神〉調記：「以為祭城隍之始故已，然未竟名之為城隍也」，與筆者有相同之疑問。

一、立廟塑像之始

城隍之神，不見於經，說者乃推本於「八蠟」的「水庸」，以為祭城隍之始，亦似有理。然其始，無廟無像，雖享天子之祭，實則屈駕土壇，飄蕩無所憑藉，則何時立廟祭祀，普及民間呢？清黃協塤所著的《鋤經書舍零墨》記：

> 城隍之名，始於易之泰卦。……惟立廟之說，前史未見。吳太平府志云：城隍廟，在府承流坊，赤烏二年造（按指吳大帝孫權赤烏二年，西元二三九年），則廟之創自後漢可知。

清孫承澤的《春明夢餘錄》也記：

> 城隍之名見於易，若廟祀則莫究其始。唐李陽冰謂城隍神祀典無之，惟吳越有耳。宋趙與時辨其非，以蕪湖城隍祠建於吳赤烏二年，不始於唐。

則似乎三國時代，吳赤烏二年蕪湖已有城隍廟，可惜黃、孫二書出於清代，雖以為據，並無確證。正式立廟，並稱為「城隍神」，則見於《北齊書》的〈慕蓉儼傳〉：

> （儼）鎮郢城，始入，便為梁大都督侯瑱、任約率水陸軍奄至城下，……城中先有神祠一所，俗號城隍神，公私每有祈禱。於是順士卒之心，乃相率祈請，冀獲冥祐。須臾，沖風欻起，驚濤湧激，漂斷荻洪。

《北史》慕蓉儼亦有相同紀載，《隋書》五行志記：「梁武陵王紀：祭城隍神，將烹牛，有赤蛇繞牛口。」是可確知六朝梁時，已有「城隍神」、「城隍廟」存在，並有宰牛祭祀之祭典，且頗得當地士卒城民之信仰，因此慕蓉儼入境隨俗，也要「順士卒之心」祈請保佑。

二、唐宋普及

至唐初，尚未普及列入祀典，且似乎流行南方一帶，如《古今圖書

集成》神異典轉引《中吳紀聞》：「吳俗畏鬼，每州縣必有城隍神」。宋陳耆卿「嘉定赤城志」云：「城隍廟，在大固山東北，唐武德四年建。」，《唐文粹》有李陽冰「縉雲縣城隍記」謂：「城隍神祀典所無，惟吳越（今江蘇省一帶）有之」，是唐初尚未列入祀典。

　　中唐之後，逐漸普遍，我們可從今存唐人文集，散見祭城隍文為佐證。《鑄鼎餘聞》卷三載：

　　唐李陽冰「縉雲縣城隍記」云：城隍神，祀典所無，唯吳越有之。又張說有「祭荊州城隍文」，許達有「祭睢陽城隍文」，韓愈有「祭袁州及潮州城隍文」，杜牧有「祭城隍祈雨文」，李商隱有「祭兗州城隍文」、「為懷州李使君祭城隍文」、「桂州賽城隍文」、「祭桂州城隍神祝文」，又有「賽城城隍文」，典信陵有「祭城隍文」。杜甫、羊士諤皆有賽城隍詩。（按即杜甫之「十年過父老，幾日賽城隍」詩句），又李德裕建成都城隍廟。

　　則唐中葉各州郡皆有城隍，陸放翁「寧德縣城隍廟記」云：所謂唐以來郡縣皆祭城隍是也。而祭城隍之目的，大體為祈雨、求晴、禳災諸項而作，水旱禱祈多驗，如李太白全集卷二九「鄂州刺史韋公德政碑」記：

　　大水滅郭，洪霖注川，公乃抗辭正色於城隍曰：「若三日雨不歇，吾當伐喬木焚清祠」，其應如響。

　　且祀神一變為人鬼，並主冥籍，如今世所傳。宋存昉《太平廣記》卷一二四載：

　　唐洪州司馬王簡易者，常暴得疾，夢見一鬼使自稱丁郢，手執符牒，雲奉城隍神命，來追王簡易。即隨使者行，見城隍神，神命左右將簿書來，檢畢，謂簡易曰：猶合得五年活，且放去。

《中吳記聞》載：

　　開元末，宣州司戶卒，引見城隍神。所居重深，殿宇崇峻，侍衛甲仗嚴肅。司戶既入，府君問其生平行事，曰：吾即宣城內夷桓

彝也，為是神管郡耳。

五代十國，開始冊封，其祀愈崇，《冊府元龜》載：

> 後唐廢帝清泰元年（934 年）十一月，詔杭州城隍神改封順義保寧王，湖州城隍神封阜俗安成王，越州城隍神封興德保闉王。

又載：

> 五代後漢隱帝乾祐三年（950 年）八月，封蒙州城隍神為靈感王。

陸游《嘉泰會稽志》云：

> 城隍顯寧廟，在子城內臥龍山之西南。自昔記載，皆雲神姓龐，諱玉。……初，王（指龐玉）鎮越，惠澤在民，既卒，邦人追懷之，祀以為城隍神。梁開平二年（908 年），吳越武肅王上其事，封崇福侯。紹興元年（1131 年）封昭祐公。淳熙三年（1176 年）封忠應王。

嗣是，或封王，或封公，或封侯伯，香花供奉，到處皆然。比及宋元，其祠遍天下，朝廷或賜廟額，或頒封爵，且列入祀典。而城隍之神，甚至各指一人以為神之姓名，遷就附會，名號不一，而巫覡之風，自此始矣！宋吳自牧《夢梁錄》云：

> 城隍廟在吳山，賜額「永固」，歲之豐凶水旱，民之疾病禍福，祈而必應，朝廷累加美號，曰：輔正康濟明德廣聖王。

宋趙與時《賓退錄》云：

> 城隍神之姓名具者，鎮江、慶元、寧國、太平、襄陽、興元、復州、南安諸郡，華亭蕪湖兩邑，皆謂紀信。隆興、贛袁、江吉、建昌、臨江、南康、皆謂灌嬰。福州、江陰為周苛。真州、六合為英布。和州為范增。襄陽之谷城為蕭何。興國軍為姚弋仲。紹興府為龐玉，……鄂州為焦明，台州屈坦，……筠州應智頊，……南豐游茂洪，……漂水白季康。唯筠之新昌祀西晉邑宰盧姓者；紹興之嵊祀陳長官，慶元昌國祀邑人茹侯，三者不得其名耳。

趙翼《陔餘叢考》卷三五「城隍神」條，引《宋史》：

> 蘇緘殉節邕州，後交人入寇，見大兵從北來，呼曰：蘇城隍來矣！
> 交人懼，逐歸。又，范旺守城死，邑人為設像城隍以祭。張南軒
> 治桂林，見土地祠，令毀之，曰：「此祠不經，自有城隍在」。或
> 問曰：「既有社，莫不須城隍否？」曰：「城隍亦贅也，然載在祀
> 典。」是宋時已久入祀典也。

可知從唐代開始，逐漸形成正人直臣死後成為城隍神之觀念。到了
宋代，此風流行，流弊所及，踵事增華，捏造緣由，宋洪邁《夷堅志》
卷六「翁吉師」條記：

> 崇安縣有巫翁吉師者，事神著驗，村民趨向籍籍。紹興辛巳（卅
> 一年，1161）九月旦，正為人祈禱，忽作神言曰：「吾當遠出，
> 無得輒與人間事治病。」……再三致叩，乃云：「番賊南來，上
> 天遍命天下城隍社廟各將所部兵馬防以，吾故當往。」曰：「幾
> 時可歸？」曰：「未可期，恐在冬至前後。」自是影響絕息。……
> 至十二月旦，復附語曰：「已殺卻番王，諸路神祇盡放遣矣！」
> 即日靈響如初。

又載：

> 滑世昌所居廡被火，而城隍救之殿前。程某部綱馬濟江，以不祭
> 城隍，而馬死過半。鄱陽城隍誕辰，士女多集廟下，命道士設醮。
> 張通判之子病祟，乞路當可符治之，俄有一金紫偉人至，路詰之
> 曰：爾為城隍神，知張氏有鬼祟，何不擒捉？朱琮妾以妻王氏妬，
> 至於自刎，逐為祟，朱請閣皂山道士禳之，道士牒付城隍廟拘禁。

至元代以後，於京都所在設置城隍廟，而神之由來，愈趨紛岐附會，
《續文獻通考》群祀考：

> 元世祖至元五年（1268）正月，上都建城隍廟。……七年大都始
> 建廟，封神曰祐聖王。文宗天曆二年（1329）八月，加王及夫人
> 號曰：護國保寧。

《月令廣義》歲令一記：

> 天下城隍名號不一，世傳今燕都城隍為文丞相，蘇州城隍姓白，
> 杭州城隍即胡總制，近更周御史。

《鑄鼎餘聞》卷三載：

> 又各處城隍皆以人鬼實之。蘇州則「中吳紀聞」云春申君。鎮江
> 則陸游記云紀信。寧波則袁桷「延祐四明志」引舊志亦曰紀信。
> 又昌國州城隍，宋建炎四年賜額曰惠應，引舊志雲鄉人茹侯。燕
> 都則「月令廣義」云文天祥，後為楊椒山。杭州為周新，濟南則
> 《歷城縣志》云一姓楊，一姓趙，諱景文。

要之，從元代開始封城隍而並及夫人，其事本不足法，嗣後愚民好
事無知，至稱城隍娶婦，城隍寄子，迎神賽會，舉香若狂，其風至明清
不滅。

三、明清隆昇

明洪武二年（1369）正月，封京都及天下城隍。遂封京都城隍為承
天鑒國司民升福明靈王，開封為顯聖王，臨濠為貞祐王，太平為英列王，
和州為靈護王，滁州為靈祐侯，秩正一品。其餘府為鑒察司民城隍威靈
公，秩正二品；州為靈祐侯，秩三品；縣為顯祐伯，秩四品。袞章冕旒
皆有差。[4]

按，都為區域之名，小曰邑，大曰都。古以天子所居曰都，又曰京
師、京都。則都城隍者，國都之城隍，為城隍中之最尊貴者也。而開封、
臨濠、太平、和州四地皆是朱元璋當年興王之地，則明初城隍之祭典降
昇，必與朱元璋本人有極深之關聯，「續文獻通考」云：

> 明初，都城隍之神，歲以五月十一日為神之誕辰，及萬壽聖節，
> 各遣官致祭。

---

[4] 參閱《續文獻通考》卷七十九，群祀三，洪武二年正月，封京都及天下城隍條。（台灣商務
印書館影印本，民國 76 年出版）

是可推知都城隍之神誕辰爲五月十一日，湊巧爲朱元璋之生日，遂得以尊崇隆重。而其時之南京城隍神是誰呢？據談遷「棗林雜俎」云：「南京城隍神，孫策。北京城隍神，于謙。杭州城隍神，周新。」則可知爲孫策，孫、朱二人同一日生日，南京又是南方興王建業之地，城隍遂能備受關愛尊崇。

洪武三年，詔去封號，止稱某府州縣城隍之神。又令各廟屛去他神，定廟制。其制，高廣各視官署正衙，凡案皆同，置木主，毀塑像異至置水中，取其泥塗壁，繪以雲山，在王國者王親祭之，在各府州縣者守令主之。

洪武二十年（1387），京師改建城隍廟，明太祖詔劉三吾；曰：[5]

> 朕設京師城隍，俾統各府州縣之神，以鑒察民之善惡而禍福之，俾幽明舉，不得倖免。

此爲確立都城隍之地位，並爲運用城隍爲治民工具之始。孝宗弘治元年（1488），禮臣周宏謨等，城隍非人鬼也，安有誕辰，況南郊秩祀俱已合祭，則誕辰及節令之祀宜罷，詔仍舊。世宗嘉靖九年（1530），罷山川壇從祀，歲以仲秋祭旗纛日祭於廟，凡皇帝誕辰及五月十一日神誕，皆遣官行禮。要之，終明一代，其祀不廢，至於其神像撤毀之後，不知於何時起，又漸漸重塑神像。

明以後，清朝對城隍之崇敬，更是有加無減。順治初，定制與風雲雷雨山川爲一壇。雍正二年（1724），奏准安設神位在風雲雷雨之右，每歲春秋仲月，府州縣就壇致祭，其在京都者，每年兩次祭於廟，萬壽聖節遣官致祭，歲以爲常。尤其清廷領有台灣之後，以台灣新附，人心浮動，不免有越軌行爲；加以置官設防，其措舉一時尚難週詳，所以極力崇奉城隍，藉以馴服人心，補治化之不足。是故台灣一入版圖，即於府治設府城隍廟。凡地方官新上任，必先卜吉日，親詣城隍廟舉行奉告，然後視事，如康熙五十三年（1714），台灣知縣俞兆岳甫下車，即於城

5　同註4。

隍廟立誓曰：「毋貪財，毋畏勢，毋徇人情！」[6]

　　於是有清一代，歷治台灣者，透過城隍，假借神道設教，監察民隱。城隍除協助守牧以臨民事外，每當水旱疾疫，守令必先牒告，如道光年間，臺灣府鄧傳安以當時台海洶湧，船隻每每失事，遂牒告臺灣府城隍以求安瀾。[7]嗣後城隍信仰深入民心，民間將地方官和城隍爺視爲同等，一是陽官，一是陰官，一治明，一治幽。城隍爺又一變爲陰間地方之司法神，統率文武判官，六司官（即延壽司、速報司、糾察司、獎善司、罰惡司、增祿司），牛、馬、范、謝四將軍，及三十六部將，管理地方民事。而地方官也廣泛運用，藉以馴服人心，如道光三十年（1850）庚戌科試，有不少士子之父兄爲之鑽謀迎合者，台灣道徐宗幹即籍城隍威靈以禁之。[8]同治元年（1862）戴潮春起事，新竹紳民林占梅等共推候補通判張世英權廳篆，並率眾至城隍廟刑牲設誓，民心始定。[9]

第三節　府城隍廟的沿革

一、該廟的創建

　　台灣地區的城隍廟，約有六十座，遠超出清代台灣府縣的數目，與各府縣祇有一座城隍廟的規定不符，揆其原因，除了由府州縣由官府主持修建者外，百姓由閩粵移民來台，爲保佑沿途平安，開墾有成，由家鄉城隍廟分香攜奉而來，所以有些是民間自行建立的城隍廟。而在眾多城隍廟中，各有其特色，如論熱鬧，以台北霞海城隍廟最出名；論數目，以嘉義縣最多；至於論年代，則以台南市的府城隍廟爲最早。

　　台南市現有著名城隍廟三座：一是中區青年路府城隍爺廟，二是安平區觀音街都城隍爺廟，三是北區成功路縣城隍爺廟。而其中台南府城

---

[6] 魯鼎梅《重修台灣縣志》卷九，轉引自鄭喜夫《台灣地理及歷史》卷九第三冊文武職列傳，頁17。（台灣省文獻委員會，民國69年8月出版）

[7] 鄧傳安《蠡測彙鈔》、《牒台灣府城隍文》，民國47年，台銀文叢第九種。

[8] 見徐宗幹《斯未信齋文編》、《庚戌歲試手諭》，民國49年，台銀文叢第八七種。

[9] 見連橫《台灣通史》卷二十三，林占梅傳。民國51年，台銀文叢第一二八種。

隍廟是全省最早興建的城隍廟，創建於明鄭晚期。

　　永曆十五年（清順治十八年，1661）鄭成功進軍台灣，驅逐荷人，收復台灣作爲復明基地，改台灣爲東都明京，設一府二縣，府即承天府，分東安、西定、寧南、鎭北四坊。北路爲天興縣（主要轄有今嘉義縣一帶）；南路爲萬年縣（轄有今臺南、高雄、屏東三縣），以楊朝棟爲府尹，總督南北兩路；莊文烈知天興縣，祝敬知萬年縣，自是台灣設有一府兩縣，我國本部之地方行政制度乃得以在台創立。遺憾的是，翌年五月初八日鄭成功薨逝於王城（台灣城，亦即熱蘭遮城），在廈門的嗣子鄭經率軍蒞台繼立，不料兩年之內，鎭營多判，諸將降清，一時人心渙散，金門廈門失守，難以在閩南沿海立足，不得不於永曆十八年三月退回台灣，諸王室、全軍等攜眷隨行遷台。

　　八月改東都爲「東寧」，天興、萬年二縣爲二州。十九年以諮議參軍陳永華爲勇衛，陳氏盡心謁立輔佐，全力著重經濟開發與文教建立，於是台灣的地方建設逐漸展開，築官署、興市廛、建廟宇，規模漸具，台灣府城隍廟應即建於此時。

　　根據康熙卅五年（1696）高拱乾纂修之《台灣府志》卷二規制志、壇廟記：[10]

　　「城隍廟：在府治東安坊，康熙三十二年知府吳國柱修。」

　　既明白指出是吳國柱所「修」，則其前應即有城隍廟。乾隆五年（1740）劉良璧纂修之《重修福建台灣府志》卷九，典禮附祠祀載：[11]

　　「城隍廟：在郡署之右。無專祭，合祭於山川壇，各縣皆然；凡府、州、縣官新任入境，先謁城隍，然後到任；朔、望俱行香。明洪武二年敕封監察司民威靈公，三年正諸神封號，改稱某府、州、縣城隍之神，與風、雲、雷、雨、山川並壇而祀；祀畢，神主置於廟；凡祈禱水旱，先必牒告於廟，而後禱於壇。」

---

[10] 高拱乾《台灣府志》卷二規制志、壇廟。台銀文叢第六五種。

[11] 劉良璧《重修福建台灣府志》卷九，典禮附祠祀，台銀文叢第七四種。

又根據乾隆十七年（1752）王必昌總纂的《重修台灣縣志》卷六祠宇志、廟記：[12]

> 「府城隍廟；在東安坊，郡署之右，偽時建，康熙間修。……」

則更明確指出是「偽時建」，而明鄭時期所建的官署、寺廟，入清之後都被沒收充用，如康熙五十九年（1720）陳文達編纂之《台灣縣志》卷二建置志、公署記：[13]

> 「臺灣府公署在東安坊，南向，前有大堂，後為川堂。為偽天興州舊署，由川堂轉而西北，為內宅，偽遺舊宅也。旁建草亭一座，為校射之所焉。」

由上所記，就可明瞭入清後的台灣府署，係接收明鄭時的天興州署及眷屬住宅充用。州署充為府署，隨之州城隍亦陞為府城隍。其位置在郡署之右，即府署的右前邊，查陳文達，王必昌二書所附輿圖府治部分，府署向南，其右前邊即是西南方，與現代在台南城城隍廟位置相符，則參照志書所記，與今之位置佐證，就可以證明台灣府城隍廟位置係創建於明鄭時期的天興州署，為明鄭時期官建廟宇之一，確為台灣最早興建的城隍廟。至於創建之確切年代，已難稽考，若一定要說出一較明確年代，則以鄭經於永曆十八年（1664）撤軍遷台，以後在台開展建設之年頗有可能。（按廟方之資料指出府城隍廟創建於永曆23年）

---

[12] 王必昌《重修台灣縣志》卷六祠宇志，廟，台銀文叢第一一三種。
[13] 陳文達《台灣縣志》卷二建置志、公署。台銀文叢第一〇三種。

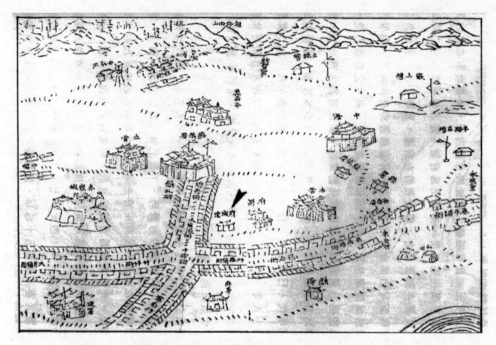

附圖一　陳文達編輯《台灣縣志》康熙五十九年

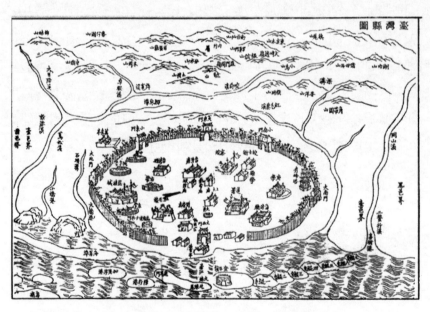

附圖二　范咸編《重修臺灣府志》乾隆十二年

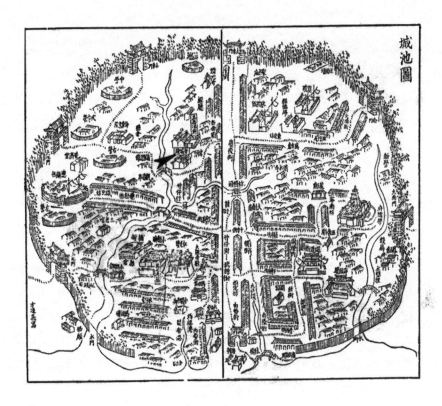

附圖三　王必昌編《重修臺灣縣志》乾隆十七年

二、清代以來的修建

康熙二十二年（永曆卅七年，1683）鄭克塽降清，清廷依施琅的奏議設台灣府，下置三縣，曰：台灣、鳳山、諸羅。府署接收鄭氏的天興州署充用，府城隍廟亦將原鄭氏的州城隍廟陞祀。時台灣縣為台灣府首邑，縣治與府治同在一地，故朔望之日，知縣隨知府詣府城隍行禮如儀。至第九任台灣縣知縣張宏，才於康熙五十一年（1712）興建台灣縣城隍廟於東安坊縣署北邊。康熙五十四年，諸羅縣知縣周鍾瑄捐俸建諸羅縣城隍廟於諸羅縣署之左（即今嘉義市城隍廟）。康熙五十七年鳳山縣知縣李丕煜捐俸建鳳山縣城隍廟於興隆莊（即今高雄市左營之城隍廟）。於是府城隍廟成為台灣府署專祀的廟宇。[14]

這座府城隍廟，入清後十年，即康熙卅二年（1693）經台灣府第二

---

[14] 見盧嘉興〈記台灣最早興建的府城隍廟〉，頁12，《台灣風物》二十卷二期。

任知府吳國柱倡修，其規模據陳文達「台灣縣志」所附輿圖推測，應是三開間單座式之廟宇。

其後歲月既久，廟貌非昔，乾隆廿二年（1757）當時台灣府知府覺羅四明每於朔望祇謁，以堂階隘且就蝕，經倡修，與台灣海防同知宋清源共同捐資重修，於廿四年重修完成，增建兩廊，及戲台於廟前。因這次的重建增築戲台於廟前，所以城隍廟前通往岳帝廟的街道逐稱爲「戲台後街」，即今之台南市青年路一二二巷一帶。覺羅四明於重修完竣時，經撰「重修城隍廟記」泐碑立於戲台前廣場邊壁，其全文如下：[15]

> 「東寧群嶂青浮，盈眸綠繞，蓋沃壤也。自入版圖後，人民輻輳，廬舍殷繁，儼然成大都會。而順四時、阜百物、息災眚、嚴彰癉，賴城隍尊神主持之，因建廟於郡署之右。凡水旱必禂、屬祭必迎，以將而以享者，百年於此矣。顧歲月既久，廟貌非昔。余下車後，每朔望祇謁，環睇堂階，隘且就蝕，思更新而式廓之；迺以簿書鞅掌，未能速為經治，心常耿耿。會宋君任臺司馬，礙共鳩貲醵金，庀材定址，諏日偗功，移易前後，增設廊廡，悉部署得宜。今而後梁棟煒煌，不使鼪鼯匿跡，瓦甍崒岌，無復荊棘含煙。入斯廟者，悚然於聰明正直之靈爽而降幅孔階，所以穀我士女而廳茲社稷者，匪淺鮮也。落成日，用誌其梗概云。」

此次擴建後，再經十八年，即乾隆四十二年（1777），時知府蔣元樞以府城隍廟建置有年，垣宇傾壞太甚，且舊址限於四周地勢，想進一步擴建有所困難，打算移徙新建。但以堪輿家說詞，其地靈氣融結，加以卜筮禱兆，城隍爺也表明自身意願，不願遷徙改圖，於是就原地改建，重新粉刷，成爲七包四進之建築。蔣元樞並撰「新修郡城隍碑記」鑱碑，其碑文如下：[16]

> 「城隍之名，見於易，城隍有神，即戴記八蠟祭水庸之遺。其著於史籍者，一、載吳赤烏年，一、唐李陽冰縉雲縣城隍記皆是也。

---

[15] 余文儀《續修台灣府志》卷二十二，藝文三，台銀文叢第一二一種。

[16] 謝金鑾《續修台灣縣志》卷七藝文二，台銀文叢第一四○種，另見蔣元樞《重修台灣各建築圖說》，台銀文叢第二八三種。

明洪武二年，初封天下城隍神爵秩。其在郡者封監察司民威靈公，秩正二品。明年詔去封號，後止稱某府城隍之神。廟制高廣，一準官署。歲無特祀，惟合祭於社壇、主祀於屬壇而已。國朝釐正祀典，歲增春秋二祭，品出公費，餘悉仍舊，其原委約略如此。夫天下府、州、縣所在，有城衛民，有隍固城，既領之長吏，復凜以明神。幽明之故，呼吸通焉，非可漫然視也。臺灣之設郡建官，刱自康熙甲子。其置城隍祠，祀於郡署西偏，蓋即其一時興舉者。嗣屢經繕葺，今闊於修有年矣。垣宇傾頹太甚，實無以肅明禋。且舊址圍於方廣，恢擴頗艱。余每思徙展新購，以形家言，斯地靈氣融結，相度攸宜，且禱且兆，龜筮協從，用是不欲改圖。礙購良材，易其朽蠹瓴甓桷楔之屬，必飭必備。黝堊丹碧，奕奕當達。既蒇事，余深有感於幽明之故為甚微也。神人相接，理本幻誕。愚夫愚婦，攜一囊之錢，動言施捨，靡頂踵於範金搏土之前，眩心目於琳宇璿宮之次，而曰吾以求利益也；有識者未有不蚩其貪且妄。若夫城隍之神，其接於人也較近，則其利於心人也較靈。古言守令為親民之官，然則城隍不當當親民之神乎？此邦氓庶，昕夕來祠下，牲醴雜然，史巫紛若，掀金伐鼓，報賽爭前，謂非神之靈之通於呼吸者為捷耶？頃歲水旱罔沴，年穀順成，癘疾不作，民無夭札，嶺箐島嶼之間靡有姦匿，是神之福祐此邦者至矣。夫降之福者，必有以酬之；則今日之聿新孔亟也固宜。又祠附祠瀋陽蔣公毓英，公首典茲郡，多異政。斯廟意其刱造歟？厥後覺羅四公明亦嘗重修斯廟者，皆不敢沒，備書於此。」

　　蔣元樞同時將修建廟宇的構建規模情狀泐成圖碑，與「新修郡城隍碑記」碑同立於前覺羅四明所立「重修城隍廟記」碑旁。這些石碑於第二次世界大戰末期，遭盟機的炸射，僅圖碑折斷為三，於兩碑碎裂不存。今圖碑於光復後移徙於台南市歷史館以供參觀憑弔。[17]

　　嗣後府城隍廟香火逐漸興盛，今正殿威靈公神前有乾隆乙未年（乾隆五十年，1785）「職員林有德敬獻」之大石棹乙座。信仰之盛也達及廈門、漳州一帶，今大爺龕、二爺龕石台有乾隆戊申年（乾隆五十三年，

1788）「廈門總義民首信官陳光聘叩謝」，暨「霞漳弟子林鳳棲、林應龍、洪宗禮」等所立石台可爲證明。

嘉慶四年（1799）後，迭有士紳黃拔萃、啇希綬等人鳩眾捐修，修建時啇希綬撰有柱聯鑴三川門石柱，其聯文如次：「動靜陰陽兩故化，聰明正直一而神」，及置於後殿院中之銑金大香鼎。另有士紳黃拔萃於嘉慶癸酉年（嘉慶十八年，1813）敬獻之瓷器香爐，嘉慶丁丑年（嘉慶廿二年，1817）蔡谿水奉獻之磁器大香爐及柴棹。

至道光七年（道光丁亥年，1827）候補同知吳春祿再度倡修重建，經各方捐募，於道光八年竣工。此役吳氏任重修總理，董理其事，今中殿有吳氏道光丁亥孟冬留下之石柱聯乙對，文曰：「燮理陰陽，剛柔合撰。鑑觀善惡，彰癉無私」，後殿石柱有道光八年孟秋，金豐盧文瑞所撰柱聯：「海國布明威，到處欽崇如大府：瀛台舒惠澤，此間翊贊有夫人」道光十九年五，府城地震，民舍官衙多傾斜，府城隍廟不知有否受震壞而維修，文獻無徵，難以探討，僅知今前殿大壁掛有道光丁未孟秋山西人全啓藩、全建藩兩兄弟所獻之木製長聯，聯文如後：

> 問你生平，所幹何事？圖人財？害人命？姦淫人婦女？敗壞人倫常？摸摸心頭，悔不悔？想從前千百詭計、奸謀，那一條就非自作？
> 來我這裡，有冤必報！滅汝算！蕩汝產！殄滅爾子孫！降罰汝禍淫！睜睜眼睛，怕不怕？看今日多少兇鋒、惡燄，有幾個到此能逃？

同治元年（1862），台灣府知洪毓琛於任中倡修補茸，於是年三月修竣，並立木匾一方，匾文爲：「福佑善良」。其後，同治五年（同治辛未年，1871）有職員張朝貴、余炳金敬獻之大花瓶於中殿，甲戌年（同治十三年，1874）淡水連日春奉謝敬奉之木製大燭台一對，置於後殿佛祖廳神前，可知信仰遍及北部之淡水，遠近禮拜者日多。

光緒十三年（1887）台灣建省，新設台灣府，改舊台灣府爲台南府，合台北爲三府。台南府下新設安平縣、合嘉義、鳳山、恆春及澎湖廳爲

四縣一廳。台灣府城隍廟隨行政區域調整，亦改稱爲台南府城隍廟。光緒十六年（1890）又經台南府知府方祖蔭倡修，經各方捐款重修，於該年十月落成，並奉獻木匾乙方，匾曰：「彰癉風聲」。祭典仍舊，均在群祀之列，祭以少牢，《安平縣雜記》載：[18]

> 祭品陳設，每位用制帛一端，酒尊香燭諸物，若登鉶、簠簋、籩豆，視上祀、中祀、下祀，有差等焉。禮則均用三獻。惟屬壇之祭，以城隍神主之，歲凡三祭；春祭，清明日；秋祭，七月十五日；冬祭，十月初一日。每祭羊三、豕三、飯米三石、香燭酒紙隨用。

　　乙未年（光緒廿一年，1895）台灣割日，清時官祀廟宇經紳民陳議准由人民繼續奉祀，由台南市各保選任士紳管理。而日本據台之後，正值明治維新如火如荼之際，視台灣爲落伍之區，認爲街道曲折狹隘，房屋採光通風不良，居住環境污劣，於是有計畫的在各城市展開「市區改正」，引進西方都市計畫觀念，以殖民政策手段配合現代化途徑，以台灣爲推行現代化之實驗品，市區計畫陸續公布，都市建設雷厲風行，於是日明治卅二年（光緒廿五年，1899）九月，台南市區計畫委員發表，開始擬定台南之市區計畫，遂在日明治四十年（光緒卅三年，1907）因開闢道路在廟與廣場間通過，（即今青年路，時稱此地爲清水町），而導致廟宇配置規模縮小[19]。至日昭和九年（民國二十三年，1934）因年久，廟宇破損不堪，該廟管理府評議員黃欣、州協議會員吳森玉及陳勤德等議修，經募款動工，至日昭和十二年（民國廿六年，1936）夏完工。適該年日本發動侵華戰爭，以致落成慶典於十月簡單潦草辦理。黃欣題撰一聯，由翁榮霖以隸體書刻，懸掛於廟門兩旁，文曰：「威恩原並濟，求錫福何不爲善。靈神非可賂，望赦罪豈在燒金。」高砂區區長吳林玉奉獻「慈航濟世」乙匾，掛於後殿佛祖聽，另陳江山也奉獻善惡分明之大算盤乙付，懸掛於前殿大門楣上。惟大戰末期，城隍廟遭到轟炸損毀，

---

[18] 見「安平縣雜記」、「官民四季祭祀典禮」，頁18，台灣文叢五二種，民國48年8月出版。
[19] 同註14。

光復後修復，民國四十一年（1952）時台南市長葉廷珪敬獻「幽明敬畏」
木匾一方。民國六十四年（1975）再度修補，除由當時市長張麗堂題贈
蔣元樞重修城隍廟泐圖碑拓本以為紀念外，另管理監察委員會敬獻「德
配無疆」匾，台南縣安定鄉管寮村敬謝「威鎮東寧」匾。民國七十一年
（1982），青年路拓寬為十五公尺，使得前殿緊臨馬路，變為臨街廟宇。
目前的平面配置為三開間的三殿兩廂房形成，前殿與正殿間有拜亭連
接，除亭的兩側狹窄天井可以採光外，兩殿幾已成為一體。

第四節　小結

　　古者，山川坊庸，皆有崇祀，典秩漸隆，皆在報功。周禮蠟祭，天
子祭祀八神，水庸居七，庸是城，隍是水，城隍之神，不見於經，說者
乃推本於八蠟之水庸，亦似有理，也即是說天子有感於城池之堅固能阻
敵護民而祭之，這是城隍之祭的開始，嗣後演變為城池守護神。

　　後世兵戈盜賊，戰攻防守之事起，遂專以城池為固。守土之臣，齋
肅戰慄而嚴事之，平時則水旱疾疫於以祈禳，有事則衛民禦敵，於焉請
禱，於是禮與時宜，神隨代立，遂有「城隍神」出現。城隍廟之興建，
或可追溯到三國時代，吳赤烏二年（西元 239 年）蕪湖已有城隍廟，但
並無確證。正式記載，始見於北齊書，其信仰局限於南方地區仍負守護
城池責任。城隍神信仰的普及，是在唐宋兩代，其職掌，不僅守禦城池，
保障治安，兼及水旱吉凶，冥間事物，並逐漸形成正人直臣死後成為城
隍神之觀念。這種觀念到宋代又得到極大發展，並一直影響到近代。而
降及宋代，幾乎已經無地不有城隍廟，連士人的科名桂籍地歸其掌轄，
從唐代開始已有封爵之舉，五代時陸續加封為王，至宋代，朝廷或賜廟
額，獲頒封爵，昭重其祀，列入祀典。流風所及，城隍信仰在民間影響
擴大，逐啓巫覡之風，或遷就附會，各指某一人以為城隍神之姓名，城
隍神也一躍變為剪惡除凶，護國安邦，旱時降雨，潦時放晴，並管領一
方亡魂之神，後世至有城隍娶婦，城隍寄子之愚俗。

　　到明代，明太祖即位之初，封京師城隍為帝號，開封、臨濠、東河、

平滁四地城隍爲王，各府城隍爲威靈公、各州城隍爲綏靖侯，各縣城隍爲顯佑伯。至洪武三年（1370）整頓祀典，取消諸神爵稱，撤去封號，但稱都城隍、府城隍、縣城隍，廟建於府、縣治所在地，立木主，毀塑像，附饗山川壇。二十年又恢復塑像、廟祀，並在廟中設座，判案問事，全仿地方行政官夷設置。迨至清朝，對城隍的祭祀尤爲尊崇，凡府、州、縣官新任入境，先謁城隍，然後到任，朔望日行香，歲增春秋二祭，品出公費，凡水旱必禱、厲祭必迎。至於各地府縣城隍廟的建築，大致是仿都城隍廟的格局而縮減，大體上有前後殿，兩廡、望樓（戲樓）、大丹墀。於是民間將城隍爺和地方官視爲同等，一是陽官，一是陰官；一爲治明，一爲治幽。城隍爺又一變爲陰間地方的司法官，底下轄有六司官（也有十八司、十六司、十二司、二十四司之設）、文武判官、牛馬枷鎖范謝等八爺，暨卅六部將，正殿內除陰森的各種塑像外，尚有審問案桌、各種刑具（如釘棒、枷、桔、斧、鞭、鎖鏈、囚籠等），殿外列有旗、鑼、傘、鼓，及「肅靜」、「迴避」、「出巡」等儀仗，無異陽間官署。

　　總之，城隍由原是城池濠溝的建築物，轉而爲物神，再由保城之神轉而爲各地的地方神，至明代又因行政轄區，又有尊卑地位之別，形成一套行政職位的體系，其系統大約是：玉皇大帝（統天、人、地三界）→東嶽大帝→都城隍（王）→省城隍（公）→府城隍（侯）→縣城隍（伯）→土地公（鄉保）→灶君（家庭）。其神能職司，由保固城池的原始功能，一變爲祈雨求晴，招福災禳，再變爲假神道求治的地方司法神，逐成爲護國佑民之神，凡地方官署所在，必有城隍廟存。

　　有清一代，歷治台灣者，莫不信賴城隍之庇佑。而各地城隍均有其特色，其中以台南市之府城隍廟，號稱全台最早興建，考諸文獻，果不其然。

　　台灣府城隍廟，係創建於明鄭晚期，確切年代難以稽考，原爲天興州署官祀之州城隍廟。入清後，因台灣府署係接收明鄭時天興州署充用，州城隍廟亦被接收，陞格爲府城隍廟，是爲台灣府城隍廟之源起。

　　入清後十年，即康熙卅二年（1693）經台灣府知府吳國柱倡修，首

次改建，為三開間單坐式廟宇，位在郡署之右的西南方，坐北朝南。至乾隆十七年（1752）王必昌之「重修台灣縣志」所附城池圖，已變為兩殿式廟宇，期間必有增建，惜文獻無徵。此後歷年重修擴建，據方志碑文可尋者，有如下之紀錄：

1.乾隆廿四年（1757），知府覺羅四明與台灣海防同知宋清源共同捐資重修，增建兩廊及戲台於廟前。

2.乾隆四十二年（1777），知府蔣元樞就地改建，並增頭門及大士殿，成為七包四進兩廂房式的廟宇建築，其平面配置，大門前有一座戲台，依次是大門、正殿、後殿、及大士殿，最後為庭院及圍牆。大士殿右側為蔣公祠，乃紀念台灣知府蔣毓英，兩旁則是廂房。此後香火日盛，不僅有了神明會組織，信仰也遠達廈門、漳州。

3.嘉慶四年（1799）後，迭有修建，有士紳、監生黃拔萃、商希綬、蔡谿水等捐獻。

4.道光七年（1827），候補同知吳春祿擔任重修總理，負責倡修補繕。

5.同治元年（1862），台灣知府洪毓琛再修。

6.光緒十六年（1890），基隆同知權知台南府事方祖蔭倡修，於十月落成。

7.日據時期，日明治四十年（光緒卅三年，1907）因拓寬馬路，從廟埕經過，致使廟宇縮小。

8.日昭和九年（民國廿三年，1934），經黃欣、吳森玉、陳勤德等倡議重修，經募款動工，直至日昭和十二年夏才完工，十月舉行落成慶典。

9.二次大戰末期遭美軍盟機轟炸損毀。光復後重修建，於民國四十一年完成。

10.六十四年（1975）一度修繕。

11.七十一年（1982）因青年路拓寬工程，廟埕規模再度縮減，使得前殿緊臨馬路。並與馬路斜交成三角形畸零空地的現象。

要之，台灣府城隍廟開創既早，又為地方官入境必告，朔望行香，

春秋二祭之廟，三百年來，留存之古物眾多，廟內藏有乾隆年間的石棹、石爐、石燭台、石碑，暨嘉慶年間的磁爐、金鼎、柱聯、木匾等等，琳琅滿目，古意盎然，於民國七十四年十一月經內政部指定爲台閩地區第二級古蹟。

臺南市風神廟與接官亭的歷史沿革

一、風神廟

　　風神廟為清代台南的八廟之一。乾隆四年（1739），巡道鄂善倡建。位於當年南河港右安瀾橋邊[1]。主祀風神爺（風伯）。

　　風神係天體射手星座，箕星之神格化。據傳：神持一寶貝葫蘆，內藏大氣，放出為風，風之大小，神可自由放出，故航海業者或貿易商，祀神已禱海上風平浪靜，航海平安[2]。

　　按風師、雨師，見於周官，後世皆有祭。至唐天寶中，始增雷師於雨師之次。宋元因之。然唐制各以時別祭。明洪武初，乃增雲師於風師之次，合祭於太歲月將壇。嘉靖十年，別建太歲月將壇，命王國、府、州、縣，亦祀風雲雷雨師。唐山川與雨師、雷師合祀。宋山川與社稷合祀。元以風雨雷師袝社稷，而別祀山川。明洪武二年，以天下山川城隍袝祭嶽鎮海瀆壇。十八年，定王國祭山川，儀同社稷，但無埋瘞之文。凡嶽鎮海瀆及他山川所在，令有司歲二祭。清朝順治初，定風、雲、雷、雨、山川、城隍，共為一壇。制高二尺五寸、方廣二丈五尺。坐北向南。四出陛：南向五級，東西北各三級，每歲春秋仲月致祭。[3]雍正十年（1732）三月初七日，奉上諭：各直省督撫轉飭各府州縣衛所，共社稷壇暨風雲雷雨、山川、城隍壇，俱依定例修建如次，一體遵行。以崇報享。

　　乾隆三年（1738）奉部文：為欽奉上諭事，凡直省府州縣社稷、風雲雷雨、山川等壇，每逢祭祀日期，省會之地，督撫、將軍、都統、副都統率領司道文武等官，各按品級，照例文員列東班；武職列西班行禮，布政司係地方正印官，仍令主祭。其府州縣地方如有提鎮道員，亦令各按品級分東西兩班行禮，府州縣係地方正印官，仍令主祭。[4]

---

[1] 見王必昌《重修台灣縣志》一祠字，台灣文獻叢刊第 113 種頁 175。台銀本。

[2] 江家錦《台南市志稿》卷二住民志、宗教篇，頁 29。48 年 9 月 20 日。

[3] 同註 1。

[4] 見劉良璧《重修福建台灣府志》卷九典禮（祠祀附）目。台灣文獻叢刊第 74 種。台銀本。

　　乾隆四年（1739），巡道鄂善以台灣「邑處海外，舟楫往來，安危禍福，惟神司之。故春秋詣壇合祭之外，建廟專祀」[5]。這是台南「風神廟」創建的年代。

　　乾隆三十年（1765），知府蔣允焄重修[6]，這是第一次重修。

　　乾隆四十二年（1777），知府蔣元樞再重修之。他將風神廟的沿革、建制、用途做了很詳盡的說明。「重修風神廟並建官廳、馬頭、石坊圖說」

　　記：「查臺郡風神廟，在西門外。凡自鹿耳門抵郡登陸及駕小艇赴鹿口配船往廈，皆必取道於此；蓋往來臺、廈之要津也。舊制：前為頭門，內建三屋三楹為官廳。廳後之屋，供奉神像。後屋數楹，中奉大士。舊時廟制如是。凡往來文武官僚迎送酬接，皆集於此。地既偪仄，年久將頹；於是興工飭材修其屋宇，以還舊觀。

　　元樞於鹿耳門創建公館，來往往宿者既已得其所矣。伏念臺郡建城以後，管鑰嚴謹；其自鹿耳來郡，倘直昏暮或遇風雨不能進城，勢必徬徨終夜，露處堪虞：則此地公館之不可少，正與鹿口無異。茲就廟側之左購買民居，鼎建公館一所。其深廣，與廟相等。前為頭門，中留隙地，繚以短垣；穴門其中，內建正廳三楹。廳後正屋一進，計五間；旁（原文作傍）置兩廂，廚廁咸備。不但往來此地者可以安居，而迎送祖餞亦有其他；不必如舊時酬酢於神前，於昭虔妥神之道殊有得焉。

　　再，向來未建碼頭，登舟上岸，甚苦不便。此地為進郡要路，宜宏規制，以壯觀瞻。乃自泉郡購造石坊，運載來臺，建於碼頭之上，坊前砌以石階，以便登涉。現（在）規模宏壯，氣象改觀。」[7]

　　這裏邊不但包含了風神廟與官廳的修建以及碼頭與石坊的新建四項工程，而且很清楚地交待了，「接官」的「官廳」本來就蓋在「風神廟」裏面。這是最值得注意的，過去以為「風神廟」與「接官亭」是完

[5] 見王必昌《重修台灣縣志》卷六、祠宗志廟目、台灣文獻叢刊第 113 種，頁 175。台銀本。
[6] 見余文儀《續修台灣縣志》卷七典禮祠祀目。台灣文獻叢刊第 121 種，台銀本。
[7] 蔣元樞《重修台郡各建築圖說》一〈重修風神廟並建官廳、碼頭、石坊圖說〉頁 37。台灣文獻叢刊第 283 種，台銀本。

全分開的兩個獨立之個體乃是錯誤的。

　　茲將蔣元樞「重修風神廟並建官廳、碼頭、石坊圖說」附錄供參考
[8]

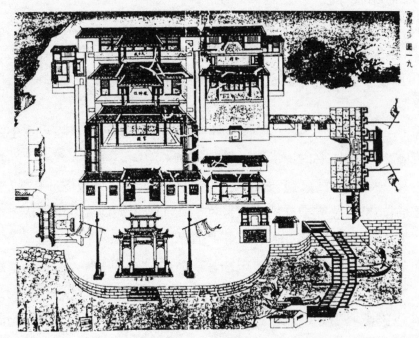

　　民國七年，日人進行市區改正，開闢道路，原官廳後供奉神像之屋
宇被毀，那風神廟正殿與大士殿，以及旁側的公館都被拆毀。整座風神
廟被道路（今民權路三段）隔成兩半。神像於是移至前屋，即是官廳。

　　民國十三年，地方士紳謝群我、郭祥、謝合、郭右等再重修。而成
今之模樣。

　　民國四十六年，謝江泉先生再重修。

　　民國七十六年，又以油漆粉刷，小修一番。

二、接官亭

　　清代在台灣府設「接官亭」應該很早，但是，有關它的「創始」，
卻缺乏直接的史料，因此，很難考定它的創建年代。但是從前一段觀察，

---

[8] 同上。

它跟「風神廟」則有極密切的關係。

　　接官亭，顧名思義，即爲「迎送酬接往來文武官僚」的地方。所以，台灣府的官員，選在「凡自鹿耳門抵郡登陸及駕小艇赴鹿口配船往廈，皆必取道於此」[9]的「渡頭地方」，建「公館」或「官廳」以爲迎送酬酢的場所。

　　清代治台初期，各文官到任的公館設在西定坊的大井頭渡附近[10]。至康熙末年，因台江逐漸海退成陸，大井頭以西也逐漸形成舊南勢街、新南勢街、舊北勢街、新北勢街等市街。但台灣與內地交通仍沿南勢街旁水道，以大井頭渡爲起訖點。[11]

　　乾隆初年，台灣府水道渡頭則已由大井頭西移至新南勢街下安瀾橋附近，稱之爲「鎭渡頭」。新南勢街下也形成鎭渡頭街[12]，成爲往來台灣、廈門的要津，並爲進出府城的要路。爲了迎送酬接往來文武官僚，便在此地蓋「官廳」，供住宿酬酢之用。

　　因此，乾隆四年（1739），巡道鄂善倡建「風神廟」於安瀾橋「鎭渡頭」時，當同時興建「官廳」或「公館」以供接送來台官員之用。如果，這樣的推測無誤的話，那麼，「乾隆四年」也是「接官亭」的創始年代了，雖是推斷，但是，我們從范咸《重修台灣府志》附「台灣縣圖」[13]來觀察，他已經很清楚地劃出了「接官亭」。范咸是於乾隆十一年（1746）時重修府志，距乾隆四年，僅七年而已，是現存史料中，最早提到「接官亭」者。同時，「接官亭」非「亭」，而是「正屋數楹」。因爲，「接官亭」除了接送之外，更是供作「住宿與酬酢」的場所。

---

[9] 同上

[10] 見高拱乾《台灣府志》卷二規制志衙署（附公館）目。另參閱范勝雄《台南市第三級古蹟概述》一六，接官亭、台灣文獻叢刊第 37 卷第 4 期，頁 11~12。

[11] 見陳文達之《台灣縣志》卷二建築志集市目台灣文獻第 103 種，台銀本。並參閱范勝雄〈台南市第三級古蹟概述〉。

[12] 同上

[13] 台灣文獻叢刊第 105 種，台銀本。

　　茲附錄乾隆十一年范咸《重修台灣府志》所繪的「接官亭」圖，供
參考：

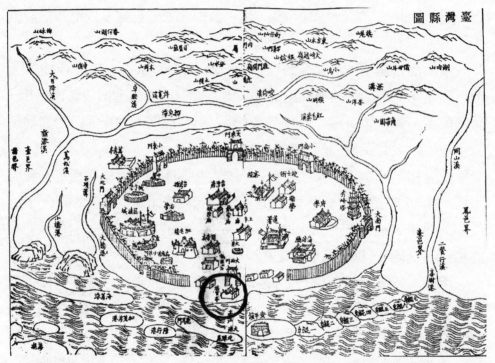

　　乾隆十七年（1753）王必昌《重修台灣縣志》時，於「風神廟」項
亦云：「在大西門外接官亭後。乾隆四年，巡道鄂善倡建」。很顯然的，
「接官亭」與「風神廟」彼此之間的關係是太密切了。清代台灣府、縣
清吏將他們相提並論視為一體。

　　乾隆四十二年（1777），台灣知府蔣元樞，一方面以「台郡建城以
後，管鑰嚴謹；其自鹿耳來郡，倘值昏暮或遇風雨不能進城，勢必徬徨
終夜，露處堪虞」[14]認為有建新官廳供住宿的必要，一方面以「舊時……
凡往來文武官僚迎送酹接，皆集中於此。」但舊的「官廳」「地即偪仄，
年久將頹」[15]，且為了「迎送祖餞有其他，不必如舊時酬酢於神前」，有
瀆神明。故在風神廟側之左購買民居，興建公館一所。深廣與風神廟相

14　同註7。
15　同上。

等。圍以短垣，內建正廳三楹。廳後正屋一進，計五間，旁置西廂、廚厠咸備。

　　蔣元樞又以接官亭前南河港岸「向來未見馬頭，登舟上岸，甚若不便。此地爲進郡要路，宜宏規制，以壯觀瞻。乃自泉郡購選石坊、載運來台，建於馬頭之上。坊前砌以石階，以便登涉，規模宏壯，氣象改觀。」[16]

　　從而可知，現存「石坊」創建於乾隆四十二年，是爲了「宏規制，壯觀瞻」而建。是「風神廟」與「接官亭」的附屬物，自泉州購來。

　　茲附錄乾隆四十二年蔣元樞所繪的台灣府「風神廟」與「新建石坊」示意圖，供參考[17]其造型、規模與范咸時，已有若干的不同。

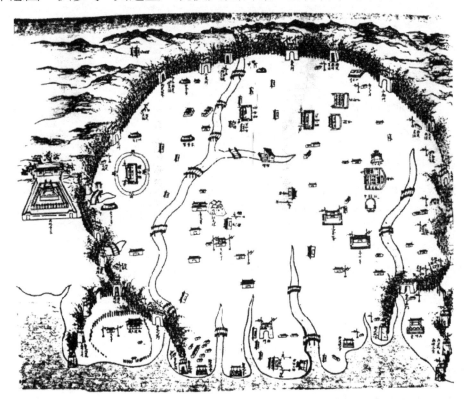

　　接官亭除了上述的各種功能以外，亦是清代迎接詔書的地方。王必昌《重修台灣縣志卷七》一禮儀「詔書頒發」云：「至鹿耳門，傳報文

---

[16] 同上。
[17] 同上頁二（附）北礮台泉圖說。

武各官,具龍亭、綵輿、儀仗、鼓樂、赴大西門外接官亭迎接。賚送官捧詔書奉龍亭中,南向。各官朝服北向跪迎。鼓樂前導,賚送官上馬,同各官隨停後行至府學明倫堂,奉龍亭於堂上。」[18]

　　這座別具一格,特具功能的古蹟,於民國七年,與風神廟同被拆除。僅存原官廳一棟。民國十三年,重建風神廟,官廳亦改建。但石坊與鐘鼓樓,則列為公園預定地而保存下來。民國十九年,因地震鐘樓頂部塌毀。石坊與鐘樓則倖存。[19]。民國三十六年又地震,鼓樓倒下,倖好只壓死一隻雞[20]。民國四十四年郭姓在鼓樓原址上,興建了一棟 R.C 洋樓深入古蹟範圍約六尺深。已使風神廟與接官亭、石坊失去了原來的面貌。

〔附記〕清代台灣另兩座風神廟:一在澎湖、一在恆春。

1. 澎湖廳

　　風神廟:廟在媽官澳城隍廟東,乾隆五十五年十一月前廳王慶奎會同澎協黃象新、左右營遊擊聶世俊、雷鳴揚捐建,嘉慶四年十一月前廳韓蜚聲以規模窄隘,添買民房一間拆建;道光五年通判蔣鏞查出小帖船一百號,徵餉報充春秋二祭,詳(普濟堂序)(澎續篇、地理紀、廟祀)。

風神廟:在媽官澳城隍廟東,乾隆五十五年十一月前廳王慶奎、澎協黃象新、遊擊聶世俊、雷鳴揚捐建,嘉慶四年前聽韓蜚聲添買民房一間拆建;光緒七年都司郁文勝倡捐重建,監生葉國樑董其事,八年四月落成,費一千二百八十餘緡,除鳩捐六百餘千文外,不敷者皆文勝先行墊給(澎志、卷二、規制、祠廟)。

　　風神廟:在媽官澳城隍廟東,乾隆五十五年通判王慶奎、水師副將黃象新等捐建,光緒七年都司郁文勝重建《台灣通史》、卷十、典禮志。

---

[18] 同註 5。

[19] 按有關「鐘鼓樓」,由蔣元樞的「圖說」觀察,應是「碑亭」,而非「鐘鼓樓」不過,此處,既是官祀的「風神廟」又是迎送官員的「接官廳」前,置有「鐘鼓樓」亦有可能。慚愧的是既因史料毫無線索,又因個人才學不足,一時無法考證,故仍以舊稱「鐘鼓樓」因之,尚祈見諒。

[20] 謝江泉先生提供。該屋今租與他人居住。

2.恆春縣

風神廟：一座，在東門城內，南向；正殿一間，分爲前後間，殿前路亭一間；廟內兼供雨師。案恆邑爲台南收局，襟帶東洋，四面招風，夏秋颱風固難倖免，而冬春亦無日不風，洶洶颯颯，晝夜不已，名爲落山風，力與颱颶無異；不堪栽種；海道亦視爲畏途，其隱害夫商旅者，已非淺鮮；此閭閻之所以瘠苦也。代理縣程邦基思建廟以乞神佑，鄉農耆老亦籲請焉。礙召匠估計供料銀二百八十二兩有奇，稟奉宮保爵帥劉批准，發款領修；程令交卸，接任縣高晉翰經營，於光緒十有一年十一月不日成之；並請宮保製發祭文一道，如果風和歲稔，當再奏請錫封，以答神庥云云；未奉批發恆春縣志、卷十一、祠廟。

桃園聖蹟亭簡介

一、龍潭的歷史地理簡介

　　龍潭在石門水庫壩址之西北，位於桃園臺地（廣義）群中之龍潭臺地上。其東有三坑子河階，西南有店仔湖臺地。地勢南高北低，為老街溪之上源地域。鄉名由來於境內一個大陂塘「靈潭陂」，後來改稱龍潭陂，至民國九年再改稱龍潭。一帶昔係凱達喀蘭平埔族霄社社域，乾隆十三年（1748）通事知母六者招佃墾成。

　　龍潭鄉在清末光緒十三年（1887），屬臺北府淡水縣桃澗堡：日據前期光緒二十一年（1895，日明治二八），隸臺北縣桃澗堡。光緒二十三年（1897，日明治三〇）改屬臺北縣桃仔園辦務署桃澗堡轄域。光緒二十七年（1901，日明治三四），隸桃仔園廳大嵙崁支廳桃澗堡。日據後期民國九年（1920，日大正九），實施地方制度大改革，本鄉改隸新竹州大溪郡龍潭莊；光復後民國三十四年底，更改為新竹縣大溪區龍潭鄉。旋於三十九年底撤廢區署，屬桃園縣龍潭鄉。面積欺侮‧二三七二平分公里。人口約五萬餘人。

　　本鄉並無縱貫鐵公路、高速公路等幹線經過，有縣道從鄉治平鎮、大溪、關西等地。產業以水稻、茶葉、甘藷為主。工業以製茶業最盛。

　　今桃園縣龍潭鄉。在龍潭臺地上，老街溪之上源北勢溪上游地帶，海拔二三一公尺。境內有水塘名龍潭陂，村莊沿水塘之東北岸而建。因以名。「龍潭陂」昔稱「靈潭陂」又作「菱潭陂」，其起源據淡水廳志載：「靈潭陂，在桃澗堡，距廳北（北塹）五十里。乾隆十三年，霄裏通事知母六招佃所置。其水由山腳泉水孔開導水源，灌溉五小莊、黃池塘等田甲，相傳昔旱，莊佃禱雨於此即應，故名。」[1]按龍潭陂周圍二‧一八二公里，水深三公尺有餘，瀦天然水為陂，雖大旱，惟獨此陂不涸渴。其「靈潭」之

---

[1] 洪敏麟著《台灣舊地名之沿革》，第二冊（上），頁100~102。台灣省文獻委員會編印。

變為「龍潭」，據傳，一旦風雨晦冥，則波濤大起，見黃龍之現身，故改稱龍潭陂。蓋因龍與靈語同音，訛轉所致也。因往昔塘中密生菱，故亦稱「菱窟」。

龍潭陂地方，遠在康熙末年，即有客籍陸豐縣人羅正遇之後裔入墾。惟大規模之墾殖，即在乾隆年間；乾隆初葉有鎮平縣人邱文質；乾隆中葉有大埔縣人黃魁，揭陽縣人李元鳳、陸豐縣人除宗葵、徐宗華兄弟，鎮平縣徐連輝、徐相庚、邱仁學；嘉慶年間再有鎮平人徐秀華；道光年間又有五華縣人徐茂新，閩籍惠安縣人柳惡米之遷入。

二、聖蹟亭的意義

由於受到儒家思想的薰陶，我國人對於文字有特別強烈敬重的觀念。無論在大都市或窮鄉僻壤，到處都可看到設有類似「金爐」的「聖蹟亭」以供焚化字紙。在人文薈萃的地方，甚至有人組織「惜字會」來推動這種極具意義的民俗。影響所及，即使是目不識丁的人，也不敢任意糟踏字紙，凡遇到被棄的字紙，必定撿拾收藏、洗淨曬乾，然後匯集於聖蹟亭焚化。焚化之後的字灰。則稱之為「聖蹟」，薰以沉檀，緘以紙素，供於制字先師倉頡牌位前，最後才選定日期，以樂隊將其恭送入海或溪流。而聖蹟亭尚有許多別稱，如惜字亭、敬字亭、敬聖亭或字紙亭等。

中國人這種敬重文字的觀念由來已久，但撿字紙焚灰送海的習俗及其相關禁忌，始自何時，因為史料不足，已難稽考。可能在宋代以前，惜字風氣即已普遍的存在[2]。

至於台灣的敬惜字紙活動，則始自清初的台灣府城，即今台南市。據「重建福建台灣府志」卷九典禮（祠祀附）云：「敬聖樓，在南門外。雍正四年，拔貢施世榜建，祀文昌帝君」。卷十七，人物（孝義附）云：「施世榜，字文標，鳳山人，拔貢生。樂善好施，閭黨姻族貧者，多所

2　林文龍，〈記台灣的敬惜字紙民俗〉，《台灣風物》第三十四卷，第二期，台灣風物雜誌社編印。

周卹。嘗建敬聖樓於門外，以拾字紙。由壽寧教諭授兵馬司副指揮令。」[3]

　　這是目前文獻所能看到的最早「聖蹟亭」。不過，台南市有康熙年間的書院，也許也置有「聖蹟亭」。可惜文獻不徵，也無法考證了。

　　敬聖亭建置的意義何在？嘉慶十二年夏台灣縣學教諭德化鄭兼才，曾選「捐建敬字堂記」加以闡述，略云：「……字紙其亦者也，返諸聖人之所以作字之故，則欲人知忠信義之事，故筆於書，使觸目而警諸心，求其解以歸於用，則在朝為正人，在鄉為善士，必皆自識字起，其為教孰大。於是吾願登斯堂者，由其亦以觀於深得聖人制字之意，務無虛敬聖之心，則倉聖之祀，與文昌、魁星且並光學校，豈徒區區字紙乎哉。」[4]顯見建聖蹟亭以撿拾字紙的意義是在「由其亦以觀於深得聖人制字之意，務無虛敬聖之心」。

　　自從府城設聖蹟亭以來迄光緒年間，全台各地幾乎都建有此類亭以撿拾字紙。總數不下數十座。目前仍保存原貌且較著者有下列數座：新北市板橋林本源園邸、桃園蘆竹區五福宮聖蹟亭、桃園龍潭西烏林村聖蹟亭、桃園大溪觀音亭的聖蹟亭、新北市樹林區濟安宮前聖蹟亭、新北市泰山區明志書院舊址的敬文亭、彰化鹿港龍山寺山聖蹟亭、彰化和美鎮道東書院惜字亭、彰化員林興賢書院敬聖亭南投縣竹山開漳聖王廟左畔的敬聖亭、南投鹿谷鄉新寮村聖蹟亭、屏東縣佳冬鄉蕭宅旁的聖蹟亭、屏東縣東城鄉福安村東柵門敬聖亭等，其中以佳冬蕭宅旁的聖蹟亭最具規模，其次則是龍潭聖蹟亭。

　　往昔台灣各地的送聖蹟，即「送字紙」，大多訂在正月十五日倉聖祭典或二月三日文昌帝君誕辰日合併舉行，其祭典及送聖蹟的情形大同小異，例如《噶瑪蘭廳志》卷五風俗（中）云：「蘭中字紙，雖村呡婦孺，亦知敬惜。緣街中文昌官左，築有敬字亭，立為惜字會，僱丁搜覺，洗淨焚化，薰以沉檀，緘以紙素，每年以二月三日文昌帝君誕辰，通屬士庶齊集宮中，排設獻筵，結彩張燈，推一人主祀，配以倉聖神牌於彩

[3]　劉良璧，《重修福建台灣府志》，台灣文獻叢刊第74種，台灣銀行經濟研究室印行。
[4]　仝註二。

亭，士子自為執事，隨將一年所焚字紙鋪疊春檻，迎遍街衢，所至人家，無不設香案，焚金紙、爆竹以拜迎。是日，凡啟蒙諸子，皆具衣冠，與矜耆護送至北門外渡船頭，然後裝入小船，用綵旗鼓吹放之大海而回」。

《淡水廳志》卷十一風俗考亦云：「……塹城尤敬惜字紙，每屆子、午、卯、酉年，士庶齊集，奉蒼聖牌位祀之；讚送字灰，放之大海，燈綵鼓樂，極一時之盛云」。

《澎湖廳志》卷九風俗則云：「……士民最重聖蹟，鳩資合僱數人，每月赴各鄉拾取字紙，積貯書院中，每歲送之清流，沿為成例，舉其端者，諸生陳大業也。同治十一年，紳士許樹基、陳維新蔡玉成陳雁標林瓊樹等議，於送字紙時，士子衣冠，齊集書院，以鼓吹儀仗，奉制字先師倉聖牌位，迎至媽宮，及送畢，乃返駕於書院，各澳輪流董理，於四標異丁及郊戶商民，亦各備鼓吹，共襄盛舉焉」。

三、龍潭聖蹟亭之歷史沿革

據《桃園縣志》卷一土地志勝蹟篇，第二節第四目「聖蹟亭」之記載：[5]

> 聖蹟亭，位於龍潭陂之西，烏林村上，高爽閟閬，形同浮屠，空虛其中，高一丈八。基石勻潤，繡滿雨蘇雪芝。四周龍松壽柏，女草郎榆，坳隆勝埶，吐露凝煙以蔽虧；光影會合，具有水木清華之致。倚亭瞭望；近挹龍潭，遠眺大溪，山巒起伏迴環，幽閔遼夐，青青郁郁，彌堪徘迴也。

古人建亭，大都為紀念之用；如廣德之范公亭，以紀其人；金華之甘露亭，以紀其事；揚州之竹西亭，以紀其地。亦有紀念人與事者：如風雨亭、放鶴亭、醉翁亭、喜雨亭、亦有紀念人與地者：如南昌之南浦亭，南康以喚渡亭等。而此亭之所紀念者，蓋超越乎上述數者，一以紀念創造四萬四千九百零八字之倉聖，二以中國文字維繫歷史文化，對其

5　《桃園縣志》，頁 6~7。桃園縣政府編印。

痕蹟，亦應寶貴，不使陷於污濁。

　　本邑人士以爲六書備，而後各種事物始可以紀，歷史始得以永延，文化始得以發展，故對倉聖之豐功，備極尊崇。同時復體念造字之艱難，乃本愛屋及烏之義，對於字紙殘書，戒勿踐踏，勿投溝溷；而攜至此焚化，務使片片化爲蝴蝶，飛往上方，以慰先聖當年作字之苦勞。亦蘄秉此熱忱，推而廣之，可以維繫歷史文化於不墜。爰於民國前三十七年（清光緒元年），始建此亭，以司其事。經紀其事者；監生古象賢、楊鳳翔、庠生鄧觀奇、貢生鄧逢熙、廩生楊鳳池、士紳黃龍蟠。廩生楊鳳池親撰序引，由黃龍蟠楷書，勒石爲記，文曰：

　　「粵自六相立而文明日啓，六書作而治日昭，此鳥跡蟲書，象形體類。登第者，藉文字而掇巍科；居奇者，憑賬目而收厚息也。邇來鄉村旅舍，頑梗生徒，或以毀紙裡物，或以舊書糊壁，熙熙著，任情踐踏；攘攘者，隨意拋遺。何珍翰視同瓦礫隻字等若鴻毛也。視古以字蹟投之於火，埋之於土，或化於瓶，或流於海，而一字一珠者，不有異乎！龍潭等處，蔀屋鱗居，人文鵲起，父兄重根本之學，子弟多彬雅之風；同善既錄敬字之文，師長亦嚴惜字之訓。諸同人有志未逮者柢一敬聖亭未設耳。我鄉鄉食毛踐士，重道崇文，敢令聖賢之遺入於湫隘囂塵之地，而不知所撿拾歟？礙邀同志，共勤厥職，解白鏹爲潤色之資，而雇工有賴；托青爐爲化火之用，而聖蹟堪存。倘使後生小子，能知付丙；即頑夫愚婦，亦可識丁。此桂宮慶果報之緣，翰院廣梯榮之路，又不但身世叨榮、獲康寧而壽考，子孫含報，轉愚魯爲聰明而已。是爲引」。

　　迨民前二十年（清光緒十八年）壬辰之秋，復鳩工重建。至民國十四年（日大正大四年）復經重建，移基砌石，規模倍前宏偉。並由鄧賡熙手撰「重建聖蹟亭誌」，廖明秀楷書，其文曰：「斯亭也，爲千古文字之祖，以代結繩。初於前清光緒元年乙亥冬立，亥山兼壬分金創造斯成，亭亭卓立，是一方之保障也。嗣於光緒十八年壬辰秋，鳩工重建。文風丕振，由清至今，風霜剝蝕，日久傾圮，爰集同人，定擬大正十四年秋八月初九日立，乾山巽向，地基亦變更，模範維新，予觀聖亭善狀，銜遠山，吞大溪，玄武垂頭，朱雀翔舞，青龍蜿蜒，白虎馴頫，對鳥啄高

峰，萬山朝拜，會龍潭大澤，四水歸堂，誠聖亭之大觀也。所謂砥石中流，而捍門華表者耶？噫！莫爲之前，雖美不彰；莫爲之後，雖盛不傳。有志者，事竟成；未來者，名居上。傳曰：大上有立德，其次有立功，其次有立言，此之謂不朽。過化存神，豈其小補之哉！」

四、小結

經由上述的誌文，我們可以明確地瞭解這次重建後的聖蹟亭的變化。首先是年代的交代非常清楚，其次是它的坐向，「乾山巽向」，即聖蹟亭是坐西北朝東南，左側正北有高山，右前正南有流水，亭正對著鳥啄高峰，萬山朝拜，而後會聚於龍潭，氣勢雄偉。雖歷經六十八年，始終沒有改變。所以，這座聖蹟亭，雖然規模不是很大，但是它的意義，它的地理位置與氣派是值得重視的。

民國六十八年地方人士又添建牌樓及地磚、對於聖蹟亭、石亭石筆等重要部份，並未變動而保存下來。

圖一　聖蹟亭入口牌樓

圖二　聖蹟亭全貌

圖三 院牆現況（左側石獅已被竊）

圖四 惜字爐現況

圖五　惜字爐底座精美之石刻

圖六　惜字爐台基精美之雕刻

由淡水至艋舺：清代臺灣北部水師的設置與轉變*

提要

　　清朝領有臺灣之後，水師防務的設置主要以安平及澎湖爲主，初期，臺灣北部地區並未設置水師。海盜鄭盡心事件之後，於淡水設置水師營，但布署的人力及戰船數量有限。

　　乾隆以降，臺灣北部的發展快速，人口聚集重心已由淡水轉往臺北盆地。爲加強治安之維護，此時水師的駐防重心亦轉往艋舺（Bangkah），但清廷並未忽略淡水的重要性，相關水師設備並未減少。

　　嘉慶十年（1805），海盜蔡牽劫掠淡水，清政府爲加強防務，增強了周邊的軍事設施。同時間爲因應臺灣北部開發，除了水師防務增強之外，陸路防務亦隨之擴編。但陸防的擴編並不影響海防之發展，反而形成海陸並重之勢。

　　關鍵詞：清代、臺灣、淡水、艋舺、水師

* 本文得以完成要感謝匿名審查人之意見，使內容更加嚴謹、順暢，錯誤減少。黃郁雯在撰寫期間給予諸多幫忙在此謹致謝意。

一、前言

　　清代軍事據點的設置，隨著移民開墾的擴大而建置，臺灣北部地區的軍事據點，初設淡水營，主要防衛臺灣北部沿海一帶之安全，但臺灣北部開發進入臺北盆地之後，軍事據點即由淡水河口轉往整個淡水河流域，其重視的也不只是沿海安全，而必須要兼顧內陸治安。

　　早期拙著〈淡水的班兵會館〉一文，曾概略介紹淡水設兵情況，最近與李其霖討論到清代淡水防務問題時，有感李君近年鑽研明清的水師與臺灣海洋史深受肯定，且北淡防戍此部分的論述可再補強，[1] 遂與李君共同撰寫發表本文。

　　臺灣北部的開發與淡水營的設置實為一體兩面。因為在人口增加一定程度之後，從官方機構的設置即可看出當朝政府對當地之規劃狀況。再者，北臺灣的防務是一個閩浙地區的整體規劃，並非單就臺灣一地。本文將從檔案及官書內容來看清代對臺灣北部水師的設置與轉變，並兼及臺灣海防的整體規劃。

二、淡水地區之發展

　　人口的多寡影響統治者對該地進行治安防務之布署。因此從北部人口的移入狀況，可瞭解清廷對北部管理之機制。臺灣北部淡水地區[2]在移民者尚未進入之前，一直是原住民的生活圈。此區域的住民是擅長貿易的。[3]依據最早資料顯示，明代嘉靖年間，中國東南沿海一帶的海盜

---

[1] 有關清代臺灣北部的武備，相關的研究有陳漢光，〈明代清初北臺武備〉，《臺北文獻》直字1（4）（臺北：臺北文獻委員會，1968年7月），頁37~55。內容對清初的淡水營制官弁資訊，整理自相關的地方志。朱興華，〈艋舺水師參將署設置始末〉，《臺北文獻》（臺北：臺北文獻委員會，1985年9月），直字73，頁173~183。內容以臺灣開發的角度，闡述北臺水師營汛興建始末。

[2] 文所指的臺灣北部淡水地區，主要是以舊稱滬尾及艋舺一帶區域，並不指行政區域之淡水廳。

[3] 陳宗仁，《雞籠山與淡水洋：東亞海域與台灣早期史研究（1400~1700）》（臺北：聯經出版社，2005），頁33~42。

如林道乾[4]等人，在明代官軍的追擊之下來到臺灣。萬曆二十年（1592），倭侵入淡水、雞籠。[5]

　　淡水，原指河名，即淡水河，十七世紀後，漢人在河之北岸形成聚落，以河爲地之名淡水，又稱滬尾，爲臺灣北部開發的一個起點。此地原爲平埔族之凱達格蘭人（Ketagalan）所居，十六世紀下半葉，淡水已經是東洋航路的必經之地。淡水河有三大支流，由大漢溪（舊名大科崁溪）、新店溪、基隆河組成，於臺跛窪地匯合形成一大河，稱淡水河。[6]淡水河系在臺灣河流中堪稱獨樹一幟，因它是臺灣少見的終年有水的大河。[7]淡水地區的開發差不多恰好在明、清交替之交的時候開始，從1644年左右，漢人開始定居農耕。淡水港的開發更早，西班牙時期（1626～1642）貿易就已相當繁盛了。[8]

　　明朝天啓四年（1624），荷蘭人入主臺灣。爲了抗衡荷蘭，二年後西班牙從社寮島（今基隆和平島）登陸，進行對北臺爲期16年之殖民統治。崇禎五年（1632），西班牙人爲了聯絡淡水與基隆通道，因此由淡水河口進入，沿途行經關渡、北投、天母一帶，當時所看到的居民大都爲原住民部落。[9]尚未有漢人村落出現。顯見此時期的淡水地區一帶住民，還是以原住民爲主。

　　荷蘭人於崇禎十五年（1642）逐退西班牙，掌控了全臺灣。明崇禎十七年以來，漢人獲得荷蘭人准許，開始從事臺灣北部雞籠、淡水地方的開墾，至順治五年（1648），淡水方面的中國人，決心要開拓這一地方，已引進了牛數匹耕耘田地。[10]根據陳國棟的研究，在荷蘭、西班牙

---

[4] 嘉靖四十二年，海寇林道乾劫掠近海郡縣，都督俞大猷征之，追至澎湖，道乾遁入臺灣。劉錦藻，《清朝續文獻通考》（浙江：浙江古籍出版社，2000），卷315，頁10576~2。

[5] 陳培桂，《淡水廳志》（南投：臺灣省文獻委員會，1993），卷14，頁352。

[6] 王世慶，《淡水河流域河港水運史》（臺北：中央研究院中山人文社會科學研究所，1998再版），頁3。

[7] 黃富三，〈河流與聚落：淡水河水運與關渡之興衰〉，《海、河與臺灣聚落變遷：比較觀點》（臺北：中央研究院臺灣史研究所，2009），頁88。

[8] 陳國棟，《臺灣的山海經驗》（臺北：遠流出版社，2005），頁126。

[9] 李毓中，〈艋舺船與肥沃平原：1632年第一份進入大臺北盆地探勘的西方文獻〉，《臺灣文獻別冊》25（南投：國史館臺灣文獻館，2008年6月），頁3~7。

[10] 曹永河，《臺灣早期歷史研究》（臺北：聯經出版社，1997），頁64。

統治臺灣前的淡水，已有土著的原住民居住，亦形成許多原住民聚落，
當時的「番社」有四，一為淡水社：約在今日水源里一帶；二為北投社：
在現今淡水與北投之間；三為雞柔山社：在今之忠山里及義山里；四為
大洞山社：在今之屯山里。同時在此活動的除原住民、漢人、荷、西之
外，亦有黑人、日本人等。[11]可見淡水地區的貿易活動很早就已經展開。

　　清康熙元年（1662），鄭成功驅逐臺灣的荷蘭人，之後，淡水也就
歸鄭氏治理。鄭氏統治臺灣期間，在北部地區的唭里岸（北投）、國姓
埔（金山區）設里。[12]淡水因與大陸距離相近，淡水港又為一貿易良港，
「滬尾莊」遂由漁村漸漸成為港埠。康熙年間於淡水設防汛，屬諸羅縣
管轄，雍正元年（1723）北臺設淡水廳後，清廷更加強在此地的開墾。
雍正十一年（1733），桃園與臺北間的龜崙嶺開通之後，臺北之墾民增
加快速。[13]至乾隆五十三年（1788）清廷正式開放八里坌與福州五虎門
對渡，[14]之後因淡水南岸河口泥沙淤積嚴重，迨十八世紀中葉後港埠遂
逐漸移至淡水河北岸，即今之淡水。

　　鴉片戰爭前後，淡水逐漸為列強所注意，各國船隻私下到淡水港貿
易，被視為具有潛力的市場。清廷在北臺灣地區除了增設參將之外，在
海防方面亦積極布署，[15]嚴防外國勢力進逼。咸豐十年（1860）之後，
淡水港成為國際通商口岸。英國駐臺領事 R. Swinhoe 也於 1861 年 12
月將領事館自臺南移至淡水。[16]顯見淡水之重要性。

二、鄭盡心事件與淡水營之設置

　　康熙二十三年（1684），清領臺灣之後，臺灣設置綠營軍隊鎮戍臺、

---

[11] 陳國棟，《臺灣的山海經驗》，頁 136~139。

[12] 許雪姬，《清代臺灣的綠營》（臺北：中央研究院近代史研究所，1987），頁 12。

[13] 姜道章，〈臺灣淡水之歷史與貿易〉，《臺灣銀行季刊》（臺北：臺灣銀行經濟研究室，1963
年 9 月），14 卷 3 期，頁 260~261。

[14] 林玉茹，《清代臺灣港口的空間結構》（臺北：知書房出版社，1996），頁 220。

[15] 李其霖，〈鴉片戰爭前後臺灣水師布署之轉變〉，《臺灣文獻》第 61 卷，第 3 期（南投：
國史館臺灣文獻館，2010 年 9 月），頁 84~88。

[16] 姜道章，〈臺灣淡水之歷史與貿易〉，《臺灣銀行季刊》，第 14 卷 3 期，頁 263。

澎，然此時淡水地區並未設營防守。綠營鎮戍區域，最北爲彰化半線（今彰化），顯見清初的防守圈略小於鄭氏時期。[17]另外從地方志記載的資料亦可得知，水師戰船最北的駐防地則是彰化鹿港。[18]清廷此時對臺灣北部的重視尚未呈現。

康熙四十八年（1709），陳賴章墾號入墾「大佳臘與淡水」，臺北盆地逐漸發展起來，[19]但此時清廷尚未重視臺灣北部之防務問題。清廷開始重視到臺灣北部防務起因於鄭盡心海盜劫掠事件，鄭盡心爲福建福州人，一說浙江寧波府人。[20]康熙四十七年間騷擾渤海灣，浙江花鳥、盡山，福建魚山及臺灣一帶的海盜。[21]康熙五十年三月爲福建浙江總督范時崇（1663～1720）逮獲解京。[22]鄭盡心海盜事件對清初的海防布署帶來重大考驗，而臺灣則是受到此事件之影響，改變了清廷對臺的防禦概念。臺灣的防禦重點不只在安平及澎湖，臺灣北部甚至南部也必需要設兵防守，[23]鄭盡心事件給予清廷對閩、浙、臺灣防務重新規劃的契機。

淡水營的設置與時任把總的黃曾榮[24]有很大關係，當時黃曾榮擔任千總，奉臺廈道陳璸（1656～1718）之令，前往淡水搜捕鄭盡心。此後，調半線千總隨防縣治，以守備駐劄半線；派調佳里興分防千總移駐淡水，並增設大甲溪至八里坌七塘。[25]但於此之前，清廷並未於此區域常駐兵員，只在南風起時春、夏季），水師戰船才會巡視淡水一帶海域。[26]

[17] 許雪姬，《清代臺灣的綠營》，頁12。

[18] 李其霖，〈清代臺灣的戰船〉，《海洋文化論集》（高雄：中山大學人文社會科學研究中心，2010），頁299。

[19] 尹章義，《臺灣開發史研究》（臺北：聯經出版社，1999），頁65~66。

[20] 《清實錄·聖祖仁皇帝實錄》，卷243，康熙四十九年九月，頁417~2。

[21] 《康熙朝漢文硃批奏摺》三，江南提督師懿德奏報前赴沿海查緝鄭盡心黨夥摺，康熙四十九年十一月，頁161~163。《康熙朝漢文硃批奏摺》三，福建巡撫黃秉中奏報親赴廈門出洋搜捕鄭盡心摺，康熙四十九年十二月，頁220~223。

[22] 《清實錄·聖祖仁皇帝實錄》，卷245，康熙五十年三月，頁435~2。

[23] 臺灣南部的防務要到同治十年（1871）牡丹社事件之後才受到清廷重視，始經營臺灣南端地區。

[24] 黃曾榮字煥文，臺灣人，活躍於康熙中、晚期，初爲諸生，棄而從戎，補把總，陞千總。范咸，《重修臺灣府志》（南投：臺灣省文獻委員會，1993），頁379。

[25] 周鍾瑄，《諸羅縣志》（南投：臺灣省文獻委員會，1993），頁115~116。

[26] 周鍾瑄，《諸羅縣志》，頁118。

就在搜捕鄭盡心期間，閩、浙各地官員亦查覺水師防務之疏漏，對浙、閩各地水師營狀況做出各種建議，臺灣的水師布防，亦被提及，雖未具體對臺灣水師防務做出建議，但此舉已受到康熙之關注。[27]此後至臺北開墾的墾戶越來越多，帶來更多之人口。如康熙五十二年（1713），鄭珍、王謨、賴科、朱焜等四人合墾坑仔口、北投二處，稱「陳和議墾戶」。[28]再者，鄭盡心雖於康熙五十年被逮獲，但其餘黨則繼續於沿海一帶劫掠。因此清廷亦開始針對外洋船隻進行控管，康熙五十二年對戰船做出刊刻編號之規定，[29]康熙五十三年，對於出洋水手的背景資料亦需確實記錄，給予腰牌之後始能放洋。[30]並開始對閩、浙海防之布署重新評估。

康熙五十四年十一月，覺羅滿保（1673～1725）接任閩浙總督，著手規劃閩、浙海防，亦針對臺灣鹿耳門、澎湖等海防要地提出看法。[31]於此同時，曾經至淡水搜捕鄭盡心的千總黃曾榮即已將北臺灣之山川形勢，繪製圖表，建議上級請設一營防衛之。[32]爾後向閩浙總督覺羅滿保提出，希望在淡水地區設營鎮戍，方能維持臺灣北部海疆安寧。[33]康熙五十七年五月，覺羅滿保奏言：「福建臺灣北路之淡水、雞籠地方，實為販洋要路，又為臺郡後門，向係臺協水師左營汛地，並未安兵屯駐。請於臺灣各營額兵內，酌量抽調兵五百名、戰船六隻設立淡水營」。[34]淡水營雖為新設置之單位，但官弁則是移福建興化城守右營守備而來，此外，再於臺灣鎮標中營，撥千總一員；臺灣協左營，撥把總一員，為淡水營千總及把總，兩人每半年輪流分防雞籠。[35]淡水營亦成為北臺灣唯

---

[27] 《康熙朝漢文硃批奏摺》三，閩浙總督范時崇奏為遵旨議復郭王森條陳海防十事摺，康熙五十年三月初四日，頁314~367。

[28] 王世慶，《清代臺灣社會經濟》（臺北：聯經出版社，1994），頁244~245。

[29] 清國史館編，《皇朝兵志》276卷（臺北：國立故宮博物院藏），第248冊，〈兵志〉6，〈軍器〉4，頁3b。

[30] 盧坤，《廣東海防彙覽》42卷（北京：學苑出版社，2005），卷12，〈方略〉1，頁40b~41a。

[31] 《欽定八旗通志》342卷，《景印文淵閣四庫全書》第664~671冊，卷152，頁18b~19b。

[32] 丁宗洛，《陳清端公年譜》（南投：臺灣省文獻委員會，1994），卷下，頁85。

[33] 劉良璧，《重修福建通志臺灣府》（南投：臺灣省文獻委員會，1993），卷17，〈人物〉，頁446。

[34] 《清實錄‧聖祖仁皇帝實錄》，卷279，康熙五十七年五月，頁732~2。

[35] 《清實錄‧聖祖仁皇帝實錄》，卷279，康熙五十七年五月，頁732~2~733~1。

一的水師營。也因設置守備以上武職員弁統率，其軍事等級最高，而且有分防管理其他海口之責。[36]

淡水營設置之後，即由黃曾榮擔任第一任守備之職。北臺灣地區雖然已經設營鎮戍，但對於兵丁多寡，閩臺兩地官員則有不同看法，臺灣鎮總兵王郡（？～1756）認為這樣的兵力要防守淡水地區力有不逮，因此建議添設淡水營游擊等官。[37]但閩浙總督高其倬（？～1738）認為，目前福建各地兵員不足，無法調撥人員至淡水，另外淡水一地，近四十年來並無外洋船隻到來，因此無需添撥。雍正最後採納高其倬之意見，不添設淡水地區之官弁，並將高其倬之意見，發給王郡參閱。[38]可見清廷雖在淡水地區新設水師營鎮戍，但消極統治臺灣的觀念並未改變。

此後，清廷於雍正九年（1731），提高了淡水營鎮戍官員之級職，將守備改為都司，[39]期間，同時改臺灣北路營為協。[40]然而此次提高防務層級，並非只有北臺灣區域，而是針對閩、浙共同防務下的一個考量，因為同時間亦復設福建督標右營參將一員；福寧左營、閩安右營，游擊各一員；建寧左營、汀州左營、延平右營、漳州中營、興化右營，守備各一員。改撫標中軍游擊缺為參將。福協右軍守備、福州將軍標下中軍守備、長福營右軍守備、邵武城守右營守備、泉州城守營 安海汛守備、同安營灌口汛守備各缺。[41]顯見這是一個整體海防策略下的籌設機制，也加強了閩、浙海域的水陸防衛。雍正十一年，在閩浙總督郝玉麟的建議之下，又再次加強了東南沿海區域之防務，北臺灣的水師官員由六名增至十二名，水師兵丁由 1,280 員增至 2,400 員。[42]其中增設一員則為淡

---

[36] 林玉茹，《清代臺灣港口的空間結構》，頁 114。

[37] 《宮中檔雍正朝奏摺》第 16 輯，福建臺灣鎮總兵王郡，奏請添增淡水營官兵以重海疆事，雍正八年八月十日，頁 774。

[38] 《宮中檔雍正朝奏摺》第 17 輯，福建總督高其倬，奏報淡水無庸添兵丁摺，雍正八年十月二十一日，頁 94。

[39] 崑岡，《欽定大清會典事例‧光緒朝》，卷 550，〈兵部〉9，〈臺灣綠營〉，雍正九年，頁 124~2。

[40] 《福建通志臺灣府》（南投：臺灣省文獻委員會，1993），卷 83，頁 296。

[41] 《清實錄‧世宗憲皇帝實錄》，卷 113，雍正九年十二月，頁 505~2。

[42] 《清實錄‧世宗憲皇帝實錄》，卷 132，雍正十一年六月，頁 709~1。
　　此年增設的兵力地區為，福建陸路提標右營、前營、福寧鎮標右營、建寧城守左營、漳州鎮

水營把總。[43]由此可見，於雍正八年的增兵防衛北臺灣之論，雖未及時得到皇帝首允，但三年後，清廷改變初衷，加強了閩、浙地區、臺灣中、南路營及北路淡水營的駐防兵力。

　　雖然清廷加強臺灣的水師布署，但北臺地區的官弁數量並未增加（表1），此次增兵臺灣主要是以臺灣鎮、標下弁兵為主，淡水水師營，雖增加一名把總，但兵員總數並未增加，只能將其視為加強統治北臺而已。弁兵的增加一直要到嘉慶朝以後，才增兵133名，乃至道光四年，此區域的官弁人數才有較顯著的增加，弁兵人數已由633名增至1,540名，此數量為北臺水師建置以來最多之時。

隸屬	職稱	駐地	編制	人員	戰船	設置時間	備註
臺灣北路協參將	淡水營守備	八里	千總1、把總1	281		康熙五十七年	新設
彰化北路協副將	淡水營都司	淡水港	千總1、把總1、外委5、額外5	500	2	雍正十年	
彰化北路協副將	淡水營都司	淡水港	千總1、把總2、外委5、額外5	500	6	雍正十一年	增設把總1
彰化北路協副將	淡水營都司	艋舺渡頭	千總1、把總2、外委5、額外5	500	10	乾隆二十四年	

標中營、水師提標後營、閩安協左營、臺灣鎮標左營、臺灣協左營、千總各一員。督標右營、福寧鎮標左營、建寧城守左營、連江營、漳州鎮標左營、海澄營、雲霄營、詔安營、汀州鎮標右營、邵武城守右營、海壇鎮標右營、閩安協右營、烽火門、臺灣鎮標左營、臺灣協左營、右營、淡水營、把總各一員。

43 崑岡，《欽定大清會典事例·光緒朝》，卷550，〈兵部〉9，〈臺灣綠營〉，雍正十一年，頁125~1。

艋舺水師游擊	滬尾水師營守備	艋舺渡頭	守備2、千總2、把總2、經制外委5、額外外委2	633	2	嘉慶十三年	增加守備1滬尾水師歸艋舺營
艋舺水師參將	滬尾水師營守備	艋舺渡頭		1540	6	道光四年	海、陸兵各770。添設守港戰船8隻

資料來源：整理自《大清會典則例》、《大清會典事例‧嘉慶朝》、《清實錄》、《淡水廳志》。

　　淡水營守備駐防地點位於淡水紅毛城西面至海口處，極目平衍，名「虎尾」，[44]大約是在現今新北市市定古蹟「淡水海關碼頭」範圍內。[45]（圖1、2、3）但其管轄範圍極廣，設置的水師人力，要負責廣大之區域確實難為。但早在朱一貴事件中，藍鼎元即已向上級報告，臺灣北路所布署之官弁人數稀少，只有890名兵力，要負責幅員遼闊的北臺灣，力有不逮，因而引發兵燹，其希冀可以增兵防衛，以禦疆域安全。[46]由此可見，建議增兵之議，非只王郡一人而已。

　　淡水營設置後的兵房籌建，亦由第一任淡水水師營都司黃曾榮負責，在其經理三個月之後完成，然而也因積勞成疾，卒於任。[47]乾隆二十四年（1759）淡水營　都司吳順移駐艋舺渡頭。[48]淡水營都司改駐艋舺不久，北臺灣軍事駐防規劃亦有了改變。原淡水營雖為水陸營，主要兵丁以水師為多，但接任都司者及相關官弁又以陸師為主，因此乾隆三十年，兵部議准閩浙總督蘇昌（？～1768）之建議，改淡水都司為水師調缺，把總、外委，改用一半水師，督率水兵巡洋。其餘千總，及把總、外委，仍從陸路人員內拔補，專防陸路地方。[49]雖然淡水營都司移駐艋舺，但清廷此刻並非降低水師的防務，只是將北臺灣之防務由海防深入

---

44 蔣師轍，《臺游日記》（南投：臺灣省文獻委員會，1997），卷1，頁34。
45 咸豐十年（1860）淡水開港之後，將淡水營水師守備移往今滬尾偕醫館旁之三角公園範圍。
46 藍鼎元，《平臺紀略》，雍正元年，頁43a~43b。
47 劉良璧，《重修福建通志臺灣府》，頁446。
48 余文儀，《續修臺灣府志》（南投：臺灣省文獻委員會，1993），卷9，〈武備‧營署〉，頁386。
49 《清實錄‧高宗純皇帝實錄》，卷742，乾隆三十年八月，頁170~1。

陸防，轉爲海陸並重之勢，淡水水師營也由專任水師官弁轉爲水陸師官
弁。

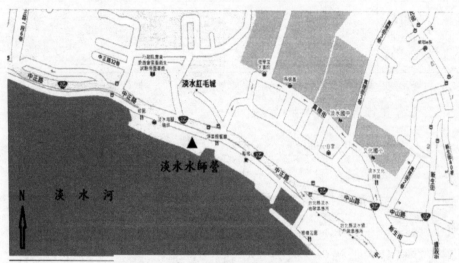

圖一：舊清代淡水營位置示意圖
說明：底圖使用 Google 地圖

圖二：舊清代淡水營圖1
說明：清代淡水水師營位於淡水紅毛城前方淡水河口處，白色
　　　牆內即是當時水師營地點（圖片來源：李其霖攝於
　　　2011/04/28）

圖三：舊清代淡水營圖2
說明：從淡水營側面往淡水河出海口拍攝，左側為淡水河口，
　　　右側為紅毛城。（圖片來源：李其霖攝於2011/04/28）

三、蔡牽事件間艋舺營取代淡水營

雍正朝以後，北臺灣的軍事規劃開始由海防深入陸防，這與臺灣內部發生民變事端有很大之關係。轉折點是朱一貴（1690~1722）事件後，清廷已深知北臺灣的重要性。[50]從文治方面來看，雍正元年（1723）行政區增設了淡水廳；[51]武治方面，雍正二年，淡水同知修築淡水紅毛城，增建城牆及四座城門，並可能派兵駐防。[52]此後，北部營務至蔡牽（1761~1809）事件[53]之前，並無顯著之改變。

臺灣的武備至乾隆中晚期，營務陸續出現各種問題，無論是兵員不足、或戰船不足問題逐漸呈現，但清廷亦開始調兵增補，暫時能維護海疆安全。並利用此時，改正一些營務陋規，其中積存已久的親丁名糧[54]問題於乾隆中晚期得以解決。[55]乾隆四十八年，裁武職隨丁名糧三百六十名，又裁武職隨糧，另給養廉正項以隨糧改添五營實兵六百名，又撥提標兵四十五名赴臺灣北路淡水營。[56]以養廉銀[57]取代親丁名糧陋規之

---

50 周宗賢，〈淡水的班兵與會館〉，《淡水：輝煌的歲月》（臺北：臺灣商務印書館，2007），頁143。

51 劉錦藻，《清朝續文獻通考》，卷315，頁10577~1。

52 周宗賢，〈淡水的班兵與會館〉，《淡水：輝煌的歲月》，頁143。

53 蔡牽，福建同安人，劫掠東南沿海一帶之海盜，嘉慶五年，首次犯臺，後自稱「鎮海威武王」。有關蔡牽海盜事件，可參閱，蘇同炳，《海盜蔡牽始末》，（南投：臺灣省文獻委員會，1974）；李若文，〈海盜與官兵的相生相剋關係（1800~1807）：蔡牽、玉德、李長庚之間互動的討論〉，中國海洋發展史論文集》第10輯，（南港：中央研究院人文社會科學研究中心，2008）；張中訓，〈清嘉慶年間閩浙海盜組織研究〉，《中國海洋發展史論文集》第2輯，（南港：中央研究院中山人文社會科學研究所，1985），頁160~198；鄭廣南，《中國海盜史》（上海：華東理工大學出版社，1999）。松浦章，《東亞海域與臺灣的海盜》（臺北：博揚文化，2008），頁75~81。

54 親丁名糧：為武官中的一種陋規，因武官俸薪少，為補武官俸薪之不足，因此武官常借兵丁員缺，將這些實際上無人的缺額報部照領俸薪，如此各地兵源勢必短缺，但實際上朝廷需支付這些俸薪。換句話說，有一部隊編制二百名，但實際上只有一百五十名，但朝廷一樣支付二百名兵丁俸薪，這多出的五十名幽靈兵丁之俸薪，即由該部隊官員朋分。各級官員在親丁名糧上分配有不同的額數，此種詐領俸薪即親丁名糧，但確為朝廷所接受。以提督等級看，其親丁名糧可支領之費用每年約1440兩。

55 李其霖，〈清代前期沿海的水師與戰船〉，頁177。

56 周凱，《廈門志》（南投：臺灣省文獻委員會，1993），卷3，〈兵制考〉，頁85。

57 雍正初年雖已實行養廉制度，但武職的推行各省不一，親丁名糧陋習依舊存在，至乾隆晚期才逐漸廢除。有關養廉銀措施可參閱，佐伯富著、鄭樑生譯，《清雍正朝的養廉銀研究》

後，各營人員的編制已正常化，實際解決了幽靈弁兵實領俸給之問題。

　　乾隆晚期至嘉慶初年，臺灣治安出現警訊，臺灣內部發生林爽文事件（1787～1788），淡水廳亦遭到林爽文軍攻陷。[58]在臺灣洋面上，中國東南沿海一帶的海盜熾盛，臺灣亦受到海盜劫掠，其中為害臺灣者主要是以蔡牽為首的海盜集團。嘉慶五年，「神風蕩寇事件」之後，[59]蔡牽成為東南沿海最強的海盜之一，嘉慶十年四月（1805），蔡牽自滬尾登岸，蹂躪新莊、艋舺等地，都司陳廷梅戰死、同知胡應魁傷免。[60]蔡牽可以迅速掌握北臺灣，原因有二，一為有人當了內應，二為武備不全。嘉慶十年四月，蔡牽至淡水結識胡杜侯遺孽洪四老為內應，出偽示，自稱鎮海威武王，僭號光明。六月，復窺滬尾，福建水師提督李長庚（？～1807）追至，始遁。[61]此事件呈現出的意涵則為，以臺灣北部現有的水師兵力，甚至加上陸師兵力皆無法抵擋蔡牽集團之劫掠，即使提督親自督戰，都無法將其一網成擒，因此在北部防務上必需再加以調整。另外，臺灣北部地區也因發展快速，陸續有許多墾號進入開墾，使得人口增加快速，[62]因此增兵防守有其必要性。時任臺灣鎮總兵愛新泰（？～1807）即提出在淡水設置副將之建議，但最後並未付諸實行，其言：

> 酌籌添設額外外委以資管駕兵船也。查添造大號同安梭船三十隻，每船應派官一員，管帶操駕，總計臺協三營及上淡水營共額設副將一員、游擊三員、都司一員、守備三員、千總六員、把總十三員、外委十九員、額外外委十名，合共五十六員名，遇有懸缺未補及出差事故等項外，不敷派撥，應請添設額外外委十名，以資配駕，而便差委。[63]

（臺北：臺灣商務印書館，1996年2版）。

[58] 許毓良，《清代台灣軍事社會》（北京：九州出版社，2008），頁234~235。

[59] 神風即為颱風，此颱風所引發集體海盜覆滅事件稱「神風蕩寇事件」，見焦循，〈神風蕩寇事件〉，中央研究院傅斯年圖書館藏。蘇同炳，《海盜蔡牽始末》（南投：臺灣省文獻委員會，1974）。

[60] 陳培桂《淡水廳志》，卷14，頁362。

[61] 丁紹儀，《東瀛識略》（南投：臺灣省文獻委員會，1996），卷7，〈兵燹〉，頁90。

[62] 尹章義，《臺灣開發史研究》，頁30~172。

[63] 中央研究院歷史語言研究所編，《明清史料》（臺北：中央研究院，1953），戊編第五本，頁495~497。

　　當下雖無增兵布防之勢，但在現有兵力無法維護地方治安的情況之下，嘉慶十三年（1808），清廷對北臺軍務做出部分調整。改臺灣協右營游擊爲艋舺營游擊，改延平協左營守備爲艋舺營中軍守備，同駐艋舺，管轄陸路弁兵，改興化協左營守備爲艋舺營水師守備，駐滬尾礮臺。[64]撥淡水營千總把總十人，隸水師守備管轄，改淡水營都司爲臺灣協右營都司，駐安平。[65]雖然淡水營級職由都司降爲守備，歸艋舺水師游擊管轄，但駐防淡水的官弁員額並未改變。而艋舺增設游擊、守備，亦代表陸路的重要性提高。這項改變，可視爲清廷對陸路的重視已高於海路。

　　艋舺營水師游擊，兼管水陸，管轄兩名守備，亦添水兵三百五十二名，戰船二隻，計水陸原設兵共六百三十三名。[66]此次臺灣武備的增補調動，實爲閩、浙地區海防重新規劃下的一個結果，官弁調動，不只是臺灣一地，而是對直省間海防的一個考量。

　　道光以降，淡水一帶的水師總數已超越臺灣府城之人數，至道光四年（1824），再添設參將，爲臺灣艋舺營參將。[67]至此，臺北地區的武職銜，又往上晉升一等。當時臺灣水師共有 4,146 名，[68]淡水已達 2,000多人。[69]至鴉片戰爭前，清廷同樣加強對淡水、雞籠一帶的防衛，除了增兵之外，亦強化海防措施。鴉片戰爭期間姚瑩提出的「臺灣十七口設防圖說狀」中，[70]最重要的五口，[71]即包含淡水、雞籠兩處。顯見北臺

---

[64] 艋舺水師守備亦稱為滬尾水師守備。

[65] 崑岡，《欽定大清會典事例·光緒朝》，卷550，〈兵部〉9，〈臺灣綠營〉，嘉慶十三年，頁125~1。

[66] 陳培桂，《淡水廳志》，卷8，頁204。

[67] 陳培桂，《淡水廳志》，卷7，頁159~161。艋舺營編制參將一員、守備水、陸各一共二員、千總水、陸各一共二員、把總水、陸各二共四員、外委陸師五、水師四共九員、額外陸師二水師三共五員，馬步戰守兵700名、水兵700名；官馬十八匹、兵馬四匹、戰船十四隻。

[68] 李其霖，〈清代前期沿海的水師與戰船〉（南投，國立暨南國際大學歷史研究所博士論文，2009），頁272。分屬臺灣水師中營785名；艋舺、淡水營1503；澎湖水師協左營929名；澎湖水師協右營929名。見明亮、納蘇泰，《欽定中樞政考》72卷，〈綠營〉卷37，〈兵制〉，頁43b~44b。

[69] 陳培桂，《淡水廳志》，卷7，頁159~161。康熙晚期設置的淡水兵力僅有300名，至道光初年已增至2,000名以上。

[70] 姚瑩，《中復堂選集》（南投：臺灣省文獻委員會，1994），〈臺灣十七口設防圖說狀〉，頁74~84。

灣防衛之重要性。這樣的一個海防規劃，清廷是以整個東南海域做爲整體防衛機制來布署，惟因水師戰船無法與英船抗衡，即成爲各港口自行防範，而無法相互支援之狀況。再者，淡水地區的武備人員雖已增至最多，但主要的軍事防禦仍以陸防爲主。防海的力量已無法彰顯，更遑論主動攻擊對手了。

另外，從北臺地區的水師官弁任用狀況來看（表 2、3）水師守備、都司，主要皆由行伍出身，少有舉人、進士等有功名之人，可見清廷以提拔弁兵進陞爲主。在任用的時間方面，與臺灣班兵三年一換防的情況相同，擔任三年以上職務者並不多，水師游擊與參將職，甚至都以一年爲主。這顯示出清廷水師武職缺極爲嚴重，或者對臺灣武職官員的信任不足，因此就任者只能短暫任官，這對兵務之推動無任何之幫助。然而，在清朝所留下的官員資料上，尤以武職方面的記載不多因此無法更準確的闡述其官弁轉變之意義，但對吾人了解北臺水師武備狀況亦有幫助。

五、結語

眾所皆知，清廷對臺灣的開發是由消極慢慢轉變爲被動積極，這從臺灣北部淡水營務之發展即可看出脈絡。北部淡水的營務設置，是在海盜鄭盡心事件之後才受到清廷之重視，乃至雍正元年才設置淡水廳。

設廳之後的淡水逐漸繁榮，人口增加，淡水港即成爲北部地區的主要港口，有了商船的往來貿易，自然引起海盜之覬覦，在此緣由下，清廷自然派兵防守，遣水師戰船巡防鞏固海疆。雖然北部設有戰船巡防，但數量有限，如遭遇到海盜 集體掠奪，這樣的水師兵力將無法應對，因此水師營的設置充其量是宣示意味高於實質性。

乾隆以後，臺灣北部的發展已達臺北盆地，大稻埕及艋舺成爲臺灣北部的發展重心，因此清廷將北部防務轉往艋舺，然而駐防淡水的官員雖由都司降爲守備，但兵力卻未減少。由此可見淡水水師的設置除了嚇

---

[71] 五口要塞分別為樹苓湖、蠔仔藔、番仔挖（鹿港）、滬尾、雞隆。姚瑩，《中復堂選集》，〈覆鄧 制府籌勘防夷狀〉，頁 72~74。

阻海盜之外，最主要之目的還是維護地方治安。　清廷在淡水地區的布
防雖與臺灣民變及海盜劫掠事件有關，但實際上清廷是對東南沿海之海
防做一重新規劃，並非專指臺灣一地。再者，水師營重心由淡水轉往艋
舺，亦是以人口及聚落發展的方式來考量，並非清廷在臺灣防務已不重
視水師而重視陸師。

表 2　淡水水師營官弁表

姓名	職稱	合計就任時間	籍貫	出身	原任	調任	備註
黃曾榮	守備	1	臺灣		千總		康熙五十八年任，卒於官。
陳策	守備	3	晉江	行伍		臺灣鎮	康熙五十九年任
謝周	守備	1	漳州府	行伍			卒於官
陳宏烈	守備	2	詔安	行伍			雍正元年卒於官
戴日陞	守備	3	漳州府				緣事去
楊豹	守備	5	泉州府	行伍			雍正十年卸事
蘇鼎元	都司	3	同安	行伍			雍正十年任
王三元	都司	4	江南華亭	行伍			雍正十二年任
胡楷	都司	5	福建沙縣	行伍			乾隆三年任
王定國	都司	3	湖南辰州府				乾隆七年
莊瑞發	都司	3	泉州府	行伍			乾隆九年
王國正	都司	1	鑲白旗				乾隆十一年六月署
陳林萬	都司	4	福州				乾隆十二年
馬炳	都司	4	福州				乾隆十五年
杜鯤	都司	1	福州				乾隆十八年

王軒	都司	1	閩縣				乾隆十九年署六月
吳興	都司	1	福州				乾隆二十年八月署
王廷元	都司	1	福州				乾隆二十一年
張連璧	都司	1	福州				乾隆二十一年九月署
許大略	都司	1	饒平				乾隆二十二年八月署
吳順	都司	3	漢軍正白旗				乾隆二十三年三月
張天壽	都司	3	雲南昆明				乾隆二十五年
黃必成	都司	1	晉江				乾隆二十七年五月署
張拱辰	都司		廣東東莞				乾隆二十七年此後至嘉慶八年闕
王祥	都司	1	壽寧				乾隆二十九年七月署
許雄才	都司	1	饒平				乾隆二十九年九月署
陳廷梅	都司	1	泉州同安	行伍	臺協中營守備		嘉慶九年任、嘉慶十年蔡牽亂陣亡
陳階陞	都司	2	興化仙遊	行伍	廣東水師提督		嘉慶十年
王肇化	都司	1	山東蒙陰	武進士	建寧中營守備		嘉慶十三年
黃清泰	都司	1	廣東嘉應鎮平縣	軍功義首	北路右營守備		嘉慶十三年十四年改設艋舺水師游 擊本缺裁
胡滿榮	滬尾水師營守備	3	閩縣				嘉慶十四年任
陳登高	滬尾水師營守備	1	江西南昌				嘉慶十六年署
吳國祥	滬尾水師營守備	3	閩縣		臺協中營千總		嘉慶十七年署

謝建雍	滬尾水師營守備	3	福州				嘉慶二十年署
林文燦	滬尾水師營守備	1	閩縣		臺協中營千總		嘉慶二十三年署
江明芳	滬尾水師營守備	1	詔安		署本營千總		嘉慶二十四年護
陳得揚	滬尾水師營守備	1	福清縣				嘉慶二十四年任
江鴻恩	滬尾水師營守備	1	詔安		臺協中營千總		道光元年署
吳進忠	滬尾水師營守備	1	福清		臺協中營千總		道光元元年署
余生貴	滬尾水師營守備	2	同安		本營千總		道光二年署
陳景嵐	滬尾水師營守備	1	龍溪				道光四年署
詹功顯	滬尾水師營守備	3	福清		澎湖右營千總		道光四年署
陳殿鼇	滬尾水師營守備	2	閩縣	武生	安平右營守備		道光七年署
劉光彩	滬尾水師營守備	1	同安		安平左營千總		道光九年署
郭揚聲	滬尾水師營守備	3	同安		安平右營千總		道光十年署

吳鐘成	滬尾水師營守備	1	南澳廳		本營千總		道光十三年署
林得義	滬尾水師營守備	1	淡水廳		安平右營守備		道光十四年任
林朝瑞	滬尾水師營守備	1	閩縣		本營千總		道光十五年任
陳大坤	滬尾水師營守備	5	南澳廳		臺協右營千總		道光十六年任
劉瑛	滬尾水師營守備	2	閩縣				道光二十一年任
李朝洋	滬尾水師營守備	4	彰化		安平中營千總		道光二十三年署
陳國庸	滬尾水師營守備	2	閩縣		安平中營千總		道光二十七年任
葉晞暘	滬尾水師營守備	1	同安		安平左協千總		道光二十九年署
陳沂清	滬尾水師營守備	6	詔安				咸豐元年署
祝延齡	滬尾水師營守備	3	閩縣	武生			咸豐六年署
遊紹芳	滬尾水師營守備	1	福鼎				咸豐八年署
李振輝	滬尾水師營守備	1	晉江				咸豐九年署

陳開輝	滬尾水師營守備	1	同安				咸豐十年任
李振輝	滬尾水師營守備	2	晉江				咸豐十一年再署
李捷陞	滬尾水師營守備	1	同安				同治二年代
姚珠寶	滬尾水師營守備	1	淡水廳				同治二年署
林青芳	滬尾水師營守備	2	雲霄廳				同治三年署
陳步雲	滬尾水師營守備	1	淡水廳				同治五年署
曾大鏞	滬尾水師營守備	1	晉江	軍功			同治六年署
蕭定邦	滬尾水師營守備	1	廣東香山	軍功			同治七年署
文光里	滬尾水師營守備	1	湖南善化	武生			同治七年署
梁朝安	滬尾水師營守備	1	廣東三水	軍功			同治八年署
周正坤	滬尾水師營守備	1	湖南寧鄉				同治八年署
蘇桂森	滬尾水師營守備	1	廣東東莞		盡先都司		同治九年任

資料來源：范咸，《臺灣府志》，頁 334～335；《淡水廳志》，頁 229～242。

表 3　艋舺營水師官弁表

姓名	職稱	合計就任時間	籍貫	出身	原任	調任	備註
黃清泰	游擊	1	廣東嘉應鎮平	軍功	北路右營守備		嘉慶十四年護理
陳一凱	游擊	1	福州閩縣	行伍	臺協左營守備		嘉慶十五年護理
莊秉元	游擊	1	泉州同安	行伍			嘉慶十六年實授
慶山	游擊	1	正藍旗滿 洲雙福佐 領下人	行伍	泉州城守營參將		嘉慶十七年攝理
莊秉元	游擊	1	泉州同安	行伍			
蔡安國	游擊	1	潮州饒平	行伍	臺協中營游擊		嘉慶十九年調署
陳一凱	游擊	1	福州閩縣	行伍			嘉慶十九年護理
陳飛鳳	游擊	1	漳州龍溪	世職			嘉慶二十年實授
蕭得華	游擊	1	福州福清	行伍	澎湖右營游擊		嘉慶二十一年間調署
李天華	游擊	3	福州閩縣	行伍			嘉慶二十二年實授
陳登高	游擊	1	泉州晉江	行伍	艋舺陸路守備		嘉慶二十五年間代理
陳鵬飛	游擊	1	泉州同安	行伍	臺協右營都司		道光元年署事
黃清泰	游擊	1	廣東嘉應 鎮平	軍功	北路左營都司		道光二年間署事
李如榮	游擊	2	泉州晉江	行伍			道光二年間實授
張朝發	游擊	1	泉州惠安	行伍	臺協右營都		道光四年間署事

					司		
謝建雍	游擊	1	漳州詔安	行伍	澎湖左營游擊		道光五年間署事
江鶴	游擊	1	漳州詔安	行伍	澎湖右營游擊		道光五年間調事
曾元福	參將	1	泉州同安	行伍			道光六年實授
謝建雍	參將	1	福州	行伍			道光七年間署事
曾元福	參將	1	泉州同安	行伍			道光八年實授
周承恩	參將	3	泉州同安	行伍	臺協中營游擊		道光九年間署事
陳景嵐	參將	1	漳州龍溪				道光十二年署
溫兆鳳	參將	7	龍巖州				道光十二年任至十 八年缺
蘇斐然	參將	4	泉州同安				道光十九年任
陳景嵐	參將	2	漳州龍溪				道光二十三年任
林得義	參將	4	淡水廳				道光二十五年任
蘇斐然	參將	3	泉州同安				道光二十八年回任
郭世勳	參將	1	泉州同安				咸豐元年署
蘇斐然	參將	2	泉州同安				咸豐元年回任
黃進平	參將	1	南澳廳				咸豐三年署
李朝安	參將	1	福州閩縣	武生			咸豐四年護
潘高升	參將	1	泉州同安				咸豐五年署
王國忠	參將	3	福州閩縣				咸豐六年任
李朝安	參將	2	福州閩縣				咸豐九年再護
陳國詮	參將	2	福州閩縣				咸豐十一年署
陳開輝	參將	1	泉州同安	世襲			同治元年護
陳向升	參將	1	泉州晉江	捐陞			同治二年護

陳開輝	參將	3	泉州同安				同治二年再護
鄭榮	參將	1	浙江山陰	捐陞			同治五年署
李應升	參將	1	廣東信宜	義首			同治六年署
黃登第	參將	1	江蘇吳縣				同治七年攝
李榮升	參將	1	廣東順德				同治七年任
楊萬勝	參將	1	湖南長沙				同治八年署
李榮升	參將	1					同治九年回任

資料來源：陳培桂，《淡水廳志》，頁 229～242；《臺灣采訪冊》，
頁 133～134。

淡水重建街聚落的人文情懷[*]

提 要

聚落是因人與自然、人與人、人與超自然之間的互動所形成,是人生活與繁衍的中心,其內容包括人類的居住行為、居住環境的空間分佈及形式,以及特定的社群等。

「文化資產保存法」指「聚落」,為具有歷史風貌或地域特色之建造物及附屬設施群,包括原住民部落、荷西時期街區、漢人街庄、清末洋人居留地、日治時期移民村、近代宿舍及眷村等。

淡水的重建街自清代乾隆末年起逐漸形成並成聚落,這一街道聚落的地形地貌、宗間信仰、傳統習俗、住民職業,甚具文化特色,如今縱然街道拓寬,聚落繁榮退去,但當你駐足此地時,仍然能夠讓你的心靈獲得深刻的感受與追思。

關鍵詞:文化資產、聚落、重建街、淡水

---

* 本文曾於民國 103 年 11 月 27-28 日淡江大學歷史學系舉辦的「2014 年淡水學暨區域社會史」國際學術研討會中發表,感謝李乾朗教授的講評與賜正。

一、前言

王昶雄在他〈尋回失落的童年〉文中寫著他的回憶：[1]

> 九坎街是生我育我的地方，我感到他的一磚一瓦，都充滿者歷盡
> 滄桑的時代痕跡。我家斜對面的鄰居門前有一塊巨石，經常有我
> 和鄰近小朋友嬉笑玩耍的午後時光。在這條的小街裏，回應多少
> 深遠的笑聲，那是從曾祖父的年輕時代一直到我們的童年，跟這
> 兒一石一木所結的醇厚深情。

九坎街在那？為什麼稱做九坎？這條街的小朋友們的祖先到底建
構了那些醇厚豐富的人文情懷呢？對於這條街的研究已經有不少的成
績，尤其是周明德的《海天雜文》，張建隆的《尋找老淡水》最受肯定，
也有多位研究生以此——領域做論文，如成大建築所莊家維的《近代淡
水聚落的空間構成與變遷－從五口通商到日治時期》即是一篇很不錯的
碩士論文。近年因受到臺灣史研究、文化資產研究、古蹟的研究盛行之
影響，淡水學的研究確實呈現相當的成果，不過單獨針對王昶雄童年充
滿著醇厚深情的老街老聚落－重建街做深入的研究，則較為少見。

二、崎仔頂與重建街

1　王昶雄，〈尋回失落的童年〉《驛站風情》（臺北市：臺北縣立文化中心，1993），頁 95。

　　淡水位處淡水河與大屯山山系交匯處；周邊地形多是起伏不定的丘陵山崗，這些扇形帶狀的小山緊逼淡水河岸，乃有五虎崗之稱，其地形可參見（圖1）淡水五虎崗地形示意圖。第一崗俗稱「砲台埔」，位在今滬尾砲台、淡水高爾夫球場之地區。第二崗則稱為「埔頂」，此區包含紅毛城、真理大學、淡江中學、小白宮等地。第三崗就是「崎仔頂」，在今中正路老街之北的山丘，包含三層厝街、重建街、清水街，是本文研究的地方。第四崗稱「大田寮」，就是淡江大學校園及周邊地區。第五崗稱「鼻仔崙」，即今竿蓁林、鼻仔頭間的地區。[2]

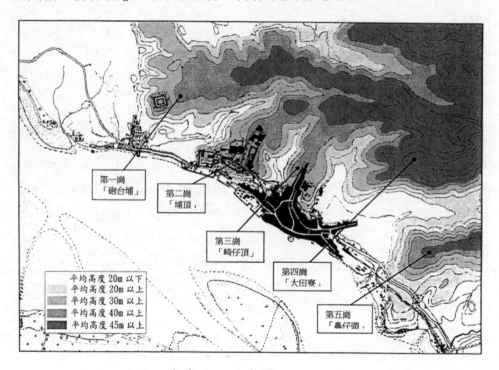

圖1：淡水五虎崗地形示意圖

資料來源：莊家維《近代淡水聚落的空間構成與變遷》，成大碩士論文，2005年。

　　為什麼取名「崎仔頂」？從（圖1）地形圖可以看出，這個山崗大約有30～40公尺的高度，清乾嘉年間逐漸形成聚落與街屋在這個山崗

<hr>

2　　參閱大日本帝國陸軍測量部《台灣地形圖》（臺北：遠流出版社，1925）。

的稜線上，所以，王昶雄對這裡，寫道：[3]

> 淡水地勢多山，山嶺且直伸沿海，所以市街（按，即今中正路）
> 沿淡水河岸呈狹長狀，大部分都是路面高斜的丘陵地，居民幾乎
> 一出門，就得上上下下跑坡兒。新來的外鄉人第一個感到累人
> 的，就是爬坡，反覆上下總是氣喘吁吁，若多跑一點，第二天早
> 上包你兩腿硬的不能走動。

　　洪敏麟稱「崎」字是閩南語用於「坡」，例如崎頂；國語用於形容
路高低不平的狀態，或有傾斜的地方。[4]李乾朗曾將這個意象手繪一圖
（圖2），對瞭解何以取名「崎仔頂」甚有助益。

---

[3]　同註 1，頁 94~95。

[4]　洪敏麟，《臺灣舊地名之沿革》（臺中：臺灣省文獻委員會，第一冊，1980），頁 11。

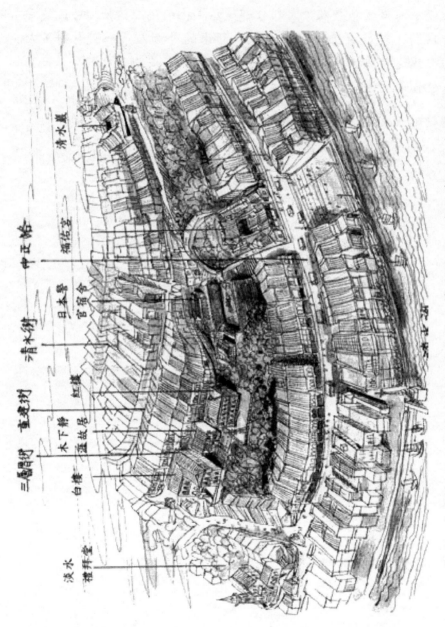

圖 2：淡水中正路及重建街一帶之老建築分佈圖。資料來源：李乾朗《新北市歷史建築淡水日本警官宿舍修復或再利用計劃》新北市文化局，2013．8。手寫部份由我添加。

「崎仔頂」的發展，到清末已經發展有「永吉街、三層厝街、九坎

街」[5]。「三層厝街」即是從「下街」往上看爲沿山崗第三層坡段民宅而成的一條街道。「永吉街」即今清水街的北段,「九坎街」(圖 3,滬尾街全圖作「玖坎街」),即本文探討的重建街。

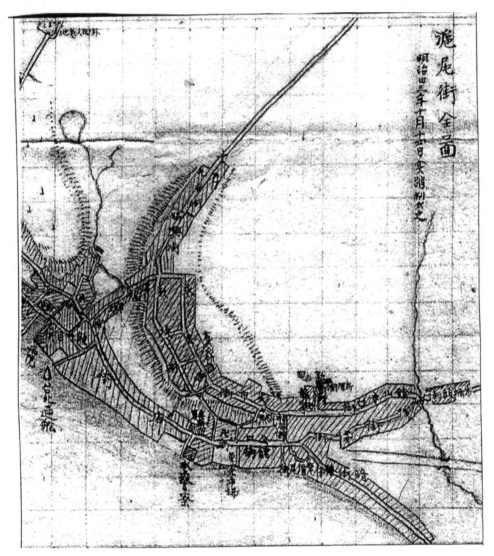

圖 3 明治四十三年(1910)所測之滬尾街全圖。
資料來源:周宗賢《臺北縣縣定古蹟淡水崎仔頂施家古厝調查研究及修復計劃》。

5　同上,頁 321~322。

　　何以稱此街為「九坎街」？洪敏麟稱「嵌為閩南語專用於『崖』，例如嵌頂、嵌仔腳」[6]。「坎」字指水、洞、開張貌之意，所以「嵌」與「坎」在台灣民間音字義同而借用、混用。據此，可以瞭解「九坎街」意指早年從山下往山上走，道路崎嶇，形成九坎之街道的意思。（按，坎在台灣也有稱「店」的說法）淡水因地形地勢的關係，突顯出聚落、街道發展的特質，清光緒十八年（1892）冬，池志徵來臺旅遊後著《全臺遊記》，對淡水有這樣的描述：

> 滬美（即滬尾）居民數千家，皆依山曲折，分為上中下三層街。中、下市肆稠密，行道者趾錯肩摩；而上者樹木陰翳、樓閣參差，頗有村居飄緲之意。[7]

　　上、中、下三層街，正好說明了崎仔頂與重建街這種山城聚落街道的特色。淡水這種聚落的發展特色，是經過一個複雜聚合的演變過程而形成，這包含了自然環境，社會經濟與宗教信仰、生活習慣等影響。因此，一八九五年，馬偕看到的淡水是：

> 淡水鎮很熱鬧，和其他城市一樣，市場中聚集著漁夫、園丁、小販，在討價還價；有米店、鴉片館、廟宇、藥舖互爭顧客；也有木匠、鐵工、理髮師、轎夫等在營業。可以總括地說，淡水是個骯髒多煙的市鎮，其所以受人重視，祇不過由於航運商業的興盛及為外國人可置產業的商港這兩點而已。[8]

　　馬偕雖然指出淡水骯髒多煙的缺失，但也看到豐富的傳統社會、經濟、民居結構及人文。馬偕所描述的正是崎仔頂、九坎街、下街一帶的寫照。

　　淡水山城街肆公共衛生欠佳的現象，到了日據時期更形嚴重，「市區馬路很狹窄，排水溝也不完備，所以到處是污水，積水不通留在馬路

---

[6]　同上，頁11。
[7]　池志徵〈全臺遊記〉《臺灣遊記、臺遊日記、臺灣遊行記、臺風雜記（合訂本）》（臺北：臺灣文獻史料叢刊第九輯，臺灣大通出版），頁6。
[8]　馬偕《From Far Formosa》（臺灣六記），周學普譯，（臺北：臺灣銀行經濟研究室，1895），頁119。

上，又有家畜在街衢上亂跑，形成人畜同樓的狀況」。[9]因此，自一九〇六年起逐步推行「市區改正」的措施，一九三四年十一月，淡水開始動工進行老街（中正路）的拓寬工程。下街中正路 街屋的改善，一方面使中正路成為淡水最主要、最繁榮的商業區，一方面使繁盛 百年的崎仔頂從此沒落，徒留王昶雄亟欲尋回的那些童年回憶。文化路的闢建，截斷了重建街的連貫性，6 號道路拓寬了重建街，並拆除了 2/3 以上的老街屋，更使這－淡水第一老街，古老的東西被壓碎，包括早時人際間的人情味、親切感。

三、重建街聚落的人文情懷

王昶雄在他〈尋回失落的童年〉文中寫著他的回憶：

> 九坎街是生我育我的地方，我感到他的一磚一瓦，都充滿者歷盡滄桑的時代痕跡。我家斜對面的鄰居門前有一塊巨石，經常有我和鄰近小朋友嬉笑玩耍的午後時光。在這條的小街裏，回應多少深遠的笑聲，那是從曾祖父的年輕時代一直到我們的童年，跟這兒一石一木所結的醇厚深情。

還有頂街曲巷裏的零食小點、燒豬肉、燒賣、肉粽、筒仔米糕、捏麵人等等美好的東西，他感慨的寫道，「但時代的巨輪不斷地把一些古老的東西壓碎，包括早時人際間的人情味、親切感」。[10]

本文從文獻史料及耆老的採訪中，探討王昶雄童年記憶中，崎仔頂及重建街留存著那些親切感與人情味，以及為何能夠孕育出這些親切感與人情味。

重建街古稱九坎街，大約自乾隆末起從中正路福佑宮兩側沿著山崗而上，逐漸形成一條長約數百多公尺的街道，街道兩旁則蓋起連棟式的街屋，飽和的街肆不久又發展後面的永吉街、米市街，清末，則在前面

---

[9]　早川透，〈都市計畫理論與實務〉，黃世孟譯，《臺灣都市計畫講習錄》，1992。

[10]　同註 1，頁 95。

坡地在形成一條三層曆街。這樣的街肆聚落完成之後，就成為淡水最古老的街市與聚落，不再繼續成長。直到文化路的闢建，從中截斷重建街的完整，特別是近年 6 號道路拓寬，將重建街長約 150 公尺長的街道與老屋拆除，則非常嚴重地傷害、破壞了這條古街的風貌，也壓碎了彼此間的人情味。

　　我根據日據時期淡水重建街的戶籍資料及口述歷史的探訪，將約一九一〇年～一九六〇年的重建街聚落做住戶與職業別的整理，見（圖 4）「淡水重建街住戶、職業別調查表」，從中探討它的人文特色與形成。

　　崎仔頂重建街聚落住民，大多來自泉州五縣、漳州、永春及汀州的移民，彼此雖有原鄉地緣及先後抵達之別，但日久新鄉成故鄉，所以，此地人士頗具多樣性。聚落人文的形成，和聚落的地形地貌、宗教信仰、傳統習俗、職業有關，重建街也不例外。特別是這條封閉型的街道，更易產生群聚、共鳴的效果。

　　從調查結果來看，整條重建街，人一生的生命旋律中，從出生到老死所需的衣、食、住、行、育、樂樣樣俱備。街上有為人接生的產婆、有為人治病的中、西醫師、藥舖、米店、肉攤、魚販、飲食物商、製造及販賣童食點心的餅店，日常用品相關的農具、五金店舖、各種族群所需的裁縫師、日常祭祀或赴廟進香不可缺的金、銀紙、香等，也有提供服務的洗衣業、旅舍，甚至休閒的茶室，更有不少技術優良的木匠、傢俱匠、土木司傅等等，形成一處生活非常方便，社會功能齊全的聚落，也就更能滋生各式各樣的人文。茲將約自一九一〇年～一九六〇年間，重建街的職業別與數目，統計並分類如（表 1）。雖然數據並不完整，但仍具參考之價值。

　　除了多元的職業別之外，這條老街，又具備若干特色，例如 19 號陳宅門前的「石頭公」，經常聚集攀爬的小童，日據初期裝置兩支自來水與消防用的水龍頭設施，是街民取用水共聚的地方，而 44 號門前有一「水崛仔」的蓄水池，更是婦女們洗衣、交流的好地方。街上處處充滿了人情味，小孩童隨時可在 7 號的空地上玩起「騎馬戰」；夏季則可溜下山崗，跳進淡水河游泳、嬉戲等，樣樣都能形塑出這條街的人文情

懷，並且令人終生難忘。

表 1 重建街住戶行業別分類表（約 1910～1960）

項目編號	業別	數量	戶號
1	食餅業	10	19、46、53、56、57、60、63、76、79、81
2	飲食業	7	18、24、39、52、56、80、83
3	簽仔店	6	13、68、71、73、78、79
4	中醫	5	18、31、75、78、85
5	出租業	5	25、34、38、65、69
6	洗衣業	5	36、38、43、50、67
7	金紙店	5	8、18、40、51、62
8	米店	4	14、16、37、59
9	肉販	4	2、21、41、66
10	木器（匠）	4	33、47、55、57
11	接骨、國術師	4	12、32、42、52
12	公務員	3	41、49、79
13	苦力	3	61、67、71
14	裁縫業	3	43、53、69
15	魚菜販	3	22、26、28
16	棺材店	3	42、64、82
17	童食	3	17、55、79
18	賣布業	2	80、81

19	農工具五金	2	23、68
20	西醫	2	33、35
21	產婆	1	70
22	旅店	1	50
23	茶室	1	27
24	賭場	1	31
25	豆腐店	1	77
26	閹豬業	1	29
27	碗筷篾業	1	70
28	竹椅店	1	21
29	修收音機	1	15
30	其他	3	百貨、船頭行、布袋戲師各 1

四、小結

　　文末我將引馬偕的外孫柯設偕作於昭和五年（1929）的詩歌（詩美之鄉－淡水〉做小結[11]：

> 詩之港，畫之街，富於歷史與傳說的淡水美鄉！
> 翠綠的丘岡，殷紅的城砦！充滿色彩與旋律的港街！
> 詩美之鄉！淡水！
> 蓬萊仙境！淡水！
> 桃源仙境！淡水！
> 風光明媚、眺望絕佳、空氣澄澈、景色幽邃、風土和愜、山紫水明比美仙境的勝景！淡水！
> 東方是大屯之高峰、西方是紺碧的大洋、
> 南方是觀音之秀巒、北方是蒼鬱的田野。

---

[11]　柯設偕，《詩美の鄉淡水》（臺北：臺灣評論社，1930），頁 4~5。

青松白沙的濱邊！
花紅樹綠的丘岡！

淡水，四面有山有水，風光媚的出奇，令人眷戀緬懷不已，誠地靈人傑之鄉。而崎仔頂重建街及其聚落，居民幾代以來，代代用血汗施肥，用生命耕耘，乃能孕育豐富且多元的文化，這種人文情懷如今縱然街道拓寬，街屋改建而破壞了原有 的像貌和環境，也壓碎古老的東西，包括那早期人際間的人情味，親切感，但當你佇足在這崎仔頂的街道的時候，他仍然能夠讓你的心靈獲得深刻的感受與遐思。

本研究蒙王寶珍女士和她九十多高齡姑媽之助，謹此致謝。

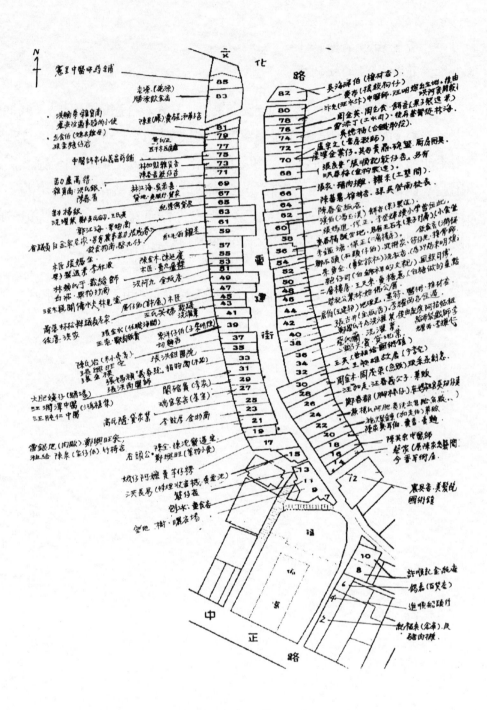

圖 4：淡水重建街住戶、職業別調查表（約 1910～1960 年代）
資料來源：淡水戶政事務所戶籍資料；王寶珍女士口述。
淡水社區大學「再見重建街風貌」圖

淡水企業家施坤山其人其事

提要

　　淡水原就具備經商貿易的好條件，尤其從 1860 年對外開港之後，更成為全台灣最重要的港埠，盛況空前直到日治初期，各種行商林立，成功的商人不少，其中以木材商施坤山及其所創建的施合發商行最具特色。施氏如何以其過人的智慧、魄力與人和將一家小型木材行經營成全台數一數二的大木材商，其興衰的過程不但精彩，且與淡水的歷史發展頗具關係。

　　關鍵字：淡水、施坤山、施合發、大觀丸、製材

壹、前言

淡水地名出現甚早，但其所指涉之範圍，時大時小，而且和淡水港及滬尾甚至八里坌混淆。

基本上，淡水一名應為漢人所命名，明穆宗隆慶六年（1572），明朝為籌海防款，開放漳州海澄月港船引，並於萬曆三年（1575）規定赴雞籠、淡水之稅銀二兩。[1]已出現「淡水」地名，十七世紀初，西、荷時期，並使用「淡水」（Tamsuy）一名。1648 年 6 月 2 日，荷屬東印度公司的一份日記，記載「在淡水一共有 78 個中國人，……他們已開始耕種土地」。[2]這應是漢人來淡水開墾最早的紀錄。

康熙二十三年（1684）臺灣雖納入滿清版圖，但初期，似乎沒有什麼明顯的墾拓，直到康熙後期，淡水才開始有較具規模的開墾。從年康熙四十八年（1708）戴岐伯、陳憲伯、陳逢春、賴永和、陳天章等因請墾上淡水大佳臘地方荒埔時立〈康熙四十八年同立合約字〉契約書稱：「請墾淡水港荒埔壹所，東至干豆口，西至長頸溪南，南至山，北至滬尾，立陳國起名字。」[3]及〈乾隆二年同立合同〉的請墾契書稱：「……因康熙伍拾玖年合同陳夢蘭、朱焜侯、陳化伯公置北路淡水大佳臘、八芝蓮林、滬尾、八里坌、興直等處五莊草地」。[4]可見淡水從康熙末起開始發展起來，並且在康熙末年形成了「滬尾莊」。這個滬尾莊的位置，據乾隆中葉的〈乾隆臺灣輿圖〉來看，約在今淡水鎮靠海的沙崙、大莊及港仔平一帶。[5]這個時候滬尾莊「住民大率以耕稼、伐木、捕魚為業」，[6]尚未成街。除了「滬尾莊」之外，乾隆初，已另有「大屯莊」、「竿蓁林莊」共三個漢人的村莊，[7]但隨著淡水河中上游的水利工程的開發，

---

[1] 張燮《東西洋考》（臺北：臺灣商務印書館，1979 年），頁 132。

[2] 江樹生譯著《熱蘭遮城日記》，第三冊（臺南市政府，2003 年 12 月），頁 50。

[3] 高賢治編著《大臺北古契字集》（臺北市文獻會，2002 年），頁 12。

[4] 同上註，頁 13。

[5] 故宮博物院典藏，另見《臺灣的古地圖》——明清時期，（臺北：遠足文化，2002 年），頁 151。

[6] 《諸羅縣志》，卷之一封域志；卷之二規制志。

[7] 張建隆《尋找老淡水》（臺北縣立文化中心，1996 年），頁 12。

臺北盆地迅速發展起來，移民紛至，闢地日廣，位處進出口的淡水也發展成田園，乾隆年初間，淡水就建有雲廣坑頭圳、番仔圳、牛埔圳、公埔仔圳、番仔田圳、石頭埔圳、十一股圳、下寮泉圳和獅仔頭圳等埤圳，佔大屯水利組合全部埤圳數的一半以上，[8]埤圳的開鑿，帶來農業的發展，同時也吸引來更多的移民。因此，在乾隆三十年（1765），首次出現了「滬尾街」的稱謂[9]，所謂「街」是指有市肆者，闤闠囂塵，居處叢雜，人煙稠密，屋宇縱橫的地方，因此，根據淡水福佑宮內所藏 1782年木刻對聯，上署「乾隆壬寅年（47）十月吉日」，「蚶江弟子林道寔喜造龕敬奉」來看，這一年，福佑宮媽祖廟能夠創建應跟滬尾成街，人口數較多，商業活動逐漸熱絡，信徒財力較佳有相當的關係。淡水福佑宮媽祖廟的創建，是淡水滬尾街的形成與發展的指標，從此之後，淡水滬尾街即以媽祖廟為務中心，逐漸發展出崎仔頂的頂街、九崁街、米市仔街、公館口街等街道，光緒十八年（1892）冬，池志徵氏來淡水旅遊，在《全臺遊記》中，他對當時的滬尾街做如下的描述：

> 「滬美（尾）居民數千眾，皆依山曲折分為上中下三層，街中、下市肆稠密，行道者趾錯肩摩；而上則樹木陰翳，樓閣參差，頗有村居縹緲之意……」。[10]

再據明治二十八年（1895）九月淡水支廳的調查，滬尾街共有一千餘戶，四千餘人，市街上大大小小的街道就有三十餘條[11]（見表1），可知淡水是一人口多，商業、交通相當發達的港埠。

表1　1895 年淡水支廳（滬尾街）第一次戶口調查統計表

街名	戶數	人口	街名	戶數	人口	街名	戶數	人口
砲台埔街	22	86	新店街	74	426	後街仔	48	166

8 　同上註，頁 13~14。
9 　同上註，頁 13~14。
10 　參閱《臺灣風物》，八卷一、二期（臺北市：臺灣風物雜誌社，1958 年 4 月），頁 9。
11 　臺灣省文獻委員會《臺灣總督府公文類纂（中譯本）─第四輯》明治 28 年，乙種永久，第十三卷。

山沙館街	6	21	公館口街	49	247	布埔頭街	35	130
烽火街	53	220	五坎街	16	66	龍山寺口街	46	149
龍井目街	28	108	七坎街	8	45	新厝街	31	140
中興街	7	21	東興街	28	107	米粉寮街	19	54
田仔街	20	53	市仔頭街	4	13	崎仔腳街	10	49
福興街	39	178	中興街	25	77	三層厝街	28	110
牛灶街	25	95	暗街仔	26	99	九坎仔街	72	318
協興街	37	151	茶園頭街	61	201	永吉街	47	205
元吉街	53	226	草厝尾街	73	266	米市街	43	170
共計：30 街；戶數：1,030；人口數：4,194 人（男：2,016 人／女：2,178 人）								

　　日治初期，上述街道也逐次進行拓寬整建，另外也由於許多公共設施的興建而陸續新闢若干新的道路，大街（今中正路）則是最主要的工程。除了聚落街道的整頓，淡水連外的海運、公路、鐵路也逐步完成了建設，淡水遂發展成新的工商業地區，較重要的官署設施有淡水稅關、淡水郡役所、警察署、淡水街役場、郵便局、驛站、無線受信所等；金融機構有台灣銀行淡水支行、淡水信用組合、淡水建築信用購買利用組合、淡江信用販賣購買利用組合等；這些條件吸引民間的商人，到了昭和十二年（1937），淡水街販賣業計 374 家，可分為 29 類之多，[12]可以看出民間商業的活力，其中以振成興產業、施合發、老義發三家最具代表性。

　　施合發商行就是由淡水聞人企業家施坤山所創辦，本文即針對施坤山的生平及其一手創建的木材王國做一研究，期望能夠對淡水的歷史研究或對淡水的認識有所助益。

貳、施坤山生平簡介

---

[12] 白惇仁等《淡水鎮志》（淡水鎮公所，1989 年），頁 371。

施坤山生於光緒四年（1878）8 月 14 日，死於昭和 6 年（1931）6
月 5 日，得年 54 歲。祖籍福建泉州同安縣，其先祖不之何時渡海來臺，
父施心，母葉氏悶，原住臺北廳芝蘭三堡土地公埔莊土名五腳松六十番
地，即今三芝區土地公埔。

施家於明治四十二年（1909）搬到滬尾街的新店街 24 號，之後多
次搬遷于滬尾街公館口一帶；一九一五年九月二十二日施坤山搬入東興
街，今中正路 8 巷 9 號現址。[13]所以，施坤山應於這一年購得施厝。這
棟三合院已被列為市定古蹟。（見圖 1）

施坤山的父親經營雜貨及米的生意，所以，家境應該不錯，但因為
史料欠缺，其童年、青少年及就學狀況不明，從明治三十二年（1899）
21 歲起施坤山開始他輝煌的事業與人生，並造就了台灣第一大木材商
的事業，今記其大事如下：[14]

明治三十二年（1899）二十一歲，擔任淡水支廳巡查補，這項工作
顯然對他日後的事業大有幫助。

明治三十八年（1905），他放棄警察的工作轉行從事木炭業。

明治四十年（1907），獨資經營木炭公司，取名「施合發」商行。

大正三年（1914），「施合發」取得日本石油、寶田石油之代理商權，
並著手包含木炭的海外貿易事業。不久，施坤山接收了日本人經營的「植
松木材屋」，這家木材公司也在淡水街上，規模極小，但經營權轉讓施
坤山手上後，他大展雄才，將這家規模原本很小的木材行發展成為臺灣
屈指可數的大規模木材行。

大正十五年（1926），這一年二月二十四日，施坤山將個人經營的
木材行換成股份有限公司，以 60 萬的資金來成立「株式會社施合發商
行」。[15]（有關施合發商行的組織、營運另文交代）。商行的位置在淡水

---

[13] 見淡水戶政事務所〈施坤山戶籍謄本〉，（附影本）

[14] 見周明德〈木材王國施合發商行盛衰記〉《夕陽無限好》（臺北：自印出版，1999）；周明
　　 德先生口述；杜聰明《回憶錄》（臺北市：杜聰明博士獎學金基金會，1982 年），頁 34；
　　 林進發《臺灣人物評》（臺北：赤陽社，昭和 9 年 9 月），頁 109~110。

[15] 淡水郡役所《淡水郡管內要覽》（昭和 5 年 12 月 28 日），（臺北：成文出版社，1985 年 3
　　 月），頁 108。

街草厝尾 1 號（今淡水中正路 28 號，華南金控淡水分行行址）。施合發商行是一種非常氣派的兩層樓西式辦公大樓。（見照片 1）

昭和三年（1928），爲了昭和天皇登基典禮紀念，淡水街募集 27,800 圓建立淡水街公會堂，其中，施坤山捐贈的金額居然到達 10,000 圓，相當於當時淡水一帶田園 7 公頃，日後，施坤山被授予 7 等的勳章。[16]這使他晉身爲淡水士紳名流與實業家。

昭和五年（1930），擔任淡水街協議會員（即鎮民代表）。

昭和六年（1931），此年六月五日，施坤山逝世，得年 54。

參、株式會社施合發商行的興衰
（以下簡稱施合發商行）

施合發商行是施坤山畢生心血所在，所以要認識施坤山一定要瞭解施合發商行的創建沿革、組織、營運。茲分析如下：

（一）商行的創立與組織[17]

1、時間：大正 15 年（1926）2 月 24 日。

2、地址：臺北州淡水街草厝尾 1 號（今淡水中正路 28 號，華南金控淡水分行行址）。

3、營業項目：木材貿易及製材工廠經營、石炭輸出及海陸運送、房地產租售、竹林製造販賣等。

4、資本額：六十萬圓。

5、股份：一萬二千股（一股面額五十圓）。

6、重要幹部：常務取締役（常務董事）盧阿山，取締役（董事）施福龍、陳玉順、施禎益、邱坤土，常任監查役（常任監事）洪森，監查役（監事）蕭水生。

---

16 林進發。

17 臺灣經濟研究會《臺灣會社年鑑》（臺北，昭和 10 年（1935 年）），頁 224。

7、大股東：施禎益 1,440 股，施坤記合資會社代表施禎益 1,870 股、施金水 700 股、施萬松 1,000 股、施查某 700 股、邱秀城 800 股、施氏秋鶯 800 股、施陳氏菊 690 股、陳氏桃 600 股、黎氏柚柑 600 股、盧阿山 600 股。

（二）營運概況

1926 年（大正 15 年）成立施合發商行到 1937（昭和 12 年）七七事變之十二年間，商行規模擴展非常順利，1931 年（昭和 6 年）施坤山去世之前，商行已有 290 名的員工（不包含臨時工 50 名），1934 年（昭和 9 年）是商行進入全盛時期，共有員工 369 名，擁有臺北市、羅東、嘉義市三辦事處，福州、高雄兩支店，基隆市一家姊妹店（與顏國年的和隆商行合作），[18]商行更在淡水、高雄共引進新式 220 馬力及 120 馬力的電動機七臺，提升製材及獲利的能力，據 1934 年（昭和 9 年）《臺灣會社年鑑》登載資料，施合發商行該年製材能力是一日生產原木約 400 石（按 1 石=150 公斤），商行每年的營收與營利、股利如下：[19]

	（營收）	（營利）	（股利）
1932 年：	527,073 圓	71,838 圓	45,000 圓
1934 年：	652,805 圓	96,056 圓	60,000 圓

這樣每年的營收、營利及股利，在當時是非常高的。

施合發商行的業務之所以能夠快速成長，除了主事者與幹部精明能幹之外，設備好是非常之關鍵，除了購買新式的製材機之外，主要的原因有兩項：

1、施合發商行所用木料在臺灣主要的是來自阿里山、太平山、八仙山的檜木，這些都是利用鐵路運送。他將製材工廠設置在淡水火車站的旁邊，將火車軌道延續鋪設到工廠內，讓木材的運輸更方便。（見照片 2）

---

[18] 同註 16。

[19] 同註 17。

2、擁有自己的船舶，當時除了臺灣的檜木以外，主要向福州進口福州杉和松，及向日本進口北海松、樺太松、米松、九州的日本杉。1928年（昭和2年）購買一艘500噸的船輪「大觀丸」（見照片3），於9月13日首航福州，有船長、事務長、一等司機、機關長、水手長、火夫長等共23名，由當時施合發重要幹部周炳銘（按即周明德先生的父親）以淡水之名山──「大屯山」、「觀音山」而取名。[20]

不久，商行又購買兩艘戎克船，即「合順發號」（船員29名）、「新達發號」（船員22名）。這三艘船從福州運回一年大約20萬棵以上的福州杉、松到淡水以及高雄。

但是，從日本九州買進杉木及北海松時，由於航程太遠無法使用商行的專用船，因此，另外租了一艘3000噸的貨船「杭州丸」，專門往返淡水與九州之間。

到了1935年，施合發商行在淡水河畔擁有三個碼頭及棧道，可以將船直接停在工廠貯木場旁，對裝卸木材料及產品都非常方便。（見圖2）

這兩項特色再加擅長經營，乃使施合發成為一家大型木材行。每年購買木料約三十萬棵，製成的產品約九十萬石，主要的是建築用材、鐵道枕木、茶箱等。1930年（昭和5年）施合發商行所買進的木材種類及產品數量龐大，如表2：

種類	棵樹	石數
福州杉	200,000	
福州松		4,500
臺灣產檜		26,000
北海松		28,000
日本杉	80,000	
製品		30,000

---

[20] 同註16。

總計	280,000	88,500

資料來源：周明德《夕陽無限好》（臺北：自印出版，1999），頁122。

（三）施合發商行的興衰

施合發商行從 1926 年創立到 1953 年結束，共有 27 年的歷史，其經營大約分成三個時期：

1、1926 年（大正 15 年）——1931 年（昭和 6 年），施坤山創業時期：

施坤山早在 1914 年（大正 3 年）創立施合發商行之前，就已經先經營石油及木炭的貿易事業，之後又承接植松木材屋，在這十三年之間，有關施坤山的資料非常缺乏，1926 年（大正 15 年）後，他把小木材行經營成為大木材行，從認識他的人都稱讚他「有大志」、「苦心經營」、「熱心公益」、「救濟貧民」及「慷慨捐金」[21]等等來看，施坤山是一位人脈豐富、擅長經營的人，杜聰明稱他是「一位偉大的實業家」。[22]施坤山除了長於經營之外，他同時網羅了多位能幹的幹部進入商行，如盧阿山、周炳銘等人，這些幹部對施合發商行的發展有非常重要的影響。

2、1931 年（昭和 6 年）——1944 年（民國 33 年），施禎益、盧阿山全盛時期：

1931 年 6 月 5 日，施坤山去世，商行由長子施禎益繼任為商行董事長，聘請盧阿山為常務董事，周炳銘、許木生等人為分行經理，團隊全力經營，此時擁有 3 家辦事處、2 家支店、1 家姐妹店，所以，到了 1936 年，商行業績達到了全盛的階段。但好景不長，隔年（1937）發生了七七事變，臺灣與福州間的貿易被中斷，施合發商行遭受到重大的打擊，然後隨著戰爭的轉劇，木材也被日本軍方列為管制品，木材事業逐漸沒落。更不幸的是在 1944 年 10 月 12 日美國空軍轟炸淡水，施禎

---

[21] 同註 14。

[22] 同上。

益被炸死。

施禎益是施坤山的長子，1909 年（明治 42 年）生於淡水，淡江中學畢業。1928（昭和 3 年）19 歲時進入「施合發商行」，1929 年擔任淡水聯合保甲壯丁團團長及「施坤記合名會社」代表等，1931 年（昭和 6 年）6 月其父施坤山逝世後被選爲董事長，同年擔任官選淡水街協議會員。施禎益任內，將商行業務大力擴充，到了 1936 年（昭和 11 年）時已擁有 1 棟工廠、4 棟製品倉庫、1 棟辦公大樓及 3 家辦事處（臺北市港町、羅東驛前、嘉義北門外）、2 家支店（福州南臺鴨母洲中坑、高雄市）、1 家姐妹店（基隆市玉田）[23]，成爲全臺灣屈指可數的大規模商行。當年公司的收入大約有 350 萬圓。[24]但好景不長，翌年（1937 年）發生七七事變，臺灣與福州間的貿易被中斷，商行遭受到重大的打擊，後來戰爭轉劇，木材也被日本軍方列爲管制品，營運更爲困難，公司生意逐漸衰退沒落。1944 年 10 月 12 日，美國空軍轟炸淡水，施禎益不幸被炸身亡，商行更是霜上加霜。

盧阿山淡水人，父明倫，1895 年乙未割臺時避居廈門，盧阿山該年生於廈門，故取名「阿山」，[25]1908 年（明治 41 年）淡水公學校第六屆畢業後進臺灣總督府國語學校，1914 年（大正 3 年）畢業後任淡水公學校，1920（大正 9 年）改任淡水街役場助役（鎮長的副手、助理），1926 年（大正 15 年）—1932 年（昭和 7 年）但任淡水街協議員，1932 年（昭和 7 年）—1936 年（昭和 11 年）任臺北州協議員，1936 年（昭和 11 年）—1945 年（昭和 20 年）臺北州會議員；期間一度擔任臺北知名老中藥店「乾元行」店東，1929 年任淡水信用組合長（理事長）、淡水養豬購買販賣利用組合長（理事長），光復後，歷任臺灣省木材商業公會理事長、臺北縣商會理事長、臺北縣參議會第 3 屆議長、淡水信用合作社理事主席等要職。[26]

---

[23] 淡水尋常高等小學校刊《我等，鄉土》（臺北，昭和 7 年 1 月），頁 16。周明德先生提供。
[24] 同註 14。
[25] 同註 16。
[26] 詳見林進發《臺灣官紳年鑑》；淡水街役場編《淡水街要覽》；陳存良譯《淡水郡管內要覽》；
　　淡水文化基金會《文化淡水》；杜聰明《回憶錄》。

　　盧阿山爲人敦厚老實，先後服務於淡水公學校及淡水街役場，歷練豐富，因此爲好友施坤山力邀，於 1926 年（大正 15 年）擔任施合發商行的常務取締役（常務董長），在施坤山的信任下，以專業經理人的熱忱全心全力推動業務，先後協助施坤山、施禎益將施合發商行發展成爲當時臺灣大木材製造廠之一。不過，當施合發商行的業務達到空前成就時，卻爆發了七七事變，木材經營受到很大的打擊，施氏家族又大力栽培原擔任董事的女婿邱秀城，因此，盧阿山在戰爭結束之前逐漸淡出施合發商行。

　　3、1945 年——1953 年，施禎益、邱秀城由盛而衰時期：

　　邱秀城士林人，父邱保臣，生於 1911 年（明治 44 年），畢業於日本京都帝國大學，是施坤山二房招贅的女婿，1926 年（大正 15 年）施合發商行創立時，就擔任取締役（董長），擁有 800 股股份，是大股東之一，由於學歷好，又是施坤山的女婿，因此，深受公司的器重，經過一段時間的見習之後，大約在 1914 年（昭和 16 年）取代盧阿山接任施合發商行的常務取締役（常務董長）這個專業總經理的職務。

　　邱秀城擔任後，由於戰爭越趨激烈，木材經營也受到影響，邱秀城遂逐漸修正盧阿山的經營策略，除繼續木材進口及木材加工品生產外，他大力介入臺灣林區的伐木事業，1944 年 10 月間施禎益被炸去世後，邱秀城更接任商行董事長的職位，這一年，因戰爭的關係，公司疏散到中部，因此，增設東勢分行，並於 1945 年 4 月間合併木材商陳和貴的協和商行，[27] 這家協和商行因已得到臺灣總督府之核准得以處分八仙山林場第 78、79 及 124、125 林班之部分伐木權，由於伐木所帶來的利潤數倍於木材生產，這對施合發商行是有極大的幫助。

　　1945 年 10 月，臺灣光復後，邱秀城以施合發商行董事長的身分，成爲當時臺灣木材工業最重要的領導人，1947 年他倡組「臺灣省木材工業同業公會」，並當選爲首任理事長，1952 年 3 月倡辦「臺灣林業」月刊，任內他積極爭取美國共同安全總署中國分署及農復會的支持，撥

---

27 引自《聯合報》，1953 年 12 月 9 日，臺中地方法院判決書。

款從事臺灣森林的保育造林工作。他也因此獲省主席吳國禎的獎勵表揚。[28]

就在邱秀城將公司事業與個人聲望推到最高峰的時候，1953 年被告發盜伐臺中縣八仙山事業區第 78、79 林班檜木約 2,500 株，林積約 7,000 餘公頃，時值約 2,000 餘萬元，他和其他十名官商被起訴，此即轟動當年的「八仙山盜林案」。[29]這個案子歷經數年的訴訟，邱秀城等最後雖獲無罪，但商行及其個人財產除保留家屬生活費外，全部沒收，[30]工廠、廠房、辦事處、倉庫等被銀行質押、拍賣。木材王國「施合發商行」終於走進了歷史，結束三十年的輝煌歲月。

肆、結論

台灣的伐木早在清代就有，主要是做為軍工料，以電動機器鋸製木材則始自日治時代，其營運性質可分為官營與民營兩種，民營的工廠較多，但規模普遍不大，官營則規模宏大，設備亦較完善。木材的生產過程，包括伐木、集材、運材、製材等步驟，再將原木鋸成為板材、角材，以適應各種用途。施合發商行就是一家以製材為主要業務的行商。淡水的施坤山以其充沛的人脈、人和，將一家小型的木材行轉型為全台灣數一數二的大木材行，從他投資鉅金購買輪船載運福州、九州等海外原木以及透過優異的政商關係，在淡水火車站旁購地建造廠房、貯木場、專用碼頭，甚至將火車軌道連接進入工廠等來看，施坤山確有成為大實業家的氣度。

施坤山的成功，不僅將個人及家族的事業推到高峰，更因其事業的成功而造福鄉梓，除了提供鄉人就業機會之外，對淡水木材產業的發展與提升也有相當的貢獻。

---

[28] 見《自由中國實業名人傳》（臺北：中國實業出版，1954 年 4 月 1 日增訂）。

[29] 見《聯合報》，1953 年 8 月 26 日

[30] 同上，1953 年 12 月 8 日。

照片一：日治時期原為施合發商行營業所，今已拆除，1985 年所攝。
資料來源：李乾朗提供。

照片二：施合發商行淡水總公司工廠，鐵路軌道鋪設進入工廠裡。約
　　　　1933 年攝。1、盧阿山 2、施禎益 7、周炳銘 10、邱坤土
資料來源：周明德先生提供。

株式会社・施合発商行の自社用汽船「大観丸」
(500ﾄﾝ) 就航記念写真 (1928-9-13)。
(筆者・周明德收蔵。)

照片三資料來源：周明德先生提供

（圖一）施家古厝透視圖。李乾朗繪製並提供。

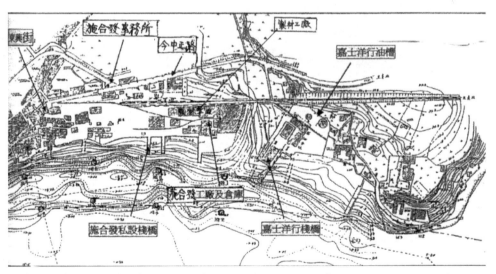

（圖二）1935 年（昭和 10 年施和發行位置圖）。
資料來源：淡水社區工作室《淡水河河岸遊憩規劃》（臺北縣政府，
1994 年），頁 27。

淡水日籍企業家多田榮吉

提要

　　1895 年臺灣割讓給日本後，來到臺灣的日本人，受到殖民地政府的各種優惠和保護，加上日本人靈活的經商手腕，在日人統治下的臺灣，各地方都可以看到許多成功的日本生意人，這些經商成功的日本人，除了自己經營的生意成功之外，又多擔任地方各行業團體的領袖，更在殖民地政府的安排下，出任個地方的首長或民意代表，進而肩負統治者殖民地政策的執行者。

　　淡水自不例外，多田榮吉就是其中之一，不過，一生除了努力於事業之外，到了 1940 年代雖已屆古稀之齡，仍然以熱忱之心為淡水奉獻奔走，嘉惠地方良多，是一位少見以服務公共事務為樂的日本人。

　　關鍵詞：淡水、多田榮吉、企業家

壹、前言

　　1895 年臺灣割讓給日本後，殖民地的臺灣，提供日本人一個新的領域和機會。來到臺灣的日本人，受到殖民地政府的各種優惠和保護，他們比臺灣人擁有絕對的特權，在經商等方面，甚至獲得壟斷，加上日本人靈活的經商手腕，在日人統治下的臺灣，各地方都可以看到許多成功的日本生意人，這些經商成功的日本人，除了自己經營的生意成功之外，又多擔任地方各行業團體的領袖，更在殖民地政府的安排下，出任個地方的首長或民意代表，進而肩負統治者殖民地政策的執行者。

　　淡水自不例外，在日人統治的這五十年間，這些日本人對淡水的工商繁榮、社會、文教的提昇是有貢獻的，他們之間也有多人被統治者安排擔任淡水的首長。

　　多田榮吉就是其中之一，他是一位經營生意成功的商人，也被安排擔任淡水的民意代表，更出任淡水的地方首長，是一位商而優則仕的人物。他是日治時代，淡水相當具有指標性的人物。

　　討論淡水的行政區變革及街莊長、街莊協議會，及淡水的街道演進與商工社會狀況等，將有助於瞭解多田榮吉在公、私領域上的努力表現與成果。

　　有關多田榮吉的研究，是本人進行淡水學系列研究之一，在此之前，已發表〈淡水與淡水礮臺〉、〈江頭礮臺─中法戰爭被遺忘的礮臺〉、〈淡水外國人墓園初探〉、〈馬偕·禮拜堂·偕醫館〉、〈淡水的班兵會館〉、〈論淡水稅務司官邸非稅務司官邸〉、〈淡水輕便鐵道考〉、〈淡水企業家施坤山其人其事〉及《淡水輝煌的歲月》等，希望對淡水的研究有一點點的貢獻。但個人才疏學淺，掛一漏萬難免，尚祈諸位先進多多指教。

　　這篇論文的完成，得到本系吳明勇教授在史料的蒐集、整理上非常多的協助；我的助理張瀚文君在打字、校正方面的幫忙，衷心感謝，謹致謝忱。

貳、淡水鎮的行政變革

一、日治以前

　　十七世紀以前，淡水原爲原住民凱達格蘭族的生活空間。西元 1628 年西班牙人征服了原住民並佔領了這個地方，並且在淡水河北岸高地建造聖多明哥城作爲傳教貿易的基地，1642 年，荷蘭人打敗了西班牙人並取而代之，一直到 1662 年被鄭成功所逐。

　　明永曆十五年（1661），鄭成功統治臺灣時，淡水鎮隸屬天興縣，鄭經時，改稱天興州。康熙二十三年（1984），臺灣納入滿清版圖，設諸羅縣，淡水隸屬其下；自雍正元年（1723）以後，因爲隨戶口編審的地方制度廢弛，乃改行以保甲稽查地方，因此，保甲成爲地域之名稱。[1]雍正九年（1731）置淡水廳淡水堡，堡內已有「滬尾莊」、「大屯莊」、「竿蓁林莊」等聚落。嘉慶十七年（1812），本鎮改屬新稱八芝蘭堡。光緒元年（1875），隸臺北府淡水芝蘭三堡。[2]

　　堡（保）是清代地方的基層組織，堡下設街、莊，堡置總理，街莊各置街莊正、街莊副各一人，由街莊民人向官府舉薦，協助總理辦理街莊事務。除此之外，廳縣官吏，於執行公務之際，亦多任彼爲其輔助。

二、日治時代

（一）歷次的改制

　　明治二十八年（1895）五月間，日本陸軍部指派福島安正大佐[3]來臺實地調查，並兼任淡水司正官一職二個星期餘，這期間，他進行淡水「新政初期工作」，內容包括遣回清國敗兵、市街測圖、戶口調查、開設市集、當地人委員編制、巡捕編制、清掃市街、組織衛生機構、設置派出所、垃圾場、公共廁所、臺北淡水間定期汽船交通始航、傳喚任命

---

[1] 戴炎輝《清代臺灣之鄉治》（臺北市：聯經出版公司，1979），第一篇第一章第二節，（地方的區劃），頁 5~6。

[2] 盛清沂《臺北縣志》（板橋：臺北縣文獻委員會，1960），卷二，疆域史，（淡水鎮），頁 36。

[3] 古野直也著、謝森展譯《臺灣代誌─總督府到總統府》下，（臺北：創意力文化公司，1996），頁 32。

莊長等，[4]並將這些工作以（淡水新政記）為題編輯呈報。福島建立了淡水日治時代最初期的行政調查與規劃。

根據（淡水新政記），可知當時淡水計有 1,026 戶，3,864 人，其約首（村長）等如下：[5]

表一、日治初期淡水街莊村落、戶數、約首表

莊名	戶數	戶數（村長）
後厝莊	百餘戶	楊珍
莊仔內莊	三十餘戶	江阿世
灰磘子莊	九十餘戶	陳良全
林仔街莊	百餘戶	李文珪
大屯莊	六十餘戶	葉金英
草埔尾莊	七十餘戶	鄭紹基
新莊仔莊	兩百餘戶	盧丸
棟板莊	五十餘戶	張宙
水梘頭莊	兩百餘戶	鄭歲
下圭柔山莊	七十餘戶	李萬
中田寮莊	三十餘戶	李國章
興化店莊	八十餘戶	盧蘊
蕃薯寮莊	四十餘戶	林才

資料來源：古野直也著・謝森展譯《臺灣代誌—總督府到總統府》（淡水新政記）頁 48～51。

不過，這個時候剛經歷過一場動亂，戶口的統計應該不很精準。1895年 6 月，臺灣總督府進行全臺的行政規劃，全臺設置臺北、臺中、臺南三縣，以及澎湖、臺東二廳，在臺北縣之下設新竹、宜蘭、基隆三支廳，

---

[4] 同註 3，頁 34。
[5] 同註 3，頁 48~51。

淡水則在基隆支廳下設淡水事務所，辦理官命的傳達、法令的通告、調查戶口等事務。同年 9 月，殖民政府對淡水市街及各街莊進行第一次戶口調查，[6]從（表二）可知當時滬尾街共有 1,030 戶，4,194 人，大小街道三十條，居民大多集中在今中正路的新店街、公館口街、東興街這一段，呈現日後淡水以此發展，成為店鋪林立之市街的優良條件。

表二、1895 年淡水支廳（滬尾街）第一次戶口調查統計表

街名	戶數	人口	街名	戶數	人口	街名	戶數	人口
砲臺埔街	22	86	新店街	74	426	後街仔	48	166
山沙館街	6	21	公館口街	49	247	布埔頭街	35	130
烽火街	53	220	五坎街	16	66	龍山寺口街	46	149
龍目井街	28	108	七坎街	8	45	新厝街	31	140
中興街	7	21	東興街	28	107	米粉寮街	19	54
田仔街	20	53	市仔頭街	4	13	崎仔腳街	10	49
福興街	39	178	中興街	25	77	三層厝街	28	110
牛灶街	25	95	暗街仔	26	99	九坎仔街	72	318
協興街	37	151	菜園頭街	61	201	永吉街	47	205
元吉街	53	226	草厝尾街	73	266	米市街	43	170
共計 30 街：戶數 1,030 戶；人口數：4,194 人（男：2,016 人／女：2,178 人）								

資料來源：臺灣省文獻委員會《臺灣總督府公文類纂（中譯本）第四輯》，明治 28 年（1895），乙種永久

明治二十九年（1896）三月，台灣總督府重新頒布地方官官制，廢止軍政，臺北縣下設新竹、宜蘭、基隆、淡水四支廳。淡水支廳下轄芝蘭三堡、八里坌堡，堡設堡務署，今淡水鎮屬於芝蘭三堡之範疇內。

明治三十年（1897）五月，再修官制，廢支廳，臺北縣之下設置滬

---

[6] 臺灣省文獻委員會《臺灣總督府公文類纂（中譯本）第四輯》，明治 28 年，乙種永久，第十三卷。

尾等十三個辨務署，此乃辨務署制度之開始。[7]滬尾辨務署轄芝蘭三堡，本鎮屬之。堡下設街莊，由辨務署報請縣知事任免，受辨務署長的指揮，協助執行街莊內之事務。

明治三十四年（1901）十一月，又修正地方官官制，將以前的三級制改爲二級制，廢縣及辨務署，全島設臺北等二十廳，臺北廳下設滬尾等六支廳（芝蘭三堡及各街莊仍屬之）。

明治四十二年（1909）九月，廢街莊，改爲區，區設區長。滬尾支廳下新設淡水、水梘頭、興化店三區，以作爲地方行政的補助機關。此爲現行區長制度之濫觴。[8]

大正元年（1912）九月，再改滬尾支廳爲淡水支廳。

大正九年（1920）九月，地方制度改正，改廳爲州，改支廳爲郡、市、廢區、堡、里、澳、鄉而設街莊。臺北州內置一市九郡，淡水郡爲其中之一，下轄淡水街、八里莊、三芝莊、石門莊等街莊。郡役所則設淡水街（原中正路淡水警察分局）。

當時淡水街下各行政區以舊有地名大字劃分，有淡水、小八里坌子、莊子內、竿蓁林、沙崙子、油車口、大莊埔、北投子、二空泉、樹林口、小坪頂、興福寮、水梘頭、中田寮、頂圭柔山、蕃薯寮、草埔尾、林子、下圭柔山、興化店、灰磘子、大屯、水碓子。[9]這些日治時代的地名大字後來部分成爲今日淡水鎮下的里名。

這次改革後，總督府成爲最高統治機關，直接監督州廳或郡、市役所，街莊役所及區事務所則爲基層組織。

（二）街莊長與街莊協議會的設置與變革

明治二十八年（1895）八月，臺灣總督府初定「街莊事務取扱員規則」，以前清舊街莊總理，權充事務辦事員，稱之爲取扱員，以傳達官

---

[7] 同註6，頁39。

[8] 同註6，頁49。

[9] 淡水郡役所《淡水郡管內要覽》，第五章行政（臺北：臺北郡役所，昭和5年12月），頁200。

命、辦理戶口調查、法令的通告等職務，是爲日治時代街莊長之源起。
[10]

明治三十年（1897）五月制定辨務署制度，敕令於各街莊社或數街莊社設街莊社長，受辨務署長的指揮，輔助執行內部的行政事務。六月初，頒布「街莊長設置規程」，制定街莊長管轄區域及津貼。[11]清季支地方自治機構，自此趨於消滅。

大正九年（1920），臺灣總督府初創地方自治制，規定州、市、街莊爲法人。其應辦事務，須承長官之監督，於法令範圍內，處理其所屬之事務。並於州、市、街莊各級皆設協議會，以供地方官之諮詢，惟其意見僅供施政之參考而已。

街莊長由州知事任命，任期四年，對外代表街莊，街莊協議會會員由州知事就街莊內有住所與學術名望者任命之。

這套地方自治制度，因不能滿足臺灣人之意願，引起激烈之改革要求，統治者爲了緩和民心和方便統治，終於在昭和 10 年（1935）改頒自治性較強的制度，明定州、市、街莊爲法人，於法定範圍內，處理公共事務。新制規定州設州會，市設市會，街莊仍設協議會。惟州會、市議會員與街莊協議會員，規定其中半數以繳納市街莊稅年額五元以上，六個月均未滯納之二十五歲之男子，爲限定選舉權與被選舉權之條件，其餘半數分別由總督府及州知事遴派充任。議長亦均由州知事、市尹、街莊長兼任。街莊長仍由州知事任命，街莊吏員則有助役（或稱副街莊長）一人，會計一人，技手（技工）一人，產業技手若干人。[12]

（三）淡水街歷任街長簡介

從大正九年（1920）初創地方自治制之後，至 1945 年的 25 年間，淡水歷經八位街長。今簡介其任期及主要經歷：

表三、日治時期歷任淡水街街長

---

[10] 同註 6，頁 42。

[11] 佐伯迪《臺灣地方自治》（臺灣街莊制）（臺北：成文出版社，據昭和 10 年（1935）刊本影印，1996 年 6 月），頁 32~47。

[12] 同註 2，卷十，自治志，頁 11~12。另同註 9，頁 32~47。

屆期	街長姓名	任期	主要經歷
第一任	洪以南	大正 9 年至 13 年（1920~1924）	洪以南，自逸雅，號墨植，一號無量痴者。幼時，就讀泉州，光緒 21（1895）年乙未秀才。後返臺，住芝蘭三堡淡水街。洪氏溫文儒雅，博學有才識，工書法，擅畫蘭石，好為詩，曾倡詩會一瀛社，被舉為首屆社長。日治時代，曾任臺北廳參事、漢文學校學務委員、農會評議員、淡水街長。
第二任	吳輔卿	大正 14 年（1925）	吳輔卿，芝蘭三堡，淡水街土地公抗（今三芝鄉北勢村後厝）人。性情溫和，持身嚴謹，鄉人共敬之。1884 年，清法戰爭法人侵臺，吳氏輔助官軍，因功，賞受六品軍功。1886（光緒 12）年，協助滬尾團練總局，1888 年，再協辦滬尾驗契局。吳氏熱心公益，善施捨，以濟鄉里。日治時代，曾先後擔任淡水臨時顧問紳董、滬尾街衛生組合總代表、滬尾辦務署參事、淡水國語傳習所學務委員、滬尾公學校學務委員、臺北廳參事、淡水街長。
第三任	雷俊臣	大正 15 年至昭和 4 年（1926~1929）	雷俊臣，生於 1867（同治 6）年。漢學造詣深，曾任教書院以及受僱於林本源大房，日治時曾經煙草商、淡水公學校教師、淡水街長、淡水街協議會員、淡水街評議員。
第四任	多田榮吉	昭和 5 年至 8 年（1930~1933）	淡水建築信用購買利用組合長、美術工藝品輸出貿易商、內臺海運業、商業合資會社社長、電信電機材料及諸官廳御用達、東京麥酒株式會社製品全島總代理、諸雜貨業及諸官廳銷售商、帝國在鄉軍人分會名譽會員、淡水生產販賣組合長、淡水副業利用販賣組合長、淡水築港期成同盟會委員長、淡水商工會會長、淡水漁業組合長、勸業港灣調查社會事業委員、臺北州水產會委員、淡水街長、淡水商工會顧問、國民精神總動員淡水郡支會參與、淡水街協議會員。
第五任	武田駒吉	昭和 8 年至 9 年（1933~1934）	四等三級屏東郡守、淡水街長、台中州東勢郡守、臺中廳警部、臺灣總督府警部、新竹廳警部、苗栗廳警部、臺灣總督府警務局囑託員、東勢郡農業組合聯合會長。
第六任	鳥井勝治	昭和 9 年至 12 年（1934~1937）	正五位、勳五等、淡水街長、臺南地方法院書記、臺北地方法院高等法院書記、勳八等、高雄州屬、從七位、總督府地方理事官、高等官七等、高雄州知事官房調停課長、勳七等、交通運輸係長、臺南州知事官房調停課

			長、高等官六等、正七位、勳六等、高等官五等、從六位、臺北州知事官房調停課長、高等官四等、正六位、巡查懲戒豫備委員、從五位、高等官三等、位一級。
第七任	中原薰	昭和13年至15年（1938~1940）	正七位、淡水街長、府屬、州理事官、市理事官助役、後（后）里水利組合長、三峽莊長。
第八任	小副川猛	昭和16年至20年（1941~1945）	從七位、淡水街長、臺北廳森林主事、基隆市屬土木課庶務係長、臺北州屬文書課文書係長、同務書係長、總督府屬、官房秘書課恩係主任、總督府地方理事官、淡水街助役。

資料來源：臺灣總督府編《臺灣總督府及所屬官署職員錄》大正 10 年至昭和 19 年冊。臺北縣文獻委員會《臺北縣志》，卷二十七，人物志，（臺北，1960），頁 23。臺灣總督府《臺灣總督府公文類纂》。淡水尋常高等小學校《我等の鄉土》，昭和 7 年。

　　從這八位街長的任期來看，1920 年殖民地政府推行街莊長新制的時候，台灣已經被日本殖民長達二十五年之久，不過，殖民地政府並沒有立刻任命日本人當街長，前三任都是飽學、熱心公益而受人尊敬的前清耆老，這樣的安排，應與當時的治台政策有關，後五任的街長雖然都是日本人，但觀其身分，仍然有別，第五、六、七、八任街長，都是科班官僚出身，只有第四任的多田榮吉是以成功的企業商人被任命，頗爲特殊。

參、日治時代淡水的商工概況

　　淡水自康熙末年（約 1720）形成「滬尾莊」之後，因政治較前更爲穩定，商貿、墾拓隨之更爲開展，因此，滬尾莊逐發展出以商貿爲主的「滬尾莊」，咸豐十年（1860）對外開港，更從和中國大陸的區域分工之經濟型態港埠蛻變成爲國際貿易型的港口，這個轉變過程中最明顯的地方就在於港埠設施的建構、洋行的引進及基督教、西方教育、醫療等的輸入。不過，在經貿、文化繁榮的同時，淡水以漢人的街莊仍保留著傳統漢人社會的空間本質。

1895 年馬偕博士在《From Far Formosa》中曾對淡水市街做出如下的描述：

> 淡水鎮很熱鬧，和其他城市一樣，市場中層集著漁夫、農夫、園丁、小販，在討價還價；有米店、鴉片館、廟宇、藥舖互爭顧客；也有木匠、鐵工、理髮師、轎夫等在營業。可是總括地說，淡水是個骯髒多煙的市鎮，其所以受人重視，衹不過由於航運商業的興盛及為外國人可置產業的商港這兩點而已。[13]

在現代化的洋人眼中，淡水雖然是個骯髒的市鎮，但也指出淡水市街有著各行各業的店舖作坊，是一具備多樣化功能的街莊。

日本統治臺灣之後，許多日本人無法適應臺灣濕熱的天氣，再加上不良的公共衛生及骯髒的環境，在日本人的眼中，許多臺灣傳統的城鎮是污穢髒亂，如市區馬路很狹窄，排水溝不完備，到處可見污水積堵在馬路上，常見家畜在街衢上亂跑，形成人畜同樓的狀況。所以，殖民政府很快地在明治二十九年（1896）二月淡水支廳下設置「水道事務所」，開始積極從事水道規劃建設，並於明治三十二年（1899）完成臺灣第一座現代化自水廠─滬尾自來水廠，[14]明治三十三年（1900），頒佈「臺灣家屋建築規則」和「臺灣家屋建築規則施行細則」，規定建造家屋需得申請許可，[15]地方政府亦可依規定進行房屋的徵收與拆除，以便拓寬道路，並自明治三十九年（1906）起臺灣各城鎮普遍進行「市區改正」的工作。

明治三十四年（1901）八月淡水線鐵路興建完成通車，不但強化淡水對外路陸運輸，也影響淡水市街原有的倉儲轉運漸往東移，尤其在河運衰退後，更是仰賴鐵公路的運輸。大正元年（1912）以後的淡水街，除了受地形影響，道路多呈高低起伏、蜿蜒曲折的現象外，也呈現老舊

---

[13] 馬偕著，周學普譯《From Far Formosa》（臺灣六記），（臺北市，臺灣銀行經濟研究室，1895 年），頁 119。

[14] 臺灣總督府公文類纂（滬尾給水車事調查報告），明治 30 年（1897），冊號 191；文號 31，乙種永久，第 19 門，國史館臺灣文獻館。

[15] 張景森《臺灣的都市計劃 1895~1988》（臺北，業強出版社，1993），頁 12。

狹隘，尤其是明治三十三年（1900）汽車引進臺灣之後，淡水的老舊街道更不利車行。昭和九年（1934）十月，總督府即要求進行整頓改正今中正路，公告指「淡水是古老港街，街路過於狹小，街衢亦沒有整備，依照市區改正最基本需求的情形，這條路（即今中正路）是本街唯一重要的幹線，現有寬度太窄，擴張工事的實行可使交通更爲圓滑」。[16]1934年11月開始動工，從淡水車站到油車口的中心橋爲止，全長2,545.2公尺，由原來的4公尺拓寬爲9.09公尺。[17]

經過行政區改革、市區改正及積極的建設，約在大正結束之際（1926），淡水所需的設施，包括鐵公路、郡役所（見圖1）、警察署、郵政、電信及海關相關部門、金融商務、醫藥、學校、遊樂設施等大多已陸續完成，期間更於大正三年（1914）在東興街66番地（見圖2，今中正路65號，淡水鎮公所）作爲淡水街役場。如此成績，使得淡水脫離了髒亂，耳目一新，以今天中正路爲主的市街機能更趨完整。例如在東興街上即有淡水信用組合、淡水建築信用組合、臺灣銀行淡水分行；其他相關事業組合則有淡水副業利用販賣組合、淡水養豚利用購買販賣組合等。在運輸業有振成興產業，工業方面，則有施合發商行、老義發商行的木材製造最具規模，其次爲製茶業及脫殼碾米業，其餘爲鐵公、鍛冶、石灰、油槽、製鞋、金飾工藝、製蓆、竹工藝品等家庭工業，[18]經營者以臺灣人爲多。

---

[16] 周守真《日據時期淡水支之空間變遷》，（淡江大學建築研究所碩士論文，1988年），頁103。引自臺灣總督府《臺灣總督府事務成績提要》。

[17] 淡水街役場《淡水街要覽》，昭和十三年（1938），頁13。

[18] 同註6，頁267~268。

圖一：淡水郡役所（今中正路淡水警分局）。（資料來源：淡水鎮公所《淡水舊昔照片集錦》）

圖二、淡水街役場（今淡水鎮公所）。（資料來源：淡水鎮公所《淡水舊昔照片集錦》）

圖三、1940 年代的淡水商店街。（資料來源：淡水鎮公所《淡水舊昔照片集錦》）

　　到了昭和初期（1930），淡水市街的發展更趨成熟、繁榮及多元。根據昭和九年（1934）《臺灣商工業案內總覽》（見表 2-4）所登記的行業，包括有米穀肥料雜貨、日用雜貨、和洋雜貨、陶器雜貨、建築材料、土木建築承包商、船舶商等。多田榮吉當時也在新店 64 番地開了一家陶器雜貨店。[19]

表四、1930 年代淡水地區商工概況

工商業性質	商店名稱	負責人	地段地號	
米穀、肥料、雜貨	永隆商店	陳懇居	米	一
	高泉裕商店	高金水	元吉	八
	協發米穀商	—	東興	三七
	吉興公司米商	—	協興	四四

---

[19] 東明印刷合資會社《臺灣商工業案內總覽》，昭和 9 年（1934），頁 114~115。

	洽興號雜貨商	林愿	東興	九八
	資生堂和洋雜貨	廣瀨彌八	新店	六二
	周銘碧和洋雜貨	周銘碧	莊子內	五
	駿河屋日用雜貨	鬼頭龜吉	新店	八
	張振利米穀商	張大憨	公館口	三一
	東洋館日用雜貨	國吉俊英	烽火	七
	同發雜貨商	洪有桐	新店	三三
	便利屋日用雜貨	―	新店	五九
	李成春雜貨	李成春	元吉	五四
	呂火米穀商	呂火	新店	六四
	多田榮吉陶器雜貨	多田榮吉	新店	六四
餐飲	山口亭料理	尾崎トヱ	新店	四五
	肥後亭料理	―	新厝	
	祝成發飲食店	祝成	東興	三〇
	慶記樓臺灣料理	―	東興	九四
	鏡記料理	林兩岸	新店	五六
	カフェ銀波	―	新店	
	栗井ハツ飲食店	―	龍目井	
	ホタル食堂	黃維周	東興	一
煙酒冰塊	雷俊臣煙草商	雷俊臣	後街子	九〇
	成記冰塊販賣	―	公館口	
	大歲德太郎酒類賣捌	大歲德太郎	新店	五二
服飾	谷吳服店	谷五一郎	福興	五三
文具	朝日屋	盧孟松	東興	三四
休閒廠所	和樂園海水浴場	―	沙崙子	三五

木材製造	株式會社施合發商行	施禎益	莊子內	八
	老義發材木商行	李好生	暗街子	
金銀工藝	汪同	汪同	公館口	一八
礦業	玲木興福寮礦業所	－	興福寮	九九
運送	川口屋運送部	中野金太郎	烽火	一四
領航	木村一夫	木村一夫	砲臺埔	八七
船舶批發商	彭武曲	彭武曲	烽火	一三
	施泉合號	施添水	公館口	四二
土木建築承	吳乞	吳乞	新店	六五
包商	張媽進	張媽進	九崁	五六
房地產仲介	楊炳	楊炳	烽火	六
醫療	宏生醫院	盧秋桂	新店	四〇
	濱田理八郎醫師	濱田理八郎	新店一六	一五
汽車	三和商事株式會社淡水自動車	－	草厝尾	一
	三和自動車水碓子待合所	－	水碓子	一五八
商船	商船會社淡水支店	－	砲臺埔	八七
事業組合	生產販賣組合	－	後街仔街	九一
商會	ゥィジソグサソ、ベトロリューム商會	－	鼻子頭莊	

資料來源：東明印刷合資會社《臺灣商工業案內總覽》，昭和九年（1934），頁 114~115。

臺灣總督府交通局遞信部《臺北州下各局電話帖》，昭和十一年（1936），頁 260~263。

圖四：昭和十一年（1936）淡水市街主要設施分布圖。虛線文字
為筆者整理。

資料來源：《中國商工地圖集成》[20]

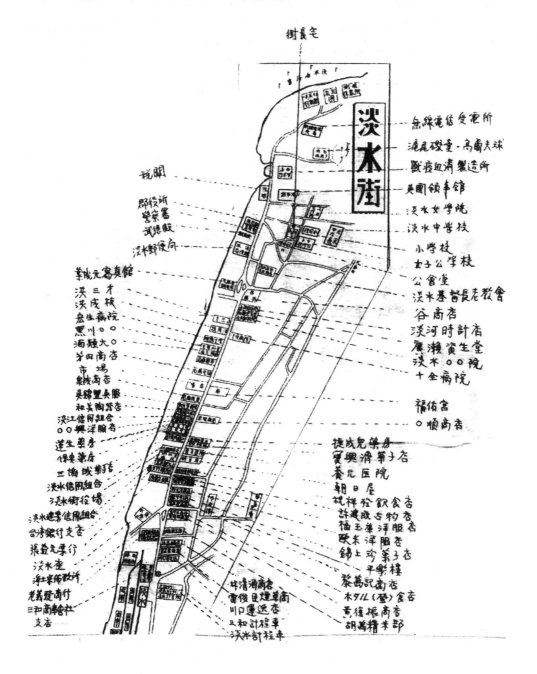

[20] 渡邊周一，《中國商工地圖集成》，東京：柏書房株式會社，1992 年。

再從昭和十一年（1936）「淡水街圖」（見圖 4）來觀察，今淡水中正路兩側以媽祖廟與市場為中心，各色各樣的商店林立，有醫院、藥房、餐飲、服飾、鐘錶、米穀、日用品雜貨、煙酒、車行、戲院、木材行號，都是供應淡水人生活所需者。這當中有不少店鋪或醫院是日本人經營的；鄰近街役場的則是銀行及信用組合等金融業，靠近淡水火車站的地方，則以木材加工製造、計程車、貨運、碾米廠、倉庫等為主，這僅僅是淡水是街（今中正路）的狀況。如果以行政單位（今淡水區）的「淡水街」來看，昭和十二年（1937）的商工調查，淡水郡全部販賣業，計585 家，而淡水街就有包括百貨、米穀、煙酒、糕餅、茶莊、家具、陶漆器、五金、藥品、化妝品、度量衡器材、肥料、農具、車輛、建材、魚蔬等二十九類，共計 374 家商店。[21]

透過市區改正，公共設施的興建，道路的拓寬，市容的整建，公共衛生的改善，鐵公路與海運的串聯等，促進了淡水商工產業的振興與發展，蓬勃有朝氣的淡水吸引了不少的日本商人前來居住並且在熱鬧的市街設立商行，多田榮吉就是一個非常具代表性的人物。

肆、多田榮吉其人其事

一、家庭背景

多田榮吉生於日治元年（1864）10 月 24 日，原籍日本兵庫縣神戶市元町通三丁目八十二番地之一。[22]父親為多田利介，多田榮吉是長男，多田家在神戶歷代為知名地主，其祖父時代更擁有廣闊的土地與財產。但多田家的生活非常樸素，難能可貴的是熱心公益，曾照顧附近的乞丐多達五、六十人，並進一步教他們飼養家畜等工作，訓練他們有謀生的能力。因此，曾受時任兵庫縣知事的伊藤博文頒贈感謝狀。[23]多田榮吉

---

[21] 《臺北縣志》，二十三卷商業志，（日據臺北州時期各街莊物品販賣業者公佈表），頁 16~17。

[22] 國史館臺灣分館藏多田榮吉履歷書記其「原籍日本兵庫縣神戶市元町通三丁目八十二番地之一」。本文採戶政事務所提供之戶籍資料。

[23] 永田城大《臺灣發展と功勞者の足跡》（實業之臺灣社，昭和十一年（1936）9 月），頁 111~117。

深受其父祖的遺傳和影響，終生爲社會公益而努力，被認爲是日治時代來臺灣的企業家中，「少見以服務公共事務爲樂者」。[24]

多田榮吉有兩次的婚姻，第一次結婚是在明治三十五年（1902）11月3日，娶兵庫縣明石材木町五十九番地伊藤牛兵衛的長女ユキ爲妻，但卻在明治四十一年（1908）1月25日離婚；第二次結婚在大正元年（1912）12月2日，娶大阪府西城郡傳法町三丁目四十九番地，桂田彌右衛門之三女爲妻，名多田スヱ。因爲兩個太太都沒有生孩子，所以他收堀口初三郎的次男爲養子，改名爲多田敬二。[25]1945戰爭結束後，多田一家三口都遣送返回日本神戶，之後有關多田的消息完全缺乏。

多田 榮吉 君

小間物、陶漆器商

淡水街協議會員、淡水興產組合專務理事、和洋雜貨、

君は實業家にして淡水屈指の傑物なり、神戸市元町の人元治元年を以て生る。幼時濬瑩に和漢の學を修め、長じて實業に志し、夙に米佛方面に雜貨貿易を創め勤勉誠實を以て同業者間の典型たり、二十八年本島に渡臺し、窃かに期する所あり、合名合社末廣商會を倒立して本島に渡臺し、運送及陸軍川達商を營みしが、時恰かも匪徒蜂起し人情風俗混亂し、商運抽く遠に合計を解散して煙草製造業に從事し、製品中かちどきは最も江湖の好評を博し、忽ち飛躍して一大工場を築造し、資力潤澤基礎愈鞏固こなりしが、三十八年煙草製造は官營のこととなり、已むなく專賣局に讓渡して淡水街に居住し、和洋雜貨、小間物、陶磁器商を開業し精勵努力を以て家業の發展を計り、今や隆々たる盛況に在り、大正九年淡水街協議會員に選出せられ、社會公共に盡瘁し、兼ぬるに淡水興業組合專務理事たり。

△現住所　臺北州淡水郡淡水街　電話四二番

圖五：多田榮吉之簡介，見《南國之人士》頁 45

---

[24] 同註23，頁111~112。
[25] 見淡水鎮戶政事務所，多田榮吉家的戶籍謄本。

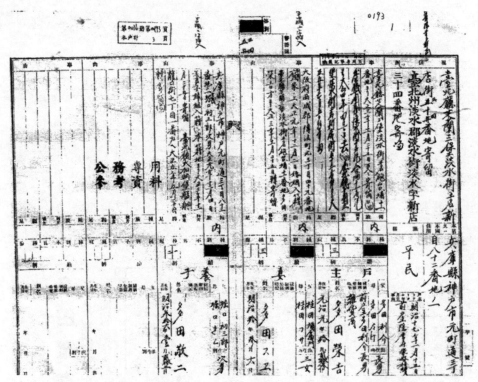

圖六：多田榮吉的戶籍謄本。（資料來源：淡水戶政事務所）

二、多田榮吉的主要經歷

多田榮吉幼時在家鄉的學校修習和漢的課程，並立志做個實業家，明治十八年（1885），21 歲，創立一家美術工藝品輸出貿易店，商品外銷美、法等國，以努力誠實被同業所肯定。[26]

明治 28 年（1895），日本統治臺灣，也開啓了多田與臺灣的關係。明治二十九年（1896），他在神戶榮町三丁目創立「合名會社末廣商會」，從事日本臺灣間的海運業及諸官廳用品的承包業務，並擔任社長。但是，由於多田具有強烈的國家觀念及平常營業就基於犧牲服務的信念，因此造成虧損，遂結束這一承包商的經營。[27]

---

[26] 內藤素生《南國之人士》（臺北市：臺灣人物出版社，1922 年），頁 45。
[27] 同註 23，頁 111~117。

　　明治三十年（1897），33 歲，多田渡海來臺，在臺北榮町（今衡陽路）石黑商會處，設立「千代田商會」，開始從事電氣器材的販賣。[28]雖然全臺銷售很好，但因經常收不到貨款及外勤業務員的過度揮霍，最後不得不結束營業。除此之外，他又獨家經銷全臺灣東京麥酒株式會社的產品。[29]

　　其後在總督府殖產局的建議下，開始從事捲菸草的製造，他向日本內地訂購各種所需的機器及預訂一年份約十萬張的印刷紙，也接受了菸葉的栽培指導，當一切都準備就緒時，總督府在明治三十八年（1905）宣布實施專賣制度。突如其來的政策，讓多田蒙受重大的損失，但他也只能默默地接受。這一年，他遷居淡水。[30]

　　搬到淡水的多田，首先擔任淡水稅關的酒保，也就是販賣酒的人，這是他和淡水結緣的開始，從此一帆風順。

　　大正二年（1913），他投資經營各類雜貨及政府機關所需用品的承包業務。

　　大正八年（1919），創立「淡水興產組合」，多田擔任專務理事，這個組合是鼓勵半農半漁業的淡水人在有閒暇期間，以及婦人從事家庭副業，最初獎勵製造莛草袋子，用來裝石灰、木炭、肥料用。這項工作原本是由在淡水農會工作的人負責指導經營，但兩年間，因經營不善，虧損約七千圓，多田認為若放任不管，此一事業就無以為繼，如果解散，將被誤解成日本人詐取臺灣人的錢，於是，多田不領薪水投入經營，成功地整頓，使之成為淡水最有利的家庭副業，並使淡水無賴之徒一掃而空，提升了淡水勤樸的民風。大正十三年（1924），萬國博覽會之時，他們的作品曾獲頒名譽紀念狀。[31]

　　大正九年（1920）十月，被推薦為帝國在鄉軍人分會名譽會員。同年，擔任第一屆淡水街協議會員，並連任五屆，直到昭和十五年（1940）

[28] 同註 23，頁 114。
[29] 興南新聞社編《臺灣人士鑑》（昭和 18 年（1943）版），復刻版（湘南堂書店，昭和 61 年（1986）），頁 225。
[30] 同註 25，頁 114~115。
[31] 同註 25，頁 115~116。

止。是所有淡水街協議會員最長久者。[32]

　　大正十年（1921）六月，被選任淡水生產販賣組合長。這是淡水地區生產品商的組織。過去幾年因經營不善，發生許多困難，但多田就任後，立刻銳意整頓，例如鼓勵從事副業來增加收入，並舉辦生產品評審會，選出草袋、最多生產能力及加工等三項的績優者，各頒予獎狀。[33]他的努力終於使這個組合趨於健全。

　　昭和三年（1928），任淡水商工會會長。同年十二月，另擔任淡水漁業組合組合長。1928 年代，淡水街的商務雖然仍稱繁榮，但是淡水港的淤塞與港務的沒落，帶給淡水相當的隱憂。多田榮吉於會長任內，即努力於淡水港的改善與振興商工之發展，除了表彰淡水商工會、台北實業會、台北商業會、台北商工協會、台北總商會等五會並積極爭取他們的支持，他以「台北市現在的建築，多有賴於淡水港，兩地在歷史與地理上關係極為繁密，因此，淡水港的修築能否成功，須得到台北市的同情、理解與支援」，經他多年的努力，殖民地政府在昭和十年（1935）5 月，同意以三年修築漸趨衰微的淡水港。[34]雖然這計畫最後未能實現，但多田確曾努力爭取。另外，他同時擔任淡水漁業組合長，對於冷藏設備的改善不遺餘力，更因他的輔導，促使淡水蛤業的產量倍增。[35]

　　昭和四年（1929）一月，因捐獻「御大典記念事業金三百丹」受總督府表揚。同年 7 月，擔任臺北市水產會委員。

　　昭和五年（1930）三月，被任命為第 4 任淡水街長，至昭和八年（1933）。同年，他另外成立「多田商會」，經營和洋雜貨、陶瓷器、化妝品、文具等。

　　昭和六年（1931）十二月，因捐獻淡水漁業組合事業資金壹千丹，獲漁業組合頒感謝狀。

　　昭和八年（1933）九月，被推薦為淡水工商會顧問。同月，依願辭

[32] 淡水尋常高等小學校《我等の鄉土》（昭和 7 年（1932）1 月）。
[33] 〈臺灣日日新報〉第 8519 號，大正 13 年 2 月 5 日。
[34] 〈臺灣日日新報〉第 12603 號，昭和 10 年。
[35] 〈臺灣日日新報〉第 10369 號，昭和 4 年 3 月 2 日。

免淡水街長。另兼任勸業港灣調查社會事業委員。

　　昭和十二年（1937）十月，參與國民精神總動員淡水郡支會。

　　昭和十三年（1938）七月，被任命爲臺北州畜產會特別議員。

　　昭和十四年（1939）四月，被任命爲臺北州稅務課所轄郡部所得調查委員。

　　昭和十五年（1940）三月，擔任保證責任淡水建築信用購買利用組合組合長。

　　昭和十七年（1942）十一月，在新店街經營度量衡器材專賣。另代理三菱海上火災保險的業務。[36]

三、街長任內的政績

　　從明治三十八年（1905）遷居淡水後，多田榮吉從稅關酒品的供應商開始，經多年的努力經營，不但成爲成功的商人，還成爲淡水商工界的領袖。當大正九年（1920）台灣施行地方自治成立淡水街的時候，他就被遴派爲第一屆的淡水街協議員，協助街長處理淡水地區的公共事務，他連任五屆協議員，直到昭和十五年（1940），時間長達 20 年之久。

　　昭和五年（1930）三月，他被任命爲淡水街第四任街長，是首位擔任淡水街長的日本人，當時他已 66 歲了。街長任期雖然是四年一任，他卻在昭和八年（1933）九月，提早半年提出辭職，雖然擔任淡水街長只有三年半，但其任內政績值得記述者仍然不少，尤其在交通與教育方面。

　　1 交通方面：

　　拓寬關渡到淡水的道路。雖然淡水關渡間的道路在清代已通，但路面狹窄。明治 29 年（1896）日人曾以工兵改築，明治三十八年（1905）又重修，昭和五年（1930），多田擔任街長後，先後花費工程費十五萬二千餘圓再次拓寬。[37]昭和七年（1902），他爭取公共汽車從北投延長到

36　同註 23，頁 111~117；另參閱表五。

37　《淡水鎮志》〈第五章第五節交通〉，（淡水：淡水鎮公所，1989），頁 297。

到淡水；不久之後，又因淡水街道狹隘，公共汽車只能到達淡水火車站，無法經市街到沙崙海邊，街民深感不便，多田乃向台北州交通局陳情交涉，不但爭取公共汽車自淡水站延長到市街，並要求增加班次，更要求准許乘客十人以上臨時需要時應加開班車。[38]另外，他在任內新拓淡水通北新莊道路及淡水水梘頭間的產業道路。

2 教育方面：

多田榮吉認為淡水許多人公學校畢業後經常遊手好閒，若沒有一些修養、娛樂的設施，容易傾向不好的方面發展，於是力排眾議，改建淡水圖書館，期求得到移風易俗、潛移默化之效。此外，以五千一百七十圓增建淡水女子公學校，並花費一萬一千七百圓工程費改建滬尾小學校校舍。當他辭任街長時，在小學和女子公學校，各寄贈一個氣派的金庫，一時傳為佳話。[39]

表五、多田榮吉生平大事表

時間	經歷
元治元年（1864）	生於日本兵庫縣神戶市元町通三丁目八十二番地之一
明治 18 年（1885）	創美術工藝品輸出貿易商
明治 29 年（1896）	創合名會社末廣商會，任社長
明治 30 年（1897）	來臺，在臺北榮町石黑商會處設千代田商會
同年	代理經銷東京麥酒株式會社產品
明治 38 年（1905）	遷居淡水，任淡水稅關酒保
大正 2 年（1913）	經營各類雜貨及政府機關所需用品承包商
大正 8 年（1919）	創淡水興產組合，任專務理事
大正 9 年（1920）	任帝國在鄉軍人分會名譽會員
同年	擔任第一屆淡水街協議會員，連任五屆
大正 10 年（1921）	任淡水生產販賣組合長

---

[38] 同註 33，第 11986 號，昭和 8 年 8 月 18 日。

[39] 同註 38，第 11741 號，昭和 7 年 12 月 14 日。

昭和 2 年（1927）	任淡水副業利用販賣組合長
同年 5 月	任淡水築港期成同盟會委員長
昭和 3 年（1928）	任淡水商工會會長
同年 12 月	任淡水漁業組合長
昭和 4 年（1929）	總督府表揚捐獻御大典記念事業金三百丹
同年 7 月	任臺北市水產會委員
昭和 5 年（1930）	任第四任淡水街長
同年	創多田商會負責人
昭和 6 年（1931）	獲淡水漁業組合感謝狀
昭和 8 年（1933）	任淡水工商會顧問
同年	兼勸業港灣調查社會事業委員
昭和 12 年（1937）	參與國民精神總動員淡水郡支會
昭和 13 年（1938）	任臺北州畜產會特別議員
昭和 14 年（1939）	任臺北州稅務所轄郡部所得調查委員
昭和 15 年（1940）	任保證責任淡水建築信用購買利用組合長
昭和 18 年（1943）	經營度量衡器材專賣及代理三菱海上火災保險

資料來源：永田城大《臺灣發展と功勞者の足跡》（實業之臺灣社，昭和 11 年（1936）9 月）。

內藤素生《南國之人士》（臺北市：臺灣人物出版社，1922 年）。
興南新聞社編《臺灣人士鑑》（湘南堂書店，昭和 61 年（1986））。
淡水尋常高等小學校《我等の鄉土》（昭和 7 年（1932）1 月）。

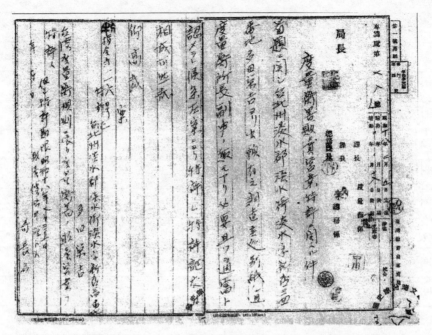

圖七：多田榮吉（昭和 18 年度量衡器、計量器販賣特許）。
資料來源：國史館臺灣文獻館《臺灣總督府專賣局檔案》[40]

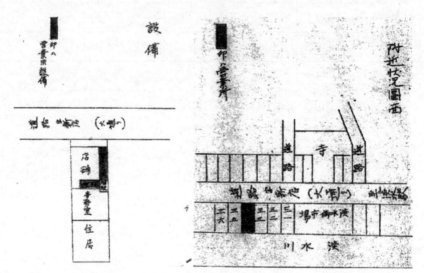

圖八：多田榮吉在新店街 34 番地店鋪圖（今中正路 129 號
　　　淡水一信 ATM 址）。此處既是多田榮吉社，也是他
　　　的住處。

---

[40]　國史館臺灣文獻館，《臺灣總督府檔案》，典藏號 00007400017。

資料來源：國史館臺灣文獻館《臺灣總督府檔案》[41]

圖九：今中正路 129 號淡水一信 ATM。

圖十：淡水一信 ATM 周邊街景。

---

[41] 國史館臺灣文獻館，《臺灣總督府檔案》，典藏號 00111153000010053、典藏號 0111153000010054。

伍、結語

　　淡水在 1628 年經西、荷兩國之經營，奠定了它在貿易、交通、戰略地位等各方面的價值。1684 年隨著台灣納入滿清版圖，淡水成爲北台與中國大陸之間移墾、經貿、交通、海防等重要港口與功能。1860年台灣開放四口對外通商，淡水從台灣與中國大陸間的區域分工型態港埠提升爲國際貿易港，因此，西方宗教、洋商、洋行、西式建築等文化也陸續登陸，更因烏龍茶帶動了北台的繁榮，台灣的政、經重心乃由南轉北，而淡水就是當時台北府最重要的進出口，超越了安平、打狗與基隆，獨領風騷，是淡水的黃金時期。

　　1895 年乙未割台之際，淡水港雖然漸趨淤塞，但仍能維持著盛況，因此，日人治台之初，對淡水是相當的重視，公務部門在此設置單位，如海關、郡役所、郵電局、台銀分行、車站、碼頭、自來水、公小學校等皆極完備，更積極振興商務、拓寬街道、改善市容與公共衛生等，淡水不但和都會重心的台北市關係更爲緊密，有吸引了不少的日本人來此居住和工作。

　　多田榮吉屬於在台日本人最早到來的一群。當時在實業方面，率先揚起旗幟懷遠大之志而渡海來台的日本人，大多是赤手空拳、無所憑恃而來的狀況，但是，多田則是帶著數萬資本來台，在當時是少見的。自從遷居淡水以後，他除了努力於自己的事業，更長期擔任商界領袖，積極地帶領著淡水的企業，在淡水街長任內，對於交通、教育等方面都留下美好的政績。1940 年代，雖然已屆古稀之齡，多田仍然以熱忱之心爲淡水奉獻奔走，是一位少見以服務公共事務爲樂的日本人。

論噍吧哖事件的發生與政治、社會、經濟的關係

提要

發生於 1915 年的噍吧哖事件，是臺灣人最後一次以武力向殖民政府抗爭的革命事件。參與這一事件的人既多且廣，戰鬥的過程非常慘烈，死傷慘重，日方的報復也非常殘忍，這個事件對臺灣的影響非常深遠。到底那些因素促成這樣大規模的事件呢？本文指出與當時在政治上，臺人累積仇日、抗日的力量有關；在社會上，齋教這種民間宗教信仰盛行，提供一個可供利用的條件；同時，在經濟上，殖民政府推動林野調查的結果帶給貧農的傷害，以上三個理由是事件發生的主要背景和原因。

關鍵詞：噍吧哖、林野調查、余清芳、西來庵

壹、前言

1915 年的噍吧哖（今臺南市玉井區）事件，是日本統治臺灣期間規模最大、犧牲最慘重而影響也最深遠的抗日事件，它同時也是臺民最後一次以武力為手段所發起的反抗運動。這個事件因為以噍吧哖為主戰場，所以名為「噍吧哖事件」，又因為事件的領導者為余清芳，遂又稱為「余清芳事件」，此外，也有以戰爭爆發前這些抗日運動者藉齋堂西來庵作為機關總部，因此又稱為「西來庵事件」。這次事件牽連的地區涵蓋今天的台南市、屏東、嘉義、臺中、南投，甚至臺北、淡水等地，已具「全臺性」之規模。參加武裝抗日戰事的超過千餘人，噍吧哖附近部分村落甚至全民參加，日方除了動用大量警察及壯丁團，更動用正規軍約 800 人加入戰場，事後被捕送審者 1957 人，其中被判死刑的 866 人，有期徒刑者 453 人，判刑之草率與判刑之重，立即引起臺民之震驚，一時輿論譁然，也引起日本國會的議論，臺灣總督安東貞美才藉口日本大正天皇即位之名，頒大赦令，宣告減刑。

雖然這些死刑犯被減為無期徒刑，但已有 95 人早被處死；最為不人道者，就是日方在事後對當地村民進行一場大屠殺，根據本人的調查，遭日軍屠殺之人數至少為 1465 人，[1]誠可謂慘絕人寰。

噍吧哖事件發生時，臺灣已經被日本統治了二十年，臺灣在公共衛生、教育、交通、產業方面等很多方面都有相當程度的建設和成果，但是，什麼原因讓臺灣人仍然採取武裝的抗爭？而且還能號召這麼多的人，發動這麼激烈的事件？我生長在臺南，五十多年前就常聽長輩談起這件事而不解，為什麼這些似乎是鄉人心目中的英雄人物，卻被冠予「匪徒」、「土匪」的稱號呢？

本文試圖從政治的方面，即當時臺灣一連串的抗日活動及這些活動所蓄積的反日、仇日力量，以及盛行於臺灣社會的民眾宗教信仰活動的影響，特別是齋教的影響，再其次則是經濟方面的林野調查所造成的傷

---

[1] 周宗賢，〈噍吧哖事件大屠殺的真相〉，《淡江人文社會學刊》第 17 期（臺北：淡江大學 2003.12），頁 78。

害,從這三個因素來解釋噍吧哖事件發生的原因。

　　這篇文章中,有關經濟方面這部分,曾在 2003 年受邀日本關西大學主辦的「第 6 回現代台灣學術討論會」以日文發表,並收錄在《現代台灣研究》第 24 號,[2]爲了將此一事件發生的有關因素做一較完整的闡述,今將這篇舊文章再作補充外,另增加政治與社會的這兩個與事件發生有關的因素。個人才疏學淺,掛一漏萬必多,請諸先進大力斧正指導。

　　最後本人以這篇論文來紀念關西大學石田浩教授。感謝他對於促進臺灣與日本之間文化學術交流所做的貢獻。

貳、與事件有關的政治因素

　　自 1902 年 6 月起,日本已將臺灣武裝抗日的游擊戰完全壓制,接著日本當局更積極加緊進行民間槍枝武器的收繳工作,同時逮捕被日人稱爲「遊手好閒」、「無業之徒」的浮浪者到台東,強制從事勞動,以杜社會治安之禍源。臺灣的社會確實轉趨安定,1904 年適逢日俄戰爭,舉國緊張,日方對臺灣人的監視更爲嚴厲,在高壓統治下,臺人雖然不得不屈服,但潛在於內心仇日抗日的意識則未消失。另一方面,總督府也漸次完成臺灣經濟資本主義化之基礎工作,日本資本家企業陸續侵入臺灣,人民的工作受到壓榨而賴以維生的土地則受到剝奪,因此,臺人反日意識不僅未曾稍減,還因爲對於日方的施政之不滿與日激增,中國大陸的革命運動也影響了臺灣,從 1907 年 11 月 14 日突然爆發了新竹北埔蔡清琳事件,至 1915 年爲止的八年期間,陸續發生十餘件武裝的抗日事件,使日本統治當局再度忙於應付。就這一階段的抗日事件觀之,雖然仍多所借助宗教信仰甚至迷信者,其最重要的特性,在於每一事件大多由具政治色彩並且由中國革命影響的領導人來勸募參加者約期起事。這樣的抗日可以說已經從舊式效忠滿清轉入具民族革命性質的

---

[2] 周宗賢著,藤原孝之翻譯,〈噍吧哖事件における經濟要因について〉,收錄於やまだあつし編集,《現代台灣研究》第 24 號──第 6 回現代台灣學術討論會特集號(大阪:台灣史研究會,2003 年 3 月 30 日)。

抗日運動。此一階段的抗日事件都失敗收場，但歷經多次運動後便積蓄了更多力量，也因而得以跨越全台各區域之侷限，這對於最後一次的武裝抗日運動——噍吧哖事件的醞釀與爆發是具有重要的影響。因此，探討噍吧哖事件，對於這十餘次抗日事件[3]之分析是非常重要的，如下文：

一、北埔事件（1907.11）

首要人物蔡清琳，生於 1884 年，新竹北埔支廳月眉莊人（今新竹縣北埔鄉）。曾為日人之賀田組招募腦丁，因而對腦丁、隘勇及當地原住民具有影響力，當時佐久間左馬太總督擬徵召北埔管內之隘勇赴大溪鎮壓原住民，眾隘勇皆不願前往，蔡清琳見狀認為有機可乘，即向隘勇等宣傳日本之暴政，並告以自己與祖國（即中國）已取得充分聯絡，受任「聯合復中興總裁」，祖國將派軍隊從舊港登陸會師新竹，光復臺灣，蔡並獲原住民響應的承諾，於是，於 11 月 14 日夜起事，率隘勇及原住民數十名，襲擊警察分遣所，殺日籍巡查、警部補，次日，再攻北埔支廳，殺支廳長及日人 57 名，北埔日人幾乎全部被殺，日方大感震驚，急派軍警共赴北埔，情況立刻轉變，原住民反戈，蔡清琳及隘勇 11 名被殺，另有黨羽 81 名被殺，被捕者百餘人，事件遂告平息。總督府於北埔開臨時法庭，草率一審終結，被判死刑者 9 人，被課以行政處分者97 人，無罪者僅 3 人。[4]

蔡清琳事件雖然與中國的革命運動沒有什麼關聯，不過，蔡清琳懂得用「祖國」來相號召，並能取得這些隘勇、腦丁甚至原住民的信任，事件本身反映出當時「祖國」這個「民族觀念」，是具有若干號召力。

二、臺南廳二十八宿會事件（1908.8）

1907 年 11 月的北埔事件才剛平息，翌年（1908）8 月臺南廳（今

---

[3] 戴寶村，〈一九一五年武裝抗日事件的新視角〉，《臺灣史料研究》第 2 期（臺北：財團法人吳三連史料基金會，1993 年 8 月），頁 20。

[4] 臺灣總督府，《臺灣總督府警察沿革誌》（二）（臺北：南天書局，1995.6），頁 777~748。

臺南縣市）下又發生了「二十八宿會事件」。「二十八宿會」是反日的祕密結社，由臺南廳臺南市北門外街開元寺僧侶蔡障（24歲）、嘉義廳大棟榔西堡樸仔腳街（今嘉義縣朴子市）雜貨商丁鵬（36歲）、鹽水港廳佳里興堡子良廟莊林庭（28歲）等籌組而成，宣稱「清軍將登陸臺灣消滅所有的日本人」及「參加並捐款者，日後將給予相當的地位與獎金」等做為號召，丁鵬並自稱將來事成後將擔任臺灣新皇帝，且擁有「符法」可助成此事云云，但是，尚未起事，即為日方所偵破，參與者皆被移送到臺東「加路蘭浮浪者收容所」管訓。[5]

　　二十八宿會事件，雖然不脫「自立為帝」的封建思想，不過這些人也知道以「祖國」的清軍將登陸臺灣消滅日本人作為號召多多少少可以吸引人們參加，因此，是略具粗淺的「民族意識」，這次事件對後來最大的影響，則是噍吧哖事件的領袖余清芳也因參加二十八宿會而被捕送「浮浪者收容所」管訓，此間的因果關係是值得注意的。

三、林圯埔事件（1912.3）

　　中華民國建立，到1913年底的短短兩年間，臺灣竟然爆發了六次的武裝反日事件，臺人抗日真可謂前仆後繼，越挫越勇，這樣一連串層出不窮的反日，震驚日本統治當局。林圯埔事件的動發者是劉乾，他是南投廳沙連堡羌仔寮莊鹿谷土名新寮的人，以卜筮為生，待人以慈悲為懷，所以受鄉人的敬重。1911年7、8月間，日警以其看命賣卜為妖言惑眾，並沒收其所攜帶的《百年經》一冊及卜筮用的器具，劉乾受到日警的叱責取締後，憤而退入山中，結草庵隱居，朝夕虔誠禮拜觀音，信徒很多。他經常下山借宿信徒林逢的家，集眾宣傳佛法，並藉機痛詆日警。

　　據《臺灣總督府警察沿革誌》的記述，劉乾除了以「觀相卜筮」為業外，他是自少素食不茹葷「吃菜人」，並透過同為「吃菜人」的生母

5　臺灣總督府，《臺灣總督府警察沿革誌》（二），頁748~785。

及義母及觀音信仰的關係得以聚集群眾和信徒。[6]藉民間宗教結社起事在臺灣史上屢見不鮮，但在抗日運動中，以齋教「吃菜人」為主要媒介的林圯埔事件應是首例。

林圯埔事件，除了是劉乾藉卜卦及齋教系統來建立自己的聲望並灌輸鄉人信徒仇日的觀念外，又逢與莊民生計有直接關係的竹林採伐問題，所以這次事件既是經濟，也是政治的問題。

當時臺灣總督府為建立殖民地資本主義化經濟的基礎工程，繼土地調查之後，進行林野調查，林圯埔一帶林野地皆編入官有林，並指定為「模範竹林」，放領給日本大財團——三菱株式會社，僅留一小部分，放領給莊中之所謂紳士保管，設置「竹林組合」，禁止莊民自由採伐。莊民向總督府陳情要求收回成命，改放領予有關莊民被拒，官方宣稱莊民既未取得業主權，沒有理由抗爭，並派日警嚴密監視取締，莊民於忍無可忍之下，事件終於爆發。[7]

本事件雖然迅速被平息，但總督府推行林野調查，沒收林野地致農民生活陷入困境引發民怨的事實，以及盛行於民間的「吃菜人」組織等問題，似乎透露出與反日運動的不尋常關係。

四、土庫事件（1912.6）

當中華民國建立的消息傳到臺灣後，臺灣人似乎甚受影響，對祖國不但寄予厚望，並亟思效尤，以推翻日人統治，[8]因而有了「土庫事件」。本事件的首腦是黃朝（今雲林縣大埤鄉人）及黃老鉗，他們兩人結忘年交，時常談論祖國事件，稱為同志。黃朝曾對黃老鉗說：「祖國革命成功，推翻滿清兩百餘年帝業，定中華民國基礎，我亦人也，豈不能驅逐日人，而為臺灣國王乎？數日前，林圯埔劉乾，只有同志十餘人，猶能擊殺警察，而使頂林派出所全滅；我若廣集多數同志，又何愁革命功業

---

[6] 臺灣總督府，《臺灣總督府警察沿革誌》（二），頁786~787。

[7] 井出季和太著，郭輝編譯，《日據下之臺政》卷二（臺北：海峽學術出版社，2003.11），頁411。

[8] 臺灣總督府，《臺灣總督府警察沿革誌》（二），頁790。

之不成？」[9]兩人乃利用臺人對於神佛信仰的力量，並宣稱「中國將派
兵百萬來援」[10]藉以收攬人心號召同志籌謀推翻日人的統治。是經當地
甲長、保正密告，黃朝等人全數被捕，日方以「匪徒刑罰令」，判黃朝、
黃老鉗死刑。

　　土庫事件雖然在歷次反日運動中規模最小，甚至於在發動之前就被
破獲，但探究其動機之所發生，實受中國革命及林圯埔事件之影響。

五、苗栗事件（1913.1－1914.3）

　　黃朝之土庫事件後，臺灣抗日事件不但未曾稍歇，且更形激盪，在
1913-1914 短短的一年間，陸續爆發羅福星事件、關帝廟李阿齊事件、
東勢角支廳馬力埔事件、東勢角賴來事件、南投沈阿榮事件、大湖張火
爐事件及六甲羅臭頭事件等，特別是以羅福星為主軸，加上李阿齊、賴
火、張火爐、沈阿榮所發動的四起，日人認為是互有關連的案件，乃予
以合併處理，將這五起事件之涉案者於苗栗臨時法院集中審判，因此稱
之為「苗栗事件」。[11]細觀「苗栗事件」，從領導者的教育程度、經歷與
中國革命組織之關係，以及事件的特色、規模與歷史意義，都較其他事
件特殊；其中，以羅福星事件之規模和影響最為深遠重要，透過羅福星
抗日運動的描述，也較能完整地看出整個事件的歷史圖像。

　　羅福星，1886 年生於廣東嘉應州饒平縣高思鄉，1903 年，17 歲時
隨家人來臺住在新竹廳苗栗一堡牛欄莊（今苗栗大湖田寮），就讀苗栗
公學校，在求學的三年當中，他「深深體驗帝國主義者對殖民地的歧視
和迫害，因而激發起濃厚的國家觀念和民族意識，不願再做日本順民，
毅然輟學。」[12]1905 年，變賣家產後回歸廣東嘉應州，後來任鄉村學校
教員，1906 年，受廣東學務部長丘逢甲之聘，擔任爪哇視學，1907 年，

9　臺灣總督府，《臺灣總督府警察沿革誌》（二），頁 413。
10　臺灣總督府，《臺灣總督府警察沿革誌》（二），頁 790。
11　臺灣總督府，《臺灣總督府警察沿革誌》（二），頁 797~803。
12　陳澤主編、鍾華操著，〈革命抗日先烈羅福星〉《臺灣先賢先烈專輯》第三輯（南投：臺灣
　　省文獻委員會編印，1978 年 6 月），頁 89。

再赴新加坡擔任華僑中學學校校長，1911 年任巴達維雅華僑中學學校校長，在這段期間，他不但與南洋一帶的華僑領袖建立了深厚的關係，也結交了流亡南洋的革命黨人。又因爲他的英文很好，還擔任同盟會在緬甸經營的書報社主任。從他的學經歷觀察，羅福星是整個臺灣人抗日運動的領袖中最爲傑出者，其學識中外兼具，尤其他的英文能力。

1907 年，羅福星正式加入同盟會後，與黃興曾就臺灣地區之抗日運動，有過商議，[13]並心存以革命黨「在臺灣策劃革命」之意念。[14]1912年，中華民國成立之後，深受革命思潮洗禮的羅福星，對於日人統治下的臺灣仍在承受種種苛政，深感不平與憤慨，指斥日本警察「其兇猛如虎狼，誠乃村中之國王。……故百餘萬島民，無不抱不平不服之心」、「無辜之民，冤情慘狀，無由申述」。[15]羅福星對於臺灣處境、前途是有深刻的感受，這應是他回臺推動抗日運動抗日活動的原因。他常與同志互相論及日本統治臺灣多專用榨取政策，優遇日本本國人，而欺壓臺灣人，他強調在強權壓制下的臺灣人，除以革命手段推翻日本帝國主義外，別無自救之路。[16]

1912 年 12 年 18 日，羅福星奉命自中國大陸來臺灣發展組黨，他自淡水登陸，在臺北成立「華民聯合會館」，作爲革命同志的聯絡處，羅福星即負責實際的革命行動，他除了回到苗栗的牛欄莊成立機關總部，並且在臺南、彰化、桃園、基隆和宜蘭等地方設據點，發展組織，黨員的募集由黃光櫃等和另外的十二志士進行，羅福星本人則在臺北、苗栗之間，從事策應和調度。就在籌備期間，日方破獲了臺南關帝廟李阿齊、臺中東勢角賴來、苗栗大湖張火爐、南投沈阿榮四起抗日事件，引起日方的注意，日警有感革命份子蠢蠢欲動之勢，於是全台嚴密檢舉偵蒐，羅福星被迫於 1913 年 12 月 16 日逃回淡水，潛伏於農民李稻穗之家，擬俟機密渡回國，但其行蹤實已被日警偵伺，遂於 12 月 18 日夜

[13] 羅秋昭，《羅福星傳》（臺北：黎明文化事業公司，1974.2），頁 8。

[14] 羅秋昭，《羅福星傳》（臺北：黎明文化事業公司，1974.2），頁 123。

[15] 莊金德、賀嗣章編譯，《羅福星抗日革命全檔》（南投：臺灣省文獻委員會，1965.12），頁 38。

[16] 井出季和太著，郭輝編譯，《日據下之臺政》卷二，頁 415。

半被捕。同時被搜出日記二冊、黨員名簿及感想雜記簿，成爲日方搜捕抗日人士之證據，至此，羅福星之抗日運動乃告失敗。

　　羅福星抗日運動雖然失敗，但從號召黨員革命之宗旨、參加的人數、地域分佈之範圍組織與紀律等觀察，則此事件與之前的幾次相較，是有若干值得注意的地方。

　　首先，就人數觀之，據羅福星被捕時的日記自述，「我十二志士，募集會員至今以達九萬五千六百三十一名之多」，[17]而在臺南一帶，就擁有會員二萬人，[18]雖然，我們無法確認這個數目是否正確，但以當時除了羅氏之外，另有十二名主要募集黨員的負責人，分別在臺灣全島進行招募的情形來衡量，參與的人數應該是不少，因此，擔任臨時法院陪席判官日人小野得一郎也指出，革命組織分佈之廣，的確是一驚人之事。[19]雖然黨員以苗栗以北爲主，但南到台南、阿猴（今屏東）等地，這樣大規模大範圍的活動，對於蓄積抗日之運動能量是值得注意的。

　　再就革命組織之嚴密與紀律之講求來看，羅福星事件也迥異於以往諸役。他不假借神佛來號召，在各地招募黨員時，必先列舉說明日人如何欺侮臺灣人，同時宣傳組國革命之成功，以及他的政治理想，使聞者都能充分理解。凡願參加者，需繳交黨費，分爲五十錢、一圓、八圓，又要填寫父祖三代姓名，加入後發給入黨證，所有的用語，都以暗號代之，不但可防被日方發覺，並能保消息靈通。[20]例如東王代旅、南王代營、飛王代排、西王代團、北王代隊長、北部酒代臺北、中部酒代苗栗、中中酒代臺中、紹興酒代新竹、西酒代淡水、首都酒代基隆、南部酒代臺南、人力車代海軍、店員缺勤代被捕去[21]等，細讀他的「暗號」，可以窺見其嚴密組織之用心。他又依所募黨人員多寡，可任爲五人長、十人長之指揮官，事成之日，各有大臣之分。因此，參加的黨員受羅氏之激

---

[17] 臺灣總督府，《臺灣總督府警察沿革誌》（二），頁796。

[18] 「余於二月往臺南一帶秘察會員，見林季商知有會員二萬。」臺灣總督府，《臺灣總督府警察沿革誌》（二），頁797。

[19] 蔣君章，《臺海風雲人物》（臺北：中外圖書出版社，1975年12月），頁168~169。

[20] 臺灣總督府，《臺灣總督府警察沿革誌》（二），頁798~799。

[21] 井出季和太著，郭輝編譯，《日據下之臺政》卷二，頁416。

勵，各以革命會、華民會、三點會、同盟會或革命黨的名義，向各方面招募。[22]除了努力招募黨員，嚴密組織之外，在軍事上他更直接與祖國相掛鉤，羅氏曾言：「臺灣革命，軍械、子彈，應仰祖國援助，此事我將能聯絡」。[23]並從大陸招募同志來台，據羅氏自述，「改裝為販賣高麗參人進入臺灣者，有二萬人」，[24]以及「黃興……馬上派潘同志前來臺灣幫助從事革命的部署；……又派陳士、王淵二同志來基隆，……協商有關起義的許多問題」，[25]雖然正確的數字無法參證，但仍可見羅福星的抗日革命運動與中國之間的緊密關係，這也同時凸顯此次事件之特色。

　　一個參與人數眾多、地域分佈又廣泛的反日運動，在警方強力嚴密監控下，是很容易被發現。臺灣總督府加強偵緝下，從 1912 年 12 月的一年之間，就連續破獲了南投、新竹大湖、臺南五甲莊、臺中東勢角的四起革命事件，並因而進一步偵破了羅福星的事件，一連串的反日事件使日方感覺羅福星事件是有組織、有主義、有理想、有抱負的革命，當時擔任警官的小野得一郎在求刑論告中就說：「本案被告等之目的係企圖他日中國革命軍來台時，與其共同協力舉事；其所欲為者，頗為遠大，由識者之眼觀之，類似兒戲，外表近乎滑稽，然被告等之內心頗覺認真，此思想不單限於現所檢舉之百數十名，及臺灣全島到處均已普及。……再視本案被告等，並非僅屬於苦力一方面人物，有相當學問，相當資產及相當名望者亦不少，且未參以任何迷信，純然出於政治思想之流露，膽敢計劃此種非法之行為。本席認為本案究竟應如何處分，端視於消滅一般所普及之危險思想之上，有大考慮者也。」[26]

　　羅福星事件被解送苗栗臨時法院的 412 人，客家人佔 67.5%、閩人30.8%、大陸來台者 1.7%；年齡在 39 歲以下者佔 81.3%；職業則包含教師、巡查捕、商、工、農等，遍及各階層。[27]被起訴的有 231 人，其

---

[22] 臺灣總督府，《臺灣總督府警察沿革誌》（二），頁798。

[23] 井出季和太著，郭輝編譯，《日據下之臺政》卷二，頁415~416。

[24] 莊金德、賀嗣章編譯，《羅福星抗日革命全檔》，頁41~42。

[25] 陳澤主編、鍾華操著，〈革命抗日先烈羅福星〉《臺灣先賢先烈專輯》第三輯，頁92。

[26] 陳澤主編、鍾華操著，〈革命抗日先烈羅福星〉《臺灣先賢先烈專輯》第三輯，頁94。

[27] 覃怡輝，《羅福星抗日革命事件研究》，收於中央研究院三民主義研究所叢刊第六號（臺北：

中屬臺北廳 82 人、士林支廳 14 人、新莊支廳 18 人、板橋支廳 9 人、
淡水支廳 3 人、台中廳 3 人、新竹廳 30 人、桃園廳 3 人、錫口支廳 5
人、苗栗支廳 4 人、基隆支廳 22 人、瑞芳支廳 5 人、頂雙溪支廳 1 人，
另住址不明者 31 人。[28]雖然都屬北台，但對於後繼者必定會產生相當的
影響。

綜觀「苗栗事件」，自 1912 年 11 月到 1914 年 1 月期間，陸續為日
本警方破獲之關帝廟李阿齊、東勢角賴來、南投沈阿榮、大湖張火爐諸
事件，皆與羅福星抗日運動有相當的關連和共同特色，諸事件領導者皆
富有民族意識，平日極為關心祖國之興衰，且都仇視、不滿日人的統治，
共抗日起義皆受到中華民國政府成立之鼓舞；例如，沈阿榮抗日運動所
募集的「武器、彈藥均由中國輸入」，並於起事時「請求中國革命黨之
應援」，[29]而新竹大湖張火爐抗日的彈藥除自大陸取得外，也都期待中國
革命軍的兵援。因此，日方認為諸事件都與羅福星有直接、間接的關連，
乃以羅福星為這一連串造成的「盛行的臺灣之革命主義」之領導首謀
者，而統稱為「苗栗事件」。這個事件以今天的台南縣、南投縣、臺中
縣、苗栗縣為範圍，雖然先後被偵破而遭到鎮壓，但其黨員分布廣泛，
革命意志堅強，組織細密，對其後的抗日運動具有蓄積與催化的作用。

六、馬力埔事件

馬力埔位在今臺中縣新社鄉永源、協成兩村之各一部分。馬力埔係
統稱頭科山東麓大湳河階之中、南部荒埔地。馬力埔聚落即今永源村，
位在河階之西北方，馬力埔可能出自泰雅族語 Maleppa，意指高地。清
嘉道以後，此地為漢人所墾，居民以客籍為多，佔 91.5%，閩人佔 8.5%，
以農為業，以旱作為生。[30]

　　中央研究院，1981 年 9 月），頁 34。

[28] 蔣君章，《臺海風雲人物》（臺北：中外圖書出版社，1975 年 12 月），頁 168~169。

[29] 程大學編譯，《臺灣前期武裝抗日運動有關檔案》，頁 487~529。

[30] 洪敏麟，《臺灣地名之沿革》第二冊（下）（臺中：臺灣省文獻委員會，1984 年 6 月 30 日），
　　頁 209。

　　事件的發生地點雖然是在馬力埔地區內，但涉案的農民則更爲廣泛，還包括大南莊（同鄉大湳村）、永居湖（古稱糞箕湖同鄉月湖村）、番社嶺（大湳莊內）、仙糖坪（今石岡鄉龍興村）。

　　馬力埔事件本質上並非政治的、民族意識的抗日事件，而是經濟事件，其發生於自 1913 年 7 月臺灣總督府當局預定在馬力埔收購 1,000 甲左右土地作爲蔗苗苗圃，並於同年 9 月公佈設置蔗苗養成所的訓令，[31]接著，總督府當局令臺中廳長主持收購，9 月 23 日傳喚被收購的業主集合於東勢廳，告之當局將用園每甲上等園 130 圓、中等園 117 圓、下等園 85 圓、原野每甲 40 圓加以收購。同時也應允諾因土地被收購而發生家庭生計因難，政府將撥給開墾地，以及蔗苗養成所設立後，將會給莊民雇用機會等。[32]但是，馬力埔的農民認爲當時旱田的時價是：上等園價格在 400－700 圓；中等園 350－450 圓；下等園則七、八十圓。[33]因爲價格相差太大，價格太低，引起業主不服，因爲馬力埔地區一般的農民都是小農經營，土地所有面積均在 2 至 6 甲而已，這些土地一旦被收購，家計就陷入困境，又當時馬力埔地區又有兩、三年的歉收，大部分人都舉債渡日，一旦土地被收購，所得的錢太少就更無法償還債務。[34]因此，這些瀕臨絕境的農民被迫展開請願與自力救濟。

　　正當村民到處請願時，日警也偵知他們的密會。日方除一再傳喚業主、保正、區長加以訓示，勸導出售土地之外，更於 11 月 11 日在大南莊開設臨時事務所，配置大南莊苗圃的職員不顧農民的反對，斷然在已收購的土地上開墾。[35]18 日，日方人員又召集業主到大南莊蔗苗養成所準備支付收購的金錢。[36]

　　另一方面，東勢角支廳長認爲業主們之所以不接受收購，全係徐石盛等人主謀，乃命警部補平居日代士前往勸導，22 日上午適巧徐石盛

---

[31] 臺灣總督府殖民局，《蔗苗養成所事業報告》（臺北：臺灣總督府殖民局，1923 年），頁 5。

[32] 臺灣總督府，《臺灣總督府警察沿革誌》（二），頁 803~804。

[33] 參見〈馬力埔事件判決〉，《臺灣總督府公文類纂》（二），頁 804。

[34] 臺灣總督府，《臺灣總督府警察沿革誌》（二），頁 804。

[35] 臺灣總督府殖民局，《蔗苗養成所事業報告》，頁 5。

[36] 臺灣總督府，《臺灣總督府警察沿革誌》（二），頁 806。

住宅人群出入頻繁，平居警部補則於下午率巡查、巡查補共 6 名前往徐宅執行支廳長的命令，但村民卻誤以爲日方是來捕人，雙方發生鬥爭。來自馬力埔、大南、仙糖坪等莊的村民合計 200 名圍攻日警，東勢角支廳長聞訊後，立即率領警部補、巡查補等數十名會同苗圃職員，前往支援，並向村民開槍，擊斃村民廖知、廖庫二人，另有劉成、高發受傷，日方則有平居警部補及一名臺籍巡查補受傷。[37]事件遂告爆發。

　　事發後，日方大肆搜捕，村民大多逃匿，人心惶惶。日本官方爲緩和事件惡化，乃公告情節較輕者，只要前往領取價款就不加拘提而釋放。日方的這一措施，使得主謀者家屬誤以爲只要前往取款其被捕的家人就可以釋放而紛紛前往辦理。除極少數外，業主都領取，檢察官除了對前往取款的業主調查口供，也拘留了主謀徐石盛及張仁親等人。1914年 1 月，檢察官起訴涉案村民 177 名，[38]法院判決被起訴的 57 名中，余揚、徐維判刑 4 年，余鮑 3 年，徐石盛、張仁親 3 年，徐削等 39 名罰金 50 圓、徐里等 9 名笞刑五十、劉長安等 5 名無罪，[39]是爲「馬力埔部民暴動事件」。

　　距本事件不到十天，就又爆發賴來率眾攻擊東勢角支廳的事件。同一地區，連續爆發兩起抗日事件，確實震驚日方，因而才有全島大規模的檢舉行動，終致偵破所謂的「苗栗事件」。

　　馬力埔事件雖然不含政治、民族意識的抗日事件，但是，經濟因素在所有的抗日運動中是具舉足輕重的要素。由於日本當局處置不當，以致經濟問題演變成抗日事件，對於蓄積臺人仇日、抗日之力量是有影響的。

七、六甲羅臭頭事件

　　六甲事件發生於羅福星策劃領導的苗栗事件結束後的三個月，參與者多達百餘人，是一次規模不小的抗日事件。

---

[37] 臺灣總督府，《臺灣總督府警察沿革誌》（二），頁 809~810。
[38] 臺灣總督府，《臺灣總督府警察沿革誌》（二），電報案。
[39] 臺灣總督府，《臺灣總督府警察沿革誌》（二），頁 809。

　　六甲事件的領袖的羅臭頭（亦名羅阿頭），是嘉義廳店仔口支廳南勢莊（今嘉義縣義竹鄉）人，據《臺灣總督府警察沿革誌》的紀錄，其家世頗爲富裕，幼時聰明好讀書，並習拳棒之術，稍通日文，喜談兵書，文武俱佳，廣交友，因此而有「光復臺灣」[40]的民族意識，但是，他生性不喜生產之業，以致於分家之後，坐吃山空，家道漸次沒落，1913年 8 月間發生強暴婦女罪，經和解後，由店仔口支廳處以行政告誡，之後，日警不斷加以干涉壓迫，羅在不堪之下，10 月間舉家避居臺南廳六甲支廳之烏山山中，日夜苦讀自寫兵書及觀音經等。由於身受日警之壓迫，不得安居，乃發而爲仇日心理及民族意識，遂「抱有驅逐日人」之志。[41]但他自知勢單力薄難以奏功，乃積極圖謀物色同志。他在烏山時，邂逅六甲支廳大坵園莊（今高雄縣甲仙鎮）人陳條榮，1914 年 4 月再結識大坵園人羅獅、羅陣兄第二人，嗣於神前燒香焚燒紙錢，加盟爲部下，陳、羅三人乃成爲羅臭頭股紘，並四處積極從事糾合同志。當時，適逢總督府在此地徵集保甲人伕討伐「生番」，村民有感入「番地」甚爲危險，逃亡者眾，羅臭頭乃趁此良機憑藉其「秀麗容貌及橫逸才智」[42]加以召募，於神前結盟。附近居民數十名參加，並藉迷信以「能受清國皇帝及天帝指點，羅君得於近日即位做天下皇帝」[43]相號召；爲強化組織，羅臭頭等公告軍規三條，裁製附有身分文字之紋章服、三角形軍旗，旗上有羅臭頭之幼名清吉，[44]分發給眾部將。諸人以同志互稱，並經成聚會討論革命的策略，並想辦法襲奪日警槍械。

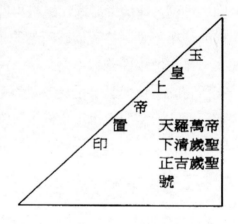

---

[40] 臺灣總督府，《臺灣總督府警察沿革誌》（二），頁 813。

[41] 洪敏麟主編，許錫專、吳家憲編譯，《雲林，六甲等抗日事件關係檔案》（臺中：臺灣省文獻委員會，1978 年 12 月），頁 292。

[42] 洪敏麟主編，許錫專、吳家憲編譯，《雲林，六甲等抗日事件關係檔案》，頁 225。

[43] 洪敏麟主編，許錫專、吳家憲編譯，《雲林，六甲等抗日事件關係檔案》，頁 282。

[44] 洪敏麟主編，許錫專、吳家憲編譯，《雲林，六甲等抗日事件關係檔案》，頁 200。

　　羅臭頭等本來決定在 1914 年農曆 7 月的一個吉日起事，首先打算攻擊六甲支廳，不巧於 5 月 5 日店仔口支廳（今大埔鄉）前大埔派出所發生林田槍 2 枝及子彈 5 顆遺失事件。而此時距羅福星苗栗事件僅二個月而已，警方乃加強偵伺與搜查。羅等認為事急不及等待，非先發制敵不可，因此提早於 5 月 7 日夜，招集同志十餘名起事，「沿途民眾，聞悉起義抗日之事，故自動踴躍參加者，有七、八十名，名持槍、刀、棍等武器，一路向六甲進迫」，[45]翌日，與六甲支廳所派警部補野田文雄率巡查一隊遭遇，野田首先中彈死，激戰多時，羅等終告不支，分散退入山中，之後，羅見彈盡援絕，又不願受辱於日人，乃與羅陣、羅其才等於 5 月 30 日自殺，李岑等 8 人戰死，被捕一百多人。1915 年 2 月 12 日，法院宣判死刑 8 名、無期徒刑 4 名、有期徒刑 10 名、無罪 1 名、行政處分 15 名、不起訴者 68 名，是為「六甲事件」。[46]

　　值得注意者，六甲事件除了領導人的民族意識與才智外，其與翌年（1915）發生的「噍吧哖事件」，似乎存在著某種微妙而不尋常的地緣關係，尤其是自動踴躍參加者眾多。

八、新莊事件

　　新莊事件雖係一事先被揭發而胎死腹中的抗日事件，且其較噍吧哖事件晚了幾天，但因其被偵破正值噍吧哖事件騷動之際，加以新莊事件的醞釀始自 1915 年 2 月間，其活動範圍也包括南臺灣地區，當時日本當局就很擔心其會與南部發生的暴動有所策應，日方雖然無法證明其與噍吧哖事件有直接的關連，但仍在事件之後將審理劃歸專司噍吧哖事件的臺南臨時法院處理。因此，探討噍吧哖事件前的抗日運動時，不能因為事件發生在噍吧哖事件之後，就給予漠視。

　　本事件首領楊臨係臺北廳興直堡新莊街（今新莊市）人。根據《臺灣總督府警察沿革誌》所記，楊臨生性懶惰陰險，時常耽於酒色，到處

[45] 洪敏麟主編，許錫專、吳家憲編譯，《雲林，六甲等抗日事件關係檔案》，頁 149；臺灣總督府，《臺灣總督府警察沿革誌》（二），頁 614。
[46] 臺灣總督府，《臺灣總督府警察沿革誌》（二），頁 614~615。

流浪，不務正業，專事吵架，有竊盜侵占及傷害等前科，是新莊有名的無賴漢，被視爲蛇蠍之徒。因此，新莊支廳嚴加監視，致其懷恨在心，尤其生活困頓，謀生困難，內心非常苦悶，因而伺機襲擊支廳，殺害警察官吏，藉以復仇，並進而脅迫鄰近富豪，劫取錢財，若僥倖事成，更進而圖謀大事。[47]

　　楊臨自 1915 年 2、3 月間開始組織革命會，凡對支廳警方或重斂苛徵的稅賦或對日本官吏之刻薄憤恨不滿的人，以及生活困頓者，他都加以說服。並表示擬襲擊新莊支廳，免除人民賦稅，也揚言爲驅逐暴虐苛政的日人，首先應襲擊支廳，藉以自日人手中奪回臺灣，歸還中國政府。[48]3 月間，他來往嘉義兩次，在嘉義募得黨員約 30 名，另在新莊媽祖廟後殿委任詹藤、黃戀土、葉清標、張阿豬、陳委、張古井、廖媽騰、葉應、翁永連等 10 人爲小頭目，授予招募黨員之機宜；農曆 5 月底，他又經新竹、臺中、嘉義、臺南等地招募，在抵阿猴（今屏東市）時，因警方訊查而返回新莊，[49]很可惜無法證明他與余清芳或羅俊等人是否取得聯繫，否則兩案關係就更值得重視。嗣後，聽聞南部有抗日活動發生，認爲機會難得，遂定於農曆 7 月 15 日舉事襲擊支廳，因黨員詹藤向日方告密揭發，致張阿豬、黃戀土、陳委先後被捕，楊臨逃亡，事遂不成。臺南臨時法院於同年 10 月間，分別判處楊臨死刑、廖媽騰有期徒刑 15 年，其餘都因罪證不足而判決無罪。後來，臺北地方法院改判廖媽騰無罪，翌年（1916）3 月覆審法院也改判楊臨無罪。[50]

　　本案值得注意者，楊臨應具相當的政治意識，並對當時的中國有一些了解，才會以驅逐日人；收回臺灣歸還中國相號招；其次，本案之共犯有藥材商、雜貨商、行商、演員、木匠、苦力，以及製麵、製餅、製桶等業者，涉及各種行業，甚至新莊區長、壯丁、團長、保正之類人物亦曾被列爲嫌犯，可見其反日活動，曾獲得相當廣泛之共鳴。[51]

---

[47] 臺灣總督府，《臺灣總督府警察沿革誌》（二），頁 834。

[48] 臺灣總督府，《臺灣總督府警察沿革誌》（二），頁 834。

[49] 程大學編譯，《臺灣前期武裝抗日運動有關檔案》，頁 532~533。

[50] 臺灣總督府，《臺灣總督府警察沿革誌》（二），頁 935。

[51] 程大學編譯，《臺灣前期武裝抗日運動有關檔案》，頁 533；頁 596~600，被告名單。

　　日本統治臺灣初期，就進行一連串的措施來推動臺灣經濟資本主義化，以及臺灣的現代化，例如在鐵、公路交通、公共衛生的改善，基本教育的施行及產業的改良等都有很好的成績，臺灣的社會呈逐漸繁榮的景象，但是，另一方面，日本採取差異性的特殊統治方式處理殖民地事務，因此，政策的推動處處隱含了歧視、剝削與不公平的現象，這種狀況經過二十年，帶給臺灣人很大的傷害，仇日的情緒自然高漲，有給予抗日運動在號召上有更寬廣的空間。

　　噍吧哖事件發生前的八年間，臺灣幾乎一年有一次的抗日事件，這種長期的抗日已經是一種運動了。雖然，每一次都被偵破敉平，事件的倡導者不是戰死，就是被治重罪，表面上看起來情勢是被控制，但事實上潛存於臺人仇日，抗日的力量並沒有消減，從此起彼落、一次又一次的起事來觀察，噍吧哖事件發生前的這些抗日事件，對於醞釀再發動一場更大力量與規模的抗爭是有促進作用。

參、與事件有關的民間宗教信仰因素

　　噍吧哖事件的發生，固然與臺灣人的仇日反日情結及當時中國的革命或中華民國成立有關，然而，當時臺灣的社會開放的民間宗教信仰，特別是齋教的活動是一項值得探討的因素。

　　噍吧哖事件結束後，日本官方以此次事件係受迷信影響所致，雖然是為了掩飾其施政不當致失民心而引發反抗作為飾詞，不過，余清芳、羅俊、蘇有志等事件領袖確實利用西來庵、善書、扶鸞、謠讖等以募集抗日活動的資金和吸引支持者，易言之，以這些宗教活動來鼓動群眾抗日，甚至以符法、神符、呪文等保證參與者的安全和抗日的必成，當時民間宗教信仰，可說是引發事件的重要背景和因素。因此釐清事件中的革命機關——西來庵，到底是個什麼樣的廟宇？為何會被選為抗日運動的機關？而余清芳等抗日領袖如何利用這座廟宇進行活動等問題，將有助於暸解民間宗教信仰與噍吧哖事件的關係和影響。

一、事件前的西來庵

（一）西來庵的沿革

西來庵是噍吧哖事件爆發前余清芳等人作爲籌募人員、經費等的機關總部。這座廟宇據《臺灣省宗教調查表》所記：「本廟緣起於本市白龍奄。約民國前三十多年，該廟部分信徒爲欲信仰深達起見，從白龍奄奉請出五福大帝（劉主公）一尊，另建廟宇稱爲西來庵。」[52]可知西來庵是從白龍奄分出的廟宇。

「白龍奄」原爲福州人的公廟，並兼充會館，廟中供奉張元伯、劉元達、鍾士秀、趙公明、史文葉等五位瘟神，稱五福大帝，每年於五、六月遶境，名曰驅瘟疫鬼，送五毒神出海，是一座瘟神系統王爺廟。[53]而西來庵就是從白龍奄五福大帝中請出其中的劉元達來供奉。因此，西來庵也被歸類於信奉王爺的廟宇。不過，這座緣起於福州人白龍奄的西來庵，信徒已經不限於福州人，而爲當時臺南人的公廟。

1895 年割臺後，白龍奄曾被充爲兵舍，廟中神像被搬至大銃街的元和宮，香火逐告冷落，西來庵取而代之成爲臺南市香火最盛的五福大帝系統的王爺廟。

西來庵每年六月的遶境、出海、開堂等活動符合傳統庶民敬天法祖、因果報應、消災解禍的信仰，因此帶動廣大的人潮，是西來庵香火興盛信徒眾多的主因，並成爲臺南重要的廟會活動。據《臺灣日日新報》的描述：

> 惟亭腳西來庵尚廷成例，陰曆六月廿六日爲驅瘟出海之期。先期三日迎神遍遶城箱內外街衢。鸞輿門五乘儀仗甚都，前導一中軍府翎、鹵簿均與官同，然自綵棚馬隊而外，僅有歌吹八音，無多裝點故事，亦有以俊童扮成五方神宿者。爲許多軟身將爺，有稱張趙二大神者，有稱水火二將者，有陞任爲判官者則冠冕堂皇，

[52] 臺灣省文獻委員會編，《臺灣省宗教調查表》（臺中：臺灣省文獻會，1959 年）。
[53] 王見川，〈西來庵事件與道教、鸞堂之關係──兼論其周邊問題〉，《臺北文獻》直字第 120 期（臺北：臺北市文獻委員會，1997 年 6 月），頁 72。

興馬與中軍等。有供守舊職者則衣冠玷及面目，徒覺可憎。當行不甚出色，大率首用木塑或大如斗，或大如箕。軀殼以拗格而成，僅具半截，高約數十尺不等，狀貌雄偉，其中空洞無物，被以文繡。以舉戴之人或靴或覆，湊成下截。或不中抬舉則傴臥如顛仆狀，前後兩人扶腋之，諺所謂大空人細腳底者，殆及是歟？好為牢籠者，一入殼中，便輒高視闊步，沿街搖擺，恍惚現出丈六金身，惜不甚長進，與大人舉趾不符為可笑耳。

又有以人身裝束者，俱係散髮塗麵粉白黛綠，十色五花，狀極獰惡或如靈官，或如夜叉大約牛頭獄卒之類，服飾皆用五彩綾羅，炫奇鬥靡，每八人為一隊，則稱駕前八家將，十人則稱為十家將，分列神轎前受，前驅跳擲傾側，自成步驟。膽怯小兒望兒卻走，惟當停午散隊時，遙見老爺轎子至則屈膝行禮，若逢迎然。落後一紙帛製成王船，其大與杉板等量，帆檣房倉舵工器物，色色畢備，祭然可觀，用四人抬行之。是日人山人海，披枷帶鎖者填塞道途，蓋持此以敬神，謂可消災解禍，亦奇事也。遶境二日至第三早，為出海日期。所有神將，皆跣足曳草履，執鋼叉背負行李，長驅先行，押送五毒桶。桶裡實以豬羊雞鵝毛血之屬。王船則滿添薪米，祭以犧牲，隨後送行，至海埔燒化。將爺仍返故處，於是聲炮封堂，掛公出免參牌一類。衙署須迨七月間，始復回鑾云。[54]

另外一項重要的廟會活動──「開堂」，就是在農曆元月初一日起，西來庵在廟裡仿造衙署，受理信徒的詞狀，並做出判決；這種神判，旨在補救人世的冤情及不公義的司法。開堂、驅瘟及出海構成五福大帝系統王爺信仰的重要特徵，是西來庵最大的特色，亦是當時臺南市重要的民俗節慶。[55]

西來庵除了瘟王信仰和活動之外，到了清末日治初年，又加入一股流行於民間的宗教信仰與活動──鸞堂，時任大潭區長的鄭利記，將其

[54] 《臺灣日日新報》日文版明治 31 年 9 月 13 日版次 03，漢文部分「迎神瑣說」條。
[55] 王見川，〈西來庵事件與道教、鸞堂之關係──兼論其周邊問題〉，頁 74。

主持的鸞堂「紅瓦厝啓善堂」所祀的八大天尊移祀西來庵，[56]西來庵轉
而以扶鸞開方濟世，著善書感化人爲主要的活動。由於信徒多，參拜者
眾，原有廟宇狹隘難容，加以得到鸞堂有力人士蘇有志、鄭利記等的幫
助，約 1913～1914 年間重建，1915 年 5 月，西來庵改建工程全部竣工，
廟方並在 5 月 20 日舉行五朝清醮，大肆慶賀。[57]改建後的西來庵，除設
有乩堂「啓善堂」外，其前廳亦提供善士宣講善書，勸化百姓，連其奄
中的石柱楹聯亦多刻上懲惡勸善之語，可以說大正初年西來庵已是十足
的善堂（鸞堂）。[58]余清芳於 1914 年初經西來庵的董事蘇有志引進而入
西來庵當鸞生，余清芳於是利用西來庵送善書的名義，連絡全臺的寺廟
暗中進行抗日活動及召募志士；另一方面，藉著修廟和建醮落成名義對
外大肆募款，充當起事費用，以西來庵作爲抗日運動機關。事發之後，
除了停止一切廟會活動外，原預定盛大舉行的六月開堂、驅瘟等活動，
亦告中止，是後日方更將該廟拆毀及燒滅神像，迨至光復後，由陳吉發
起募捐，民國 42 年 4 月重新在今西門路巷內新址重建，廟名仍舊，繼
續以往的香火，供人崇拜，但盛況已經不再。

　　（二）西來庵與善社、鸞堂的關係

　　1. 西來庵與善社

　　噍吧哖事件是臺灣史上唯一使用善書從事抗爭的事件，在反抗日本
統治的運動中，甚具特殊性。

　　善書是什麼？善書是包容了儒家思想、道教思想、秘密宗教思想及
民間信仰等各種思想，以闡明修身齊家、行善忌惡的道德教化，以及相
關的因果報應故事爲主的一種泛宗教體系的通刊物。從流傳的善書內容
看，善書以貧與富、男與女、功與過、因與果之間的關係，並利用現世
報、子孫報等不同的果報機制來傳達女性爲敗德之源及不義之財引人犯
過的深層意義。林漢章認爲「凡是以勸人爲善，或以行善爲目的而流通

---

[56]《臺灣日日新報》日文版大正 4 年 5 月 19 日，漢文部分「落成建醮」條。
[57]《臺灣日日新報》日文版大正 4 年 5 月 19 日，漢文部分「落成建醮」條。
[58] 王見川，〈西來庵事件與道教、鸞堂之關係──兼論其周邊問題〉，頁 75。

的文書,皆稱之爲善書。」[59]由於臺灣通俗信仰中,強調信天法祖的觀念,對天地神祇,列祖列宗有著強烈的敬畏心理,加上因果、輪迴、報應等觀念深植人心,所以善書就以這種理念獲得群眾的信仰。這種以勸人爲善爲主的流通刊物,有的僅一、二百字,有的大到一、二十冊的長篇巨著。由於其內容大多具有任何宗教與非宗教思想的特性,所以,自古以來即被傳統宗教與秘密宗教廣泛利用。善書一般由善社、寺廟等印行並流通於寺廟與信徒之間。

所謂「善社」,就是宣講善書的場所,通常附設於寺廟中,也是文人士紳的一種結社,清代已有,除了宣講聖諭之外,就是以善書爲最主要,1895 年台灣割讓之後,社會動亂,人心浮動不安,各式的善社流行於全臺各地,例如臺北的善願社、淳風社、勸善堂、宜蘭的碧霞宮勸善局、新竹的宣講嘉堂、勸化善堂、警醒善堂、嘉義的寶善社、高雄的鼓善社、宣講社等。[60]主持善社的人透過宣講達到勸化人心、敦厲風俗的功能。

2. 西來庵與鸞堂

鸞堂是以扶鸞爲主要儀式的宗教團體。扶鸞,又稱爲扶乩,源自中國古老的道術,臺灣在清代中葉前已有扶鸞活動,清末才形成宗教團體,其參與成員及鸞生,大多爲地方的士紳文人,他們所崇拜的主神,最主要是恩主(包括關聖帝君、孚佑帝君、九天司命真君、岳飛、豁落靈官天君等),而日本警察調查報告稱之爲「降筆會」。[61]所謂降筆意即王爺、恩主等神明會降乩指點神的旨意,將神所降乩指示的神意所寫成的刊物,就叫「鸞書」,這種按時舉行的降筆、扶鸞活動的地方,就稱爲「鸞堂」。從清光緒中葉到日治末期的六十年間,臺灣設立的鸞堂當

[59] 林漢章,〈余清芳在西來庵事件中所使用的善書〉,《臺灣史料研究》第 2 期(臺北:財團法人吳三連史料基金會,1993 年 8 月),頁 116。

[60] 王見川、李世偉,〈日據時期臺灣的儒教運動〉,《臺灣的宗教與文化》(臺北:博揚文化事業公司,1999 年 11 月),頁 159。

[61] 王見川、李世偉,〈日據時期臺灣的儒教運動〉,《臺灣的宗教與文化》(臺北:博揚文化事業公司,1999 年 11 月),頁 160。

在 150 所以上，鸞堂所扶出的鸞書近 200 本。[62]

鸞堂的設立和善社一樣，都是利用人敬天法祖，對天地神祇、列祖列宗敬畏的心理，以及深入人心的因果、輪迴、報應的觀念等，透過善書，化民為善並宣揚儒家聖道，不過其組織善社更為龐大嚴謹，和社會群眾的關係更為直接廣泛，由於兩者的意識形態與理念太相似，所以雙方的成員不但互相往來，甚至混淆不分彼此。

西來庵原是一座王爺廟，但大正初年廟中已有扶鸞活動，事件發生前，每逢三、六、九日必開壇扶乩開方濟世，並著善書以化人。余清芳進入西來庵之後，擔任鸞務生，一方面利用送善書的名義，連絡全台的寺廟，並積極宣揚西來庵神明靈驗事蹟；另一方面藉著修廟和建醮的名義，暗中籌措軍費，並利用西來庵王爺降乩示諭，勸誘群眾入黨並擇定七日作為起事的日子。可見西來庵與鸞堂善社的關係非常密切。

那麼，在噍吧哖事件中，余清芳等人使用了哪些善書來推動抗日活動呢？據《余清芳抗日革命全檔》中，各涉案人的口供約有帝君經、灶君經、玉皇經、觀音經、太陽經、玉皇上帝經、警心篇、宜靈真經、大洞真經、北斗經、高王真經、志公祖師、無極聖帝大洞真經等，其中，被確認為事件中所使用者計六種，即高王真經、太陽經、志公祖師、無極聖帝大洞真經、北斗經、警心篇。[63]茲簡介如下：

（1）高王真經：又名「佛說高王觀世音經」，原名為「觀世音救苦經」。原書為 1901 年臺南松雲軒刊本，西來庵複印使用，經中謂：「心常求誦此經，能滅生死苦，消伏諸毒害，」又「誦經滿千遍，念念心不絕，火焰不能傷，刀兵立催折，恚怒生歡喜，死者變成活。」[64]這種念經滿千遍，就能超脫生死、火焰不傷、刀刃摧折、不損皮肉的說法，一旦信徒相信，在生活苦難無助之際，自然樂於繳交若干費用，甚至參加余清芳的反日活動了。

[62] 王見川、李世偉，〈日據時期臺灣的儒教運動〉，《臺灣的宗教與文化》（臺北：博揚文化事業公司，1999 年 11 月），頁 161；另見王見川〈光復（1945 年）前臺灣鸞堂著作善書目錄〉，《民間宗教》第 1 輯（臺北：南天出版社，1995 年 12 月），頁 193~195。

[63] 林漢章，〈余清芳在西來庵事件中所使用的善書〉，頁 117~120。

[64] 林漢章，〈余清芳在西來庵事件中所使用的善書〉，頁 117。

（1）太陽經：又稱「太陽真經」，原稱爲「太陽大星君救苦真經」。原爲松雲軒 1849 年刊本，1901 年重刻，噍吧哖事件前由松雲軒後人盧乙重印，盧乙就是西來庵鸞堂的正堂生。經中有句「太陽星君三月十九日生」，[65]被學者認爲與秘密組織天地會有關，並且是爲了紀念崇禎皇帝 3 月 19 日殉國而定，推測余清芳定國號爲「大明慈悲國」應有相當的關聯。

（2）志公祖師：全名爲「志公祖師救現劫真經」。1862 年松雲軒刊本，西來庵後來再重刊印行。志公即南北朝時之寶誌禪師，與化公、唐公、朗公、寶公合稱爲「五公」，這個「五公」信仰刊印了許多善書，強調男與女、貧與富、因與果的關係，以及戰爭拆散夫妻的慘狀等。「志公祖師」即爲其中之一。主張奉祀五公菩薩佩帶五公符方可免受末劫年之災，尤以志公祖師後所附「呂先生」勸世文，有句「但看七八月，黑風吹鬼神」，「但看念佛者，觀音就汝身」，[66]余清芳可能即根據經文解釋來勸誘同志入黨，並且提出「今年農曆七月，天地將變成黑暗，且有天災」，所以才據此擇定七月作爲起義的日子。[67]從被捕者的口供中，可知許多人因相信此精而參加了抗日活動。

（3）無極聖帝大洞真經：此經爲呂仙祖降筆著作經典。呂仙祖爲一般鸞堂奉祀的五恩主之一，在西來庵亦爲奉祀主神三恩主之一。

（4）1915 年該經重刻印行，擔任監刻之一的「鄭春亨」就是西來庵的執事鸞生鄭利記，「鄭春亨」是神明派給他的賜號。

（5）北斗經：全名爲「太上玄靈北斗延生妙經」，亦稱「靈寶北斗經」，1914 年重刊時以鄭利記爲發行人。此冊經文出自正統道藏，屬道教經典。[68]

（6）警心篇：此書爲西來庵在本事件中唯一自己著作之善書，內容出自編纂生兼唱鸞生王春璧（藍石）、盧福杰（乙）兩人之手。[69]

---

[65] 林漢章，〈余清芳在西來庵事件中所使用的善書〉，頁 120。
[66] 王見川，〈西來庵事件與道教、鸞堂之關係——兼論其周邊問題〉，頁 81。
[67] 王見川，〈西來庵事件與道教、鸞堂之關係——兼論其周邊問題〉，頁 81。
[68] 林漢章，〈余清芳在西來庵事件中所使用的善書〉，頁 120。
[69] 林漢章，〈余清芳在西來庵事件中所使用的善書〉，頁 121。

　　乙末割臺後，由於日人施政多所失策，經濟偏向圖利日本資本家，臺灣人的經濟普遍不好，尤其土地調查、林野調查帶來的損失，更使臺灣人對日本統治者感到失望與不滿。加上民族意識的對立，社會充滿不安與浮動，這樣的環境，人對於宗教信仰格外殷切，此時，本來就盛行的善社與扶鸞更受歡迎，有心人得以利用因果報應故事的善書，透過故事性、趣味性、通俗性的內容吸引群眾聽講，臺灣的社會又具有濃厚的敬天法祖的觀念，對天地神祇、列祖列宗抱持敬畏的心理，善社、扶鸞很容易博得群眾信仰且可加以操控。這樣的民間宗教信仰盛行在臺灣的各個城鄉角落，余清芳有心抗日，自然看得出這種社會氛圍，因此，他加入這座既是王爺廟又是鸞堂的廟宇，擔任負責宣講神旨與善書的鸞務生工作，他於是得以透過廟宇、善書、扶鸞活動，將臺灣人對日本統治者不滿的心理和社會狀況投射到這種流行的宗教信仰來宣洩。也成功地引起一場臺灣史上唯一使用善書的群眾抗爭事件。這樣的社會背景，這樣的民間信仰在這次的抗日事件中是值得注意的。

肆、與事件有關的經濟因素

　　根據矢內原忠雄《帝國主義下的臺灣》一書中指出，殖民地為獨立之經濟生活，必須先將生產手段——特別是土地——轉移至殖民者的支配之下，此即殖民地社會走上資本主義化的第一步；而在將原住民之土地轉移至殖民者手中時，則一貫存在著政治或經濟的壓迫，[70]林野調查即日本政府為了經濟上之利益而進行者。此調查對農民之生存具有極強之殺傷性，因此為抗議林野被沒收而大規模進行反日行動乃其為求生存而不得不為之舉；在噍吧哖事件中，檢察官對被告林永楷所作之偵查筆錄中即記有：「因日政府益行苛捐，藉林野調查沒收土地，教育機會不公平等，亟須驅逐日人，謀求獨立」[71]等語，而許多被告之偵訊筆錄中

---

[70] 吳密察，《臺灣近代史研究》（臺北：稻香出版社，1994 年 3 月），頁 196。

[71] 程大學譯，《余清芳抗日革命案全檔》第三輯第一冊第十篇〈判決（二）〉（臺中：臺灣省文獻委員會，1975 年 6 月），頁 113。

也提到其入黨動機係爲了「革命政府能夠自由發放田地及森林，並自由處分竹林等，使得生計轉爲豐裕」，甚至是「佃農免租」[72]等福祉，在在證明林野調查與事件之發生確實有極其密切之關連。

　　臺灣土地所有權之形態一直十分複雜，第四任臺灣總督兒玉源太郎乃於任內開始進行地籍整理，民政長官後藤新平於 1898 年創設臨時土地調查局，開始測量全島之土地，發現許多未登記之土地（即隱田）。其後繼任之總督佐久間左馬太則將地籍整理事業再度推進，其自 1909 年擬定「理番五年計畫」，投入軍隊、警察隊伍以討伐爲歸順的原住民，費時四年半始取得預期成效；而隨著軍事之進展，同時進行林野調查事業，因而確立了林野的所有權（即官有或民有）及使用權，由於將諸多民有地劃爲官有，造成不少紛爭，且久久未能妥善圓滿處理，從而引發民怨，林圮埔與馬力埔事件都由此發生，也成爲噍吧哖事件導火線之一。

一、林野調查

　　所謂「林野調查」，係以臺灣總督府殖產局爲掌理機關，特設林野調查課負責進行未登記地之調查、測量、區分及地圖簿籍之編製等事務；而每當一地調查完成，即將地圖及業主名簿送交地方林野調查委員會審查，如有不服調查者，可於公告後六十日內提請高等林野調查委員會作最後之裁決。[73]調查自 1910 年開始，以律令第七號公佈「臺灣林野調查規則」，並於殖產局下設林野調查課。首先佈告民眾，要求「對未在土地帳冊登錄之山林、原野及其他土地而主張頁主權（所有權）者，向政府申報」。[74]令各提出「確實證件」以申報地權，旋即展開實地調查，

---

[72] 程大學譯，《余清芳抗日革命案全檔》第一輯第二冊第二篇〈偵查筆錄（二）〉（臺中：臺灣省文獻委員會，1974 年 6 月），頁 753~756、765、771、773、795、798、800、848 李火見、邱阿吉、李子龍、魏大肚、劉牛、劉永、吳金寶、李火生、葉連等人之偵查筆錄，及《余清芳抗日革命案全檔》第二輯第一冊第六篇〈起訴（一）〉（臺中：臺灣省文獻委員會，1975 年 3 月），頁 448 李海李、火見之供詞。此種例子太多，不勝枚舉，僅列上述代表之。

[73] 姚鶴年編纂，《重修臺灣省通志・卷四》〈經濟志林業篇〉（南投：臺灣省文獻委員會，1992 年），頁 169~170。

[74] 向山寬夫原著，楊鴻儒、陳蒼杰、沈永嘉譯，《日本統治下的臺灣民族運動史》（上）（臺

第三年才調查到臺南及屏東地區。根據林野調查報告書之統計，當年與事件直接相關的台南、阿猴兩廳轄下申報的調查申請件數爲 27,559 筆，佔全台的 16%，數量相當地多，其影響相對地提高。此次調查申請件數爲 167,054 筆，其調查結果如下：[75]

表一　林野調查後官民有地所佔面積百分比

官有/民有地	實測面積	所佔比例
官有地	916,775 甲	94.15%
民有地	56,961 甲	5.85%
合計	973,736 甲	100%

表二、三　林野調查全台申告通數百分比[76]

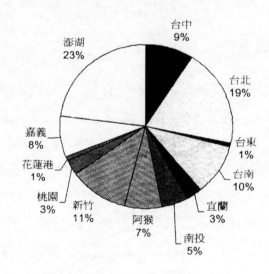

	申告通數	百分比（%）
台中	14,907	8.92

北：福祿壽興業股份有限公司，1999 年 12 月），頁 375~376。此爲規則之第一條。

[75] 劉寧顏總纂，《重修臺灣省通志・卷七》〈政治志行政篇〉（南投：臺灣省文獻委員會，1996年 1 月 15 日），頁 1450~1451。

[76] 本圖表依據《林野調查報告書》製作而成。

台北	31,670	18.95
台東	1,392	0.83
台南	16,461	9.85
宜蘭	4,399	2.63
花蓮港	2,175	1.3
阿猴	11,098	6.64
南投	8,043	4.81
桃園	5,136	3.07
新竹	19,154	11.46
嘉義	13,385	8.01
澎湖	39,234	23.48
總計	167,045	100

　　由於調查規則第六條規定：「未提出第一條申報土地之業主權，歸屬國庫。」故此調查之結果顯示此殖民地政策實際上幾乎等於沒收了土地，所謂「緣故關係人」[77]行之已久，這些林野地在前清時代並未清丈納賦，都是依口頭契約而不另備持地權狀證明，耕墾者長久以來已認為屬於自己的產業，於今竟然一夕之間全被抹殺。臺灣總督府雖然設立了「高等林野調查委員會」，作為土地糾紛產生時之仲裁機構，但其實於調查之際早有「凡不遵守規則者均將依法嚴懲並予以強徵，毫不寬貸」之峻律在先，而且調查規則之第四條又規定禁止向法院提訴，故而「緣故關係人」根本有苦難言，而據官方報告，在臺南廳下「不服裁定申請異議者，雖僅有二件，均因其自願撤銷，致並無需經高等林野調查委員

---

[77] 經林野調查而確定為官有之林野，其中部份林野以久為民間利用或栽植開墾，日本政府徒以其無契約憑證可茲證明其所有權，而依規定非編為官有不可，但在人情上似乎又說不過去，於是另擬一種通融之辦法，即凡林野之有如此關係者，名之曰「緣故關係人」，雖暫編為官有，仍由「緣故關係人」在政府指導監督之下保管使用其收益，但須繳納若干費用。參見王益滔，〈光復前臺灣之土地制度與土地政策〉，臺灣銀行經濟研究室編，《臺灣經濟史》第十集（臺北：古亭書屋，1979 年 3 月影印版），頁 72~73。

會的裁決者，均予以確定。」[78]如是，「緣故關係人」數目龐大的祖傳土
地、山林被掠奪，卻為日本資本家開闢了一條坦途。

　　林野調查之目的，其實就是要便利日本資本家獲取林野，[79]使其買
賣或利用林野時得到法律之保障，以安心進行投資事業；雖然在調查之
時，曾經設立「保管林」及「有關者優先購買」之制度，以保護習慣上
的實際利用者，但實際上受到保護者畢竟不多，[80]而後終究落入日本資
本家的手裡。之後，又因「緣故關係」之存在，使得林野的利用不能徹
底，因此自 1915 年起，繼續實施官有林野整理事業；而經林野整理之
後，被強徵為官有林野中，有 266,399 甲被無償或廉價售予民間，但其
實 85% 之所謂「民間」皆係日本企業家，出售予舊有關係者僅 197,000
甲。[81]總之，一切的相關調查、整理，都是為了使日本資本家能夠在官
憲援助之下，不顧當地人民之反抗，強迫取得土地。[82]

　　大量民有林野被官方無償沒收，造成民眾損失慘重；且一旦被編入
官有之山林原野，既不得砍伐竹木，亦禁止人民開墾，即使被准許使用，
也需支付使用費，為日常生活增加不少負擔。本事件中犧牲人數最多之
南化莊民對山林原野地之依賴度特別高，林產物除薪材、木材、木炭外，
還有水果、竹筍、藥草等經濟性副產物，貧困庄民得以據此輔助家計。
而噍吧哖附近住有許多平埔族，在此事件中竟與一向侵佔其土地之漢人
共同蜂起，必然與其所擁有的林野先取權並面臨失去所有權有關。[83]噍
吧哖事件發生當年的第三十七次帝國議會，曾提起本事件並一致認為林
野調查為事件之誘發原因，或者與此有所關連，且引起一番爭論。[84]噍

---

[78] 池田敏雄著，程大學譯，〈柳田國男與臺灣——西來庵事件的插曲〉，頁 192。

[79] 張漢裕，〈日據時代臺灣經濟之演變〉，臺灣銀行經濟研究室編，《臺灣經濟史》第二集（臺
　　北：古亭書屋，1979 年 3 月影印版），頁 75。

[80] 莊英章，《林圯埔———個臺灣市鎮的社會經濟發展史》（臺北：中央研究院民族學研究所，
　　1977 年 6 月），頁 46~47。

[81] 姚鶴年編纂，《重修臺灣省通志・卷四》〈經濟志林業篇〉，頁 193。

[82] 東嘉生著、惜餘譯〈臺灣經濟史概說〉，臺灣銀行經濟研究室編，《臺灣經濟史》第二集（臺
　　北：古亭書屋，1979 年 3 月影印版），頁 23。

[83] 池田敏雄著，程大學譯，〈柳田國男與臺灣——西來庵事件的插曲〉，《臺灣文獻》第 32
　　卷第 3 期（臺中：臺灣省文獻會，1981 年 9 月），頁 193。

[84] 池田敏雄著，程大學譯，〈柳田國男與臺灣——西來庵事件的插曲〉，頁 193。

吧哖事件雖然誘發於西來庵事件，但其引起眾怒並蜂起抗爭的導火線就是林野地被強徵的結果。不過，臺灣總督府唯恐其失政之事實被揭發，乃於事後特意湮滅相關史料，刻意隱瞞此事，以降低本事件之影響，並進而掩蓋歷史的真相。

　　林野調查在本事件主要發生地區臺南、阿猴兩廳實行狀況，在臺南廳依據府令第四七號於 1912 年 5 月 17 日公布，以臺南市為據點並在三日後即 5 月 20 日開始施行，1912 年 9 月就民眾提出申告的部分展開實地調查工作，隔月從事細部測量，該年底測量工作完結，臺南廳林野調查的全盤工作於翌年（1913 年）1 月全數完結，查定結果在 1913 年 9 月 1 日發表公布；另外，相關於阿猴廳的林野調查規則為府令第一八號，於 1912 年 8 月 28 日公布並於阿猴廳內成立辦公據點，同年 9 月 1 日施行，次年 8 月 9 日公告查定結果。[85]

　　表三　玉井、楠西、南化三鄉林野調查面積統計總覽表[86]

	南化	楠西	玉井	合計
國有	1,550.6784	345.4135	1,009.8180	2,905.9099
私有	14.8504	21.2730	7.0094	43.1328
合計	1,565.5288	366.6865	1,016.8274	2,949.0427

　　根據玉井、楠西、南化三鄉「土地台帳」可以看出，林野調查之結果，南化鄉有 1,550.6784 甲收為國有，僅有 14.8504 甲畫歸私人；楠西鄉 345.4135 甲畫為國有，僅 21.2730 甲為私人所有；玉井鄉 1,009.8180 甲畫國有地，僅僅餘下 7.0094 甲為私人所有（以上詳見表三）。被沒收為國庫所有的土地佔 99%，私人擁有地僅僅 1%而已，其中又以玉井鄉即事件所在地的噍吧哖最為嚴重。

　　本事件雖然牽連全台，但是雙方主要在現今臺南縣沿山地區玉井、楠西、南化、新化、左鎮等五鄉鎮發生激烈戰鬥，其中以玉井、楠西、

---

[85] 高等林野調查委員會，《林野調查報告書》，（臺北：臺灣總督府殖產局），頁 98~103。
[86] 本圖表根據玉井、楠西、南化三鄉土地台帳製作而成。

南化等地為最。該三鄉參與本次起義人數亦多，在日軍從事清鄉工作時無故被殺者亦眾，據此可知林野地徵收與事件的發生有重大的關係。

二、剝削與掠奪的經濟政策

　　日本殖民臺灣五十年間對臺灣所施行之產業策略，可以「掠奪與管制」來形容，其有開發之雄心，亦有殖民帝國剝削侵略的本質；其前期的產業政策係以農業立基，欲以農業建立自給自足之經濟體系，但對臺灣農民而言，日人在土地制度上形同剝削，此從臺南縣下營鄉農民組合所教唱之農民歌「臺灣兄弟要知機，野蠻日本領臺時，咱的祖先被刣死，刑虐土地亦搶去」中可得到清楚的印證。[87]故日本殖民政府所帶給臺灣農民的是「耕者失其田」[88]之虐政，農民因喪失土地而「無產化」的程度日益加劇，而急速的開發更造成農民生活之窘境。

　　此外，噍吧哖地區因地靠中央山脈南段，在嘉南大圳建成之前，由於缺乏灌溉之便，稻作難如平地般一年二種，而栽植甘蔗之收穫量亦不如其他地方，[89]因此農民生活極差。而由於稻作困難，噍吧哖地區之農民多樂於種植甘蔗，其所種甘蔗則由附近之臺南製糖廠予以收買，但當甘蔗之收購價格被壓低時，噍吧哖地區之農民亦無法如其他地區之農民改種別的作物，因此即使農民對製糖會社有所不滿，也唯有隱忍，任由製糖會社擺佈。1910 年各製糖會社更進一步組織了臺灣糖業聯合會，控制整個臺灣糖業並壟斷市場，使眾多蔗農淪為慘遭殖民剝削之對象，[90]生活苦不堪言。

　　而在臺灣總督府獎勵補助製糖業之政策下，多數人都不過等同於會社的廉價勞工罷了，俗話「第一憨，種甘蔗給會社秤」，傳神地道盡了蔗農之辛酸，因為臺灣糖業在日本資本主義獨佔性經營下，蔗農與新式

[87] 姜天陸，〈鐵骨農者——下營農組與下營事件〉，《臺灣史料研究》第 9 期（臺北：財團法人吳三連臺灣史料基金會，1997 年 5 月），頁 178。

[88] 周憲文，《臺灣經濟史》（臺北：開明書店，1980 年），頁 462。

[89] 周憲文，《臺灣經濟史》，頁 192。

[90] 林崇仁、楊三和，〈臺灣糖業的發展與演變〉，《臺灣文獻》第 48 卷第 2 期（南投：臺灣省文獻委員會，1997 年 6 月），頁 41。

糖廠之關係只是單純的原料供給者，毫無利潤可言；原料蔗之收購價格本有規定，先由會社與蔗農協議再經地方官廳認可，但後來事實上僅由會社作片面之決定，蔗農無權過問，故蔗農以賤價之勞工供給甘蔗，而利潤則由日本資本家所獨佔。[91]1911 年至 1914 年，臺灣受到強烈颱風侵襲，暴風雨使農作物之生產大受影響，甘蔗收穫量銳減，連帶的也使糖之生產量大幅衰退；[92]而 1915 年（大正 4 年）又發生病蟲害，加上米價暴漲，致使噍吧哖地區的農民生活愈發艱苦，從而激發敢於投入余清芳等抗日之行列。

伍、結論

臺灣在經過日本殖民統治二十年之後，臺灣人民何以還會採取一場大規模的武裝反抗，企圖推翻日方統治？這可歸納為三個問題，首先是臺灣人累積了仇日、抗日的政治力量，雖然經過日方的鎮壓與屠殺後，武裝抗日活動一度消寂，但 1907 年後卻如一聲春雷般地引發了一連串多達十幾次的抗日事件，這些事件雖多個案，但事件與事件之間，仍然會有關連與影響，例如 1914 年，六甲事件失敗後的抗日軍和後來江定、田庭都所率部隊，都以甲仙埔及噍吧哖之間的後堀仔山為基地，顯見抗日人士不但在這一地區已經經營多年，並且應有所聯繫，特別是羅福星的苗栗事件，在組織上已遍及臺灣南北，所以，雖然每一次起事都是被日方敉平及處刑，但並沒有消滅這股勢力，反而蓄積了更為強大的反抗力量，可以說，這十多次事件讓臺灣人越挫越勇，同時這一段期間都以「祖國」為奧援相號召，在鼓舞士氣方面是有助益的，從政治方面看這對於 1915 年爆發噍吧哖事件應是有相當的關係。

其次是社會的問題，臺灣的社會向來相信因果、功過、輪迴、報應這些宗教觀念，也相信神佛超人神秘的力量，更相信透過祭儀、咒術、

---

[91] 林崇仁、楊三和，〈臺灣糖業的發展與演變〉，頁 51~52。

[92] 參見臺灣銀行金融研究室，〈臺灣之糖業（統計）〉，《臺灣特產叢刊第 1 種——臺灣之糖》（臺北：臺灣銀行金融研究室，1949 年），頁 68。

法術等科儀可以有效應用這些力量，所以自清領以來臺灣的社會就經常透過相關廟宇，藉信仰及其活動將大家組織起來，互爲濟助，甚至起而造反，如朱一貫、林爽文、戴潮春等史蹟斑斑可考。日人統治之初，無暇顧及複雜的臺灣民間宗教信仰，因此，臺灣人的宗教信仰在噍吧哖事件發生前是相當自由而開放的，這樣的環境很適合反日人士利用寺廟與信仰來活動。齋教的信仰和齋堂的活動當時非常盛行，所以，余清芳等人逐能藉西來庵掩護，鼓吹革命，進行籌款募兵及購買武器，將有志之士串連起來，進而發動一場慘烈的抗日事件，當時臺灣的社會現象提供了余清芳等人反抗殖民政府的一個溫床。第三個因素就是經濟的問題，這從事件的號召、引發及農民階層的投入，都與當時林野調查的結果及其各項不利農民的剝削政策相關有以致之。事件結束後，日人對台統治改採懷柔政策，其目的就是想在政治上減緩臺民之仇日抗日意識，在社會的民間宗教信仰方面，更立即實施全臺灣的宗教總調查，以瓦解臺灣人藉宗教作掩護進行抗日的運動，臺灣人也終於被迫放棄武裝的反抗，轉向非武裝的運動。

噍吧哖事件大屠殺的真相

摘要

　　噍吧哖事件發生於一九一五年，是台灣人民最後一次以武力爲手段的抗日行動，由於日本軍警在事件中進行焚莊屠殺之暴行，造成當地人民慘遭大量死亡，但是，因爲日本政府刻意隱瞞，致使大屠殺之真相無法呈現。本文利用一九一五年當地的「戶口調查簿」及「戶口調查除戶簿」等第一手史料，逐戶清查、比對與統計，終於證明日本軍警確實有屠殺村民的行爲，並統計出較正確的被殺害人數，還原長久以來被湮沒的大屠殺真相。

　　關鍵詞：噍吧哖、林野調查、土地台帳、西來庵、余清芳、大屠殺

壹、前言

日本自一八九五年（清光緒 21 年，日本明治 28 年）藉《馬關條約》而取得近代第一塊殖民地——臺灣後，即以臺灣爲「殖民地統治的練習地」，汲汲於經營臺灣，致力於將臺灣建設成「價值最大」的殖民地。然因其對於殖民地之統治經驗極少，加以其本國當時仍屬開發中國家，經濟力量遠不如其他帝國主義強國雄厚，故於治臺初期，乃靠軍、警壓迫及暴力掠奪來彌補其資本力量之不足，企圖藉由高壓統治以遏阻臺民之反抗，維持治安以改善投資環境，達成其經濟榨取之目的。然而壓力愈大，反抗亦愈激烈，其罔顧殖民地人民之利益、造成殖民地疲弊之作法，遂導致臺民不斷以武裝方式進行抗日活動。

發生於一九一五年（日本大正 4 年）之噍吧哖事件，堪稱爲日人治臺時期中規模最大、範圍最廣、犧牲最慘重而影響最深遠之抗日運動，它同時也是臺民最後一次以武力爲手段所發起之抗爭運動。由於本事件係以噍吧哖爲主戰場，故而名之爲「噍吧哖事件」，又因其領導者爲余清芳，遂亦稱之爲「余清芳事件」；此外，亦有以起事地點爲西來庵而將之稱爲「西來庵事件」者。本事件由余清芳、羅俊、江定等人謀劃，牽連地區涵括今天的臺南、屏東、嘉義、臺中、南投、臺北、淡水等地，略具「全島性」之規模；而由於當時臺灣尚屬農業經濟之社會，人民對於土地之依賴極爲殷切，故在日本政府進行林野調查而強佔民地之情況下，飽受奴役、剝削與欺凌之大批農民乃因此而直接或間接投入本抗日事件。

對於噍吧哖事件之研究，用力最深者推程大學先生，其曾奉命整理、編譯前臺灣省文獻委員會庋藏《臺灣總督府公文類纂》中相關之文件，該批文件爲日本官方所保存最原始、直接而完整之史料，卷帙浩繁，其價值不言可喻；而後由臺灣省文獻委員會出刊四輯八冊《余清芳抗日革命案全檔》，共計 3,124 頁，多達二百四十五萬字，對於事件之始末有詳實之記錄。程大學先生之後又於余清芳百歲冥誕之時再撰《余清芳傳》（1978 年 6 月，臺灣省文獻委員會「臺灣先賢先烈專輯」第二輯）

一書，除詳述噍吧哖事件之主要人物及事件始末外，並歸納本案之特性、探討其失敗之原因，以及此事件所造成之後果與影響等；另外，作者探訪了事件當時之參與者葉泉先生與李老平先生，並留下珍貴之口述歷史資料，為吾人研究此案奠定了寶貴的基礎。可惜該書未針對具關鍵問題的林野調查做深入的探討，對於被日軍屠殺的老百姓之死亡數，亦未能提出具體的數目。

　　李能棋（李喬）先生所撰《結義西來庵──噍吧哖事件》（1977 年10 月，近代中國出版社「先烈先賢傳記叢刊」）一書，雖以歷史小說筆法寫成，然作者除根據《余清芳抗日革命案全檔》及其他史料外，並曾親赴臺南、高雄等地，參詳傳說，採擷逸聞，訪問遺老，查看戰場遺蹟，目睹刀痕彈跡猶存之烈士遺骸，今經本人考之檔案，完全符合史實，故而本書並非虛構小說，而係經李氏充分考證而為之著作。例如書中對於余清芳之婚姻狀況即根據西來庵諸遺老之口述資料寫成，又如余清芳與江定等人於刣牛湖所舉行之祭旗儀式，係根據實際參與者溫杖老先生口數所寫；加以作者生動之筆法，使得本事件之原貌得以另一種方式呈現。

　　此外，尚有多位學者專家之專著及論文，如池田敏雄原著，程大學譯〈柳田國男與臺灣──西來庵事件的插曲〉、王詩琅〈余清芳事件的全貌〉、戴寶村〈一九一五年武裝抗日事件的新視角〉、林漢章〈余清芳在西來庵事件中所使用的善書〉、陳錦忠〈西來庵抗日事件之性質淺探──就起事論告文分析〉、張家鳳〈噍吧哖慘史〉、翁佳音〈最後武力抗日三豪傑──余清芳、羅俊、江定〉等等，以及臺灣總督府所編纂《臺灣匪亂小史》、向山寬夫所著《日本統治下的臺灣民族運動史》等書，亦提供吾人研究此案時重要之參考。

　　然而，歷來研究噍吧哖事件者所根據之史料，主要係日本官方檔案中之記載，特別是《警察沿革志》。但由於臺灣總督府為迴避林野調查等政策之疏失，避免引起輿論撻伐與政敵攻訐，因此對於相關事實多隱密不宣，故而事件之真正內幕有待於吾人自其他角度加以切入瞭解。例如林野調查事業對於本事件之影響，吾人即從日本官方檔案內被逮捕者之偵訊筆錄中看出端倪，檔案中數名被告曾作「可得田地，開墾地亦可

自由開墾」、「若能樹立格命政府，生計必定寬裕，開墾地亦可自由處分」、「（成功後）能自由耕作田園，無納稅之義務，可自由伐採開墾山林」。等語，由此可窺見當時人民對於臺灣總督府進行林野調查之深刻反應，進而據此蛛絲馬跡加以深入研究與探討，此外，日本當時之國會對此事件亦曾有經過討論，故其會議紀錄亦可加以佐證，而歷來研究噍吧哖事件者鮮少針對此一要點作深入之探討，本研究報告則專節討論之，冀球對此一事件做最完整之交待。

再者，有關研究本案之學者對於死於「噍吧哖大屠殺」之人數眾說紛紜。例如：程大學於《余清芳抗日革命全檔》中，以「日當局深知此事，所以慘遭殺害的莊民確實數字無從知悉，不過據傳至少也有數千人之多[1]。」黃昭堂根據《警察沿革志》稱「總督府出動大砲轟擊村落，在八月六日對噍吧哖的攻擊中，總共有 309 人被殺。另外，在各地也有多人遇害或被捕[2]。」該文也只有根據《警察沿革志》提及戰鬥中死亡的人數，至於被屠殺的村民則僅以「多人遇害」一筆帶過。蔣君章著《民族精神在台灣》則說「噍吧哖附近的男女老幼都加以「匪徒」的罪名，不加以審問即予屠殺，甚而至於連小學生也被迫排著隊伍，用排槍掃射而死。……總計此次慘死的台胞達三萬人之多[3]。」歷史研究貴在客觀、正確的史觀，以上文章或受限於日方的掩飾苦無資料或根據民間流傳的傳說。因此，無法客觀地指出「大屠殺」中犧牲民眾的確實數字，也因為一直未能有確實之憑證與數據加以證實，以致於死亡人數自數千乃至上萬之說法皆有；本文感謝臺南縣政府的支持，並獲得玉井、南化、左鎮、楠西及新化等五鄉鎮戶政事務所提供當年之戶籍資料，經過「戶口調查簿」及「戶口調查除戶簿」逐一清查，乃使得大屠殺之死亡人數終於能夠自一手史料上得到正確之數據。而自各鄉鎮戶政事務所提供之戶籍資料中，吾人發現許多老人、纏足婦女、幼童與嬰孩死於這場屠殺，同時更以多例整戶同一日死亡而絕戶之情形，甚至在竹圍莊、竹頭崎莊

---

[1]　《余清芳抗日革命全檔》第一輯第一冊，南投：台灣省文獻委員會，頁 22。

[2]　《台灣總督府》（1999）。台北：前衛出版社，頁 107。

[3]　《民族精神在台灣》，頁 17。

等莊同一日死亡之莊民中，其住址多爲連號，證明日軍確有「滅莊」之殘酷行徑。（參閱附錄八）

　　噍吧哖事件之後，臺民因犧牲慘重之教訓，抗日運動基本上從武裝鬥爭轉化爲非暴力抗爭，故其具有相當程度之階段性指標，值得吾人加以特別之關注；本報告共分四段，除對時代背景、事件始末及其影響詳加分析與敘述外，對於林野調查與本事件之關聯更作一深入之討論；此外，並蒐集、拍攝相關圖片、剪報與文物，特別是日本方面之史料如當年日本國會之會議紀錄等（參閱附錄六），期使本事件得以更加清楚的呈現。而於附錄中，對於《臺灣總督府公文類纂》內所列被判死刑與有期懲役（即有期徒刑）、受減刑者、被執行死刑者之相關資料則予以有系統之整理與核對；而獲判無罪者、拘留偵訊中死亡者、自殺死亡及戰亡者之名單，則係前人未曾深入研究之部分，而由本報告首先加以系統地整理，相信對於事件之經過、審判、善後等問題的解答有了直接的貢獻。

貳、噍吧哖事件始末

一、林野調查與本事件之關連

　　從參與噍吧哖事件者有 90%以上皆係以農爲主要職業來觀察，本事件之發生，其原始動機無疑地與其現實生活應有重大關係，否則單純的農民不至於敢貿然參與此抗日行動，必定係其生存條件已遭侵犯或剝奪，才會甘冒死亡之風險而參加抗日，對於林野調查與本事件之關連，前人雖有提及此爲激發事件的原因之一，但並未有詳細而深入之討論，原因可能在於所運用之史料主要爲日本官方檔案，而日本政府又蓄意隱瞞此事，因此造成研究者之困難與忽略。

　　根據矢內原忠雄《帝國主義下的臺灣》一書中所說明之理論，殖民者爲營獨立之經濟生活，必須先將生產手段──特別是土地──轉移至殖民者的支配之下，此及殖民地社會走上資本主義化的第一步；而在將

原住民之土地轉移至殖民者手中時，則一貫存在著政治或經濟的壓迫[4]，林野調查即日本政府為了經濟上之利益而進行者。此調查對農民之生存具有極強之殺傷性，因此為抗議林野被沒收而大規模進行反日行動乃其為求生存而不得不為之舉；在噍吧哖事件中，檢察官對被告林永楷所作之偵查筆錄中即記有：「因日政府益行苛捐，藉林野調查沒收土地，教育機會不公平等，亟須驅逐日人，謀求獨立。」[5]等語，而許多被告之偵訊筆錄中也提到其入黨動機係為了「革命政府能夠自由發放田地及森林，並自由處分竹林等，使得生計轉為豐裕」，甚至是「佃農免租」[6]等等福祉，在在證明了林野調查與事件之發生，確實有極其密切之關連。

臺灣土地所有權之形態一直十分複雜，迄第四任臺灣總督兒玉源太郎乃於任內開始進行地籍整理，當時的民政長官後藤新平於一八九八年（日本明治 31 年）創設臨時土地調查局，開始測量全島之土地，因此發現許多未登記之土地（即隱田）。而後繼任之總督佐久間左馬太則將地籍整理事業再度推進，其自一九○九年（明治 42 年）擬定「理番五年計畫」，投入軍隊、警察隊伍以討伐未歸順的原住民，費時四年半始取得預期成效；而隨著軍事之進展，同時進行了林野調查事業，因而確立了林野的所有權（即官有或民有）及使用權，但也由於將諸多民有地劃為官有，造成不少紛爭，且久久未能妥善圓滿處理，從而引發民怨，林？埔與馬力埔事件督由此發生，同時也成為噍吧哖事件導火線之一。

所謂「林野調查」，係以臺灣總督府殖產局為掌理機關，特設林野調查課負責進行未登記地之調查、測量、區分及地圖、簿籍之編製等事務；而每當一地調查完成，即將地圖及業主名簿送交地方林野調查委員會審查，如有不服調查者，可於公告後六十日內提請高等林野調查委員

---

[4] 參見吳密察（1994）。《台灣近代史研究》。台北：稻鄉出版社，頁 196。

[5] 程大學譯，《余清芳抗日革命案全檔》（以下簡稱《全檔》）第三輯第一冊，第十篇〈判決（二）〉，頁 113。

[6] 見《全檔》第一輯第二冊，第二篇〈偵查筆錄（二）〉，頁 753~756、765、771、773、795、798、800、848 李火見、邱阿吉、李子龍、魏大肚、劉牛、劉永、吳金寶、李火生、葉連等人之偵查筆錄，以及第二輯第一冊，第六篇〈起訴（一）〉，頁 448 李海、李火見之供詞。此種例子太多，不勝枚舉，僅列上述代表之。

會作最後之裁決[7]。調查自一九一〇年（明治43年）開始，以律令第七
號公佈「臺灣林野調查規則」，並於殖產局下設林野調查課。首先佈告
民眾，要求「對未在土地帳冊登錄之山林、原野及其他土地而主張業主
權（所有權）者，向政府申報。」[8]令各提出「確實證件」以申報地權，
旋即展開實地調查，第三年才調查到臺南及屏東地區。根據林野調查報
告書之統計，當年與事件直接關係的台南、阿猴兩廳轄下申報的調查申
請件數為 27,559 筆佔全台的 16%，數量相當地多，其影響相對地也提
高。此次調查申請件數為 167,054 筆，其調查結果如下[9]：

表一　林野調查後官民有地所佔面積百分比

官民／民有地	實測面積	所佔比例
官民地	916,775 甲	94.15%
民有地	56,961 甲	5.85%
合計	973,736 甲	100%

表二、三　林野調查全台申告通數百分比[10]

	申告通	百分比
台中	14907	8.92
台北	31670	18.95
台東	1392	0.83
台南	16461	9.85
宜蘭	4399	2.63
花蓮港	2175	1.3
阿猴	11098	6.64

---

[7] 參見《重修臺灣省通志》卷四〈經濟志林業篇〉，頁169~170。
[8] 見向上寬夫原著，楊鴻儒、陳蒼杰、沈永嘉譯，《日本統治下的臺灣民族運動史》（上冊），
　　頁375~376。此為規則之第一條。
[9] 參見《重修臺灣省通志》卷七〈政治志行政篇〉，頁1450~1451。
[10] 本圖表依據《林野調查報告書》製作而成。

南投	8043	4.81
桃園	5136	3.07
新竹	19154	11.46
嘉義	13385	8.01
澎湖	39234	23.48
總計	167,045	100%

　　由於調查規則第六條規定：「未提出第一條申報土地之業主權，歸屬國庫。」故此調查之結果顯示此殖民地政策實際上幾乎等於沒收了土地，所謂「緣故關係人」[11]行之已久，依口頭契約而不另備持地權狀證明之慣例，爲長久以來之生活習慣，於今竟然一夕之間全被抹殺。臺灣總督府雖然設立了「高等林野調查委員會」，作爲土地糾紛產生時之仲裁機構，但其實於調查之際早有「凡不遵守規則者筠將依法嚴懲並予以強徵，毫不寬貸」之峻律在先，而且調查規則之第四條又規定禁止向法院提訴，故而「緣故關係人」根本有苦難言。而據官方報告，在臺南廳下「不服裁定申請異議者，雖僅有二件，均因其自願撤銷，致並無需經高等林野調查委員會的裁決者，均予以確定。」[12]如是，「緣故關係人」數目龐大的祖傳土地、山林被掠奪，卻爲日本資本家開闢了一條坦途。

　　林野調查之目的，其實就是要便利日本資本家獲取林野[13]，使其買賣或利用林野時得到法律之保障，以安心進行投資事業；雖然在調查之時，曾經設立「保管林」及「有關者優先購買」之制度，以保護習慣上

---

[11] 經林野調查而確定爲官有林野，其中部份林野已久爲民間利用或栽植開墾，日本政府徒以其無契約憑證可茲證明其所有權，而依規定非編爲官有不可，但在人情上似乎又說不過去，於是另擬一種通融之辦法，即凡林野之有如此關係者，名之曰「緣故關係」，雖暫編爲官有，仍由「緣故關係人」在政府指導監督之下保管使用其收益，但須繳納若干費用。參見王益滔，〈光復前臺灣之土地制度與土地政策〉，臺灣銀行經濟研究室編，《臺灣經濟史》第十集，臺北，古亭書屋，1979 年 3 月影印版，頁 72~73。

[12] 池田敏雄著，程大學譯，〈柳田國男與臺灣──西來庵事件的插曲〉，頁 192。

[13] 參見張漢裕（1979）。〈日據時代臺灣經濟之演變〉，《臺灣經濟史》第二集（影印版）。臺北：古亭書屋，頁 75。

的實際利用者，但實際上受到保護者畢竟不多[14]，而後終究落入日本資本家的手裡。之後，又因「緣故關係」之存在，使得林野的利用不能徹底，因此自一九一五年起，繼續實施官有林野整理事業；而經林野整理之後，被強徵爲官有的林野中，有 266,399 甲被無償或廉價售予民間，但其實 85% 之所謂「民間」皆係日本企業家，至於出售於舊有關係者僅197,000 甲[15]。總之，一切的相關調查、整理，都是爲了使日本資本家能夠在官憲援助之下，不顧當地人民之反抗，強迫取得土地[16]。

　　大量民有林野被官方無償沒收，造成民眾損失慘重；且一旦被編入官有之林原野，既不得砍伐竹林，亦禁止人民開墾，即使被准許使用，也需用支付使用費，爲日常生活增加了不少負擔。本事件中犧牲人數最多之南化莊住民對山林原野地之依賴度特別高，林產物除薪材、竹材、木材、木炭外，還有水果、竹筍、藥草等經濟性副產物，貧困莊民得以據此輔助家計。而噍吧哖附近住有許多平埔族，在此事件中竟與一向侵佔其土地之漢人共同蜂起，必然與其所擁有的林野先取權並面臨失去所有權之故[17]有關。噍吧哖事件發生當年的第三十七次帝國議會，曾提起本事件並一致認爲林野調查爲事件之誘發原因，或者與此有所關連，且引起一番爭論[18]。噍吧哖事件雖然誘發於西來庵事件，但其引起眾怒並蜂起抗爭的主要動機應在於除了政治之外林野地被強徵。不過，台灣總督府唯恐其施政之事實被揭發，乃於事後特意湮滅相關史料，刻意隱瞞此事，以降低本事件之影響並進而掩蓋歷史的真相。

　　林野調查在本事件主要發生地區台南、阿猴兩廳實行狀況，在台南廳依據府令第四七號於一九一二年（明治 45 年）五月十七日公布，以台南市爲據點並在三日後即五月二十日開始施行，一九一二年（大正元

---

[14] 參見莊英章（1977）。《林圯埔——一個臺灣市鎮的社會經濟發展史》，中央研究院民族學研究所，頁 46~47。

[15] 同註 17，頁 193。

[16] 參見東嘉生著，惜餘譯（1979）。〈臺灣經濟史概說〉，《臺灣經濟史》第二集（影印版）。臺北：古亭書屋，頁 23。

[17] 池田敏雄著，程大學譯，〈柳田國男與臺灣——西來庵事件的插曲〉，頁 193。

[18] 同上註。

年）九月就民眾提出申告的部份展開實地調查工作，隔月從事細部測量，該年底測量工作完結，台南廳林野調查的全盤工作於翌年（1913）一月全數完結，查定結果在一九一三年（大正元年）九月一日發表公布；另外，相關於阿猴廳的林野調查規則爲府令第一八號，於一九一二年（大正元年）八月二十八日公布並於阿猴廳內成立辦公據點，同年九月一日施行，次年一九一三年八月九日公告查定結果[19]。

吾人認爲本次事件的引發及農民階層的投入，應與林野調查有重大的關連，從時間點看絕對不是偶然的。在史料搜尋的過程中，本來希望能由前台灣省文獻委員會所收藏的台灣總督府檔案中，有關林野調查的檔案資料，可以直接證明兩者間的關連性，但是經過仔細查閱該批檔案中，有關於台南廳一帶諸如申訴案件之類的相關史料幾乎付之闕如，這種情況是值得注意的。感謝玉井、楠西、南化三地政事務所之支持與協助，得以調閱了當時台南廳土地台帳，藉由土地台帳上的土地所有權轉變狀況，從而瞭解當時實際的狀況。

本事件雖然牽連全台，但是雙方主要在現今台南縣沿山地區玉井、楠西、南化、新化、左鎮等五鄉鎮發生激烈戰鬥，其中以玉井、楠西、南化等地戰事最爲激烈。該三鄉參與本次起義人數亦多，在日軍從事清鄉工作時無故被殺者亦眾，可說傷亡相當慘重。吾人以該三鄉的「土地台帳」爲依據，探討林野調查對於當地人民經濟與情緒的影響：

表四　玉井、楠西、南化三鄉林野調查面積統計總覽表[20]

	南化鄉	楠西鄉	玉井鄉	合計
國庫	1550.6784	345.4135	1009.8180	2905.9099
私有	14.8504	21.2730	7.0094	43.1328
合計	1565.5288	366.6865	1016.8274	2949.0427

根據三鄉土地台帳可以看出，林野調查之結果，南化鄉有 1550.6784

19　高等林野調查委員會。《林野調查報告書》。台北：台灣總督府殖產局。頁 98~103
20　本圖表根據玉井、楠西、南化三鄉土地台帳製作而成。

甲收爲國有，僅有 14.8504 甲畫歸私人；楠西鄉 345.4135 甲畫爲國有，僅 21.273 甲爲私人所有；玉井鄉 1009.818 甲爲國有地，僅僅餘下 7.0094 甲爲私人所有（以上詳見表四）。被沒收爲國庫所有的土地佔 99%，私人擁有地僅僅 1%而已，其中又以玉井鄉即事件所在地的噍吧哖最爲嚴重。

　　玉井、楠西、南化三鄉所屬原分別下管於台南廳內外新化南里、楠梓仙溪西里及阿猴廳的楠梓仙溪東里的一部份，該等地區共玉井等二十一個地段[21]之多。在一九一三年（大正元年）九月由林野調查委員會查定的土地，分別於一九一四年（大正 4 年）及其後不同年度進行處分，總計共有將近 2,950 甲（詳見表五）左右的土地經過林野調查委員會的裁定，委員會裁決後，三鄉共計有 2,905 甲土地被判歸國庫所有，判歸民間持有僅僅 43 甲多的土地，兩者間相差六十七倍之多。長期以來，民間所擁有的土地，爲官方所剝奪難免心生怨懟。玉井等三個鄉在台南縣屬於山地地形分佈比例較高的鄉鎮，在該三鄉農業產業土地不敷小農階級需求時，農民便開發林野地，爭取更多的收成。吾人從三鄉土地台帳上的地目分析，可以得知土地台帳上被林野調查委員會宣告收歸國庫的地目中，以原野及山林兩項地目爲主要徵收項目。何以吾人特別關注此二項地目，因爲該兩項在土地台帳上顯示爲林野調查撿地結果地目之大宗（詳見表六），且如前述該兩項土地在傳統上私人土地所有，幾乎是沒有該等地目。在三鄉土地台帳顯示，共計約有 2423 甲多的山林及原野這兩項土地申請調查，根據土地台帳的原始資料了解竟然僅有六甲多的土地判歸私人所有，其餘盡歸國庫[22]，這等狀況該是如何地不合理，且令人感到憤怒。根據林野調查報告書：台南廳的山地多是荒廢的山頭，僅僅在一般民家的附近有種植竹子、龍眼等等的林野地；阿猴廳的山地多位於當年劃出的蕃地地界，位於行政區域界內的小部分山地多呈現丘陵狀，使用狀況蓋爲放棄（日人所列之「放棄」爲未使用土地）[23]。

---

[21] 詳見附錄。

[22] 本數據根據玉井、楠西、南化三鄉土地台帳統計所得。

[23] 高等林野調查委員會。《林野調查報告書》。台北：台灣總督府殖產局。頁 98~103

事實上，農民因為使用土地面積的不足，早已開墾大批未經過丈量的山林原野地，在總督府宣布要求人民對於該等土地提出調查申請以便進行丈量後，為保留對該等土地的所有權農民提出申請，但結果竟然悉數成為國庫所有的命運。《帝國主義下的台灣》提到，一九二一年（大正十年）時台灣地區仍有百分之六十強比例的農民，所擁有土地為超過一甲。該三鄉土地台帳所顯示出來的是林野調查的結果。如果以一九○八年台灣水、旱田共計有 670,404 甲，農家有 370,711 戶計算，每戶共計有 1.08 甲耕作面積。一般小農階級一戶耕地面積 1.08 甲為單位，計算三鄉可利用面積，將會有二千六百零七戶左右的人家面臨到生計發生問題，顯見林野調查對於該三鄉農民生計的影響程度之大。林野調查的過程中，農民提出申請丈量的目的，也許希望將長久以來習慣使用的土地，經過林野調查委員會的測定後，取得合法的使用地位，增加私人的財富。該等土地於清代多因近「蕃界」或是「蕃地」未經清丈，故均隱藏在正常土地使用權之外。在數量上、在土地使用的內容上均為難以掌控的部分，不但取得困難，徵稅也是一大問題。總督府雖放棄了強制沒收的方式，改採用以民間自行提出申請，但卻於該等土地曝光後，立即據以取得該等土地或是為徵稅的依據。但是，從土地台帳上數據所顯示，吾人可以明白瞭解到一件事實，即多數的土地被官方藉由看似合理的方式取得。當民眾長期以來的所有權意識，立足於在清代習慣法認定佔有即為擁有的基礎上，土地遭到剝奪之後，實際已經鬆動了支撐當時台灣社會階層底層的農民，對於台灣總督府的忠誠度，甚至於產生反抗心態。

表五　玉井、楠西、南化三鄉林野調查面積統計總覽圖[24]

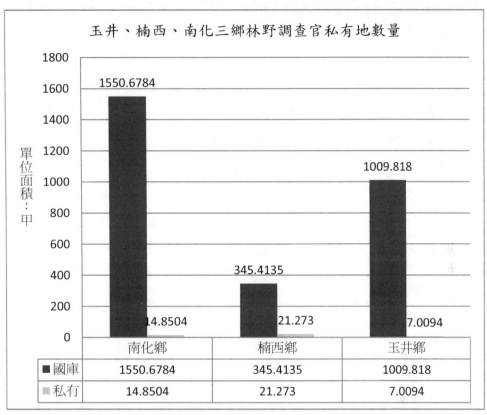

	南化鄉	楠西鄉	玉井鄉
■國庫	1550.6784	345.4135	1009.818
私有	14.8504	21.273	7.0094

表六　玉井、楠西、南化三鄉林野調查面積公私有比例示意圖[25]

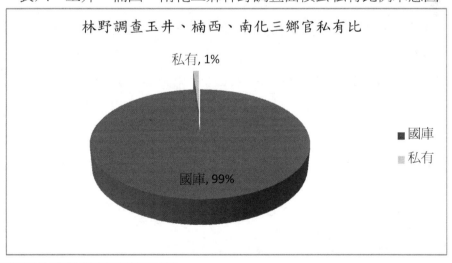

---

[24] 本圖表根據玉井、楠西、南化三鄉土地台帳製作而成。
[25] 本圖表根據玉井、楠西、南化三鄉土地台帳製作而成。

　　日本殖民臺灣五十年間對臺灣所施行之產業策略，可以「掠奪與管制」來形容，其有開發之雄心，亦有殖民帝國剝削侵略的本質；其前期的產業政策係以農業立基，欲以農業建立自給自足之經濟體系，但對臺灣農民而言，日人在土地制度上卻形同剝削，此從一九二六年（大正15 年）臺南縣下營鄉農民組合所教唱之農民歌「臺灣兄弟要知機，野蠻日本領臺時，咱的祖先被刣死，刑虐土地亦搶去。」中可得到清楚的印證[26]。故曰本殖民政府所帶給臺灣農民的是「耕者失其田」[27]之虐政，農民因喪失土地而「無產化」的程度日益加劇，而急速的開發更造成農民生活之窘境。

　　此外，噍吧哖地區因地靠中央山脈南段，在嘉南大圳建成之前，由於缺乏灌溉之便，稻作難如平地般一年二獲，而栽植甘蔗汁收穫量亦不如其他地方[28]，因此農民生活極差。而由於稻作困難，噍吧哖地區之農民多樂於種植甘蔗，其所種甘蔗則由附近之臺南製糖廠予以收買，但當甘蔗之收購價格被壓低時，噍吧哖地區之農民亦無法如其他地區之農民改種別的作物，因此即使農民對製糖會社有所不滿，也唯有隱忍，任由製糖會社擺佈。一九一〇年（明治 43 年）各製糖會社更進一步組織了臺灣糖業聯合會，控制整個臺灣糖業並壟斷市場，使眾多蔗農淪為慘遭殖民剝削之對象[29]，生活苦不堪言。

　　而在臺灣總督府獎勵補助製糖業之政策下，多數人都不過等同於會社的廉價勞工罷了，俗話「第一憨，種甘蔗給會社秤」，便傳神地道盡了蔗農之心酸，因為臺灣糖業在日本資本主義獨佔性經營下，蔗農與新式糖廠之關係只是單純的原料供給者，毫無利潤可言；原料蔗汁收購價格本有規定，先由會社與蔗農協議再經地方官廳認可，但後來事實上僅由會社作片面之決定，蔗農無權過問。故蔗農以賤價之勞力供給甘蔗，

[26] 姜天陸（1997）。〈鐵骨農者－下營農組與下營事件〉，《臺灣史料研究》9 號。台北：財團法人吳三連臺灣史料基金會，頁 178。

[27] 參見周憲文（1980）。《臺灣經濟史》。臺北：臺灣開明書店，頁 462。

[28] 同上，頁 192。

[29] 參見林崇仁、楊三和（1997）。〈臺灣糖業的發展與演變〉，《臺灣文獻》，48（2）：41。南投：臺灣省文獻委員會。

而利潤則由日本資本家所獨佔[30]。一九一一年至一九一四年（即明治44年到大正 3 年），臺灣受到強烈颱風侵襲，暴風雨使農作物之生產大受影響，甘蔗收穫量銳減，連帶的也使糖之生產量大幅衰退[31]；而一九一五年（大正 4 年）又發生病蟲害，加上米價暴漲，致使嘍吧哖地區的農民生活愈發艱苦，從而激發敢於投入余清芳等抗日之行列。

二、西來庵事件

（一）宣傳與籌備革命

余清芳自與蘇有志、鄭利記等人於西來庵結識之後，便經常聚於該廟謀議起事；後又與江定、羅俊等人相晤，逐決定日後行動之方向，約定將利用宗教信仰吸收黨員，並以修築廟宇之名義釀集黨費，以圖建立「大明慈悲國」。他們議定由余清芳擔任總指揮，並由其負責南部、羅俊負責中部及北部之革命事宜；而籌備重點在於招募黨員及充實軍費，並計畫於一九一五年（大正 4 年）八、九月間由南部首先發難，然後漸擴至中部及北部，以其控制全臺，推翻日人統治。

表八　台灣糖業統計

年期	甘蔗總收穫量	產糖量
1910~1911	2,829,153,117 公斤	270,338,819 公斤
1911~1912	1,895,759,141 公斤	175,587,175 公斤
1912~1913	918,310,819 公斤	71,489,546 公斤

他們一方面宣傳日人之暴政，藉以喚醒民族意識，強調爲建設民族國家，則必須推翻日本統治；另壹方面以分發神符[32]、咒文及舉行扶乩

---

[30] 同上，頁 51~52。

[31] 參見臺灣銀行金融研究室（1949）。〈臺灣之糖業（統計）〉，《臺灣特產叢刊第 1 種——臺灣之糖》。臺北：銀行金融研究室，頁 68。

[32] 一般分發之神符芝有二種：捐款 2 圓者給大型神符，即玉皇帝神符，可避天災及作爲入黨憑證；捐款 1 圓者給小型神符，即觀音佛祖神符，可避彈並免傷死。又，領大符者可任部份

等方式， 宣傳天災將至，屆時中國革命軍將乘機渡臺與日本開戰驅逐日人，而臺灣已有真命天子出現等語，又藉神詔宣告革命一定成功，捐款而受領神符者不但可以避開槍彈，亦可作為入黨之證明，將來更可憑之減免稅捐，以此吸引大眾加入。抗日軍甚至連服裝亦有所規定，為「淺黃色衣服二件，前面付釦子，並作三個衣袋，位在左胸部之衣袋為收藏神符之用」[33]。

余清芳宣傳革命思想不僅在南部各地進行，甚至攜帶警心篇、宣靈真經、大洞真經等善書遠赴新竹、臺北等地[34]宣傳抗日行動；此外，在臺外籍人士亦有耳聞，如臺中廳武東堡卓乃潭莊天主公教會堂之傳教師 FUSTO SASIAN 即曾被列為「參考人」接受日警偵訊[35]。而如清末鉅商林朝棟之子林季商，當時已籍歸「中華民國」，定居福建省廈門鼓浪嶼，但亦曾受日警偵查[36]，雖然其否認參與革命事件，但由此吾人可知，本事件在「祖國」亦必為人所聽聞。歸納抗日宣傳之重點不外如下：

1.苛徵重稅，不堪忍受日人魚肉臺民：

例如羅俊曾言：「日人施政完全藐視人民，虐待人民，致人民生活益陷慘境，吾等所以不能在鄉里立足，皆係日政府之苛政所致，有機會非在本島各地同時蜂起革命，以驅逐日寇光復本島不可。」[37]而賴冰、賴宜等亦言「均以日政府年年增加賦稅名目，且課重賦，致人民不堪苛徵，各種產業亦多為日人所奪佔，大加贊同起義。尤以賴宜原係武秀才，

軍方幹部，小符者可任雜役工作。參見《全檔》第一輯第二冊，第四篇〈偵查筆錄（二）〉，頁 727，陳石頭之陳述；第二輯第一冊，第六篇〈起述（一）〉，頁 450 林萬曲及頁 343 李清元之陳述。另外尚有少數特殊之神符，如印有「八卦印」等之符。同上，見 442，莊鐵人之陳述。

[33] 見《全檔》第一輯第一冊，第三篇〈搜查報告〉，頁 371，張文秀、謝萬金之供詞。

[34] 同上，第二篇〈偵查筆錄〉，頁 345，周田之供詞中提及其曾引導余清芳至新竹街土名南門 98 號王侶廉等食齋者處分發善書，又言「余清芳與臺北大稻埕龍雲寺住持陳大過從甚密」，想必一定商量過革命之事。

[35] 同上，頁 204~214。

[36] 同上，頁 317~321。林季商當時係寄宿於臺中廳貓羅堡阿罩霧莊之林瑞騰處，故日警得以對其偵查。

[37] 同上，第二篇〈偵查筆錄〉，頁 60。

常回憶以往中國時代所受厚遇，立成激烈信徒。」[38]

　　2.參加抗日革命，成功之後可以安樂享福：

　　例如：「成功後將頒授田，減輕賦稅，領神符者已捐繳二圓以上為原則，但亦可按情節酌減。」[39]、「如購置觀音媽祖符，即可免其災，又將來中國官吏前來施政，將頒授田，人民生活當比今更加安樂。」[40]升斗小民聞此，自然願意加入，並且爭相走告，因而得悉此事後欣然加盟者甚多，甚至有在旁聽聞此事而主動申請加入者，如葉蓮[41]即是；亦有付不出二圓捐款，而先以「五角等值之甘薯」繳納，只為先「受領神符一枚」者[42]。再者。家族親友或鄰里、同事間互相通告而加盟者更是所在多有，如吳連與吳鎮興母子、石碌與石玉兄妹、吳蒙與陳石頭母子等，皆係其中一人先加盟，而後勸募另一人入盟者；另外，亦有因工作因素而予以加盟者，例如林通水、江祥[43]等人。

　　3.真主出現，驅逐日人乃順天意：

　　因日人苛政致使民不聊生，蒼天乃憐憫臺民，降生真主，領導臺人驅逐日人，宣傳「新皇帝已出現於竹頭崎莊後堀仔山中，余清芳及江定等予以擁立。」[44]而關於新皇帝之姓名有多種說法，計有李姓、朱姓及許姓等多種[45]，而其有許多「神蹟」，例如：可自由高舉水牛兩足、告以某人殺煮養犬，則其頭部發腫即可消退痊癒[46]；又例如其出生後即未進食煮熟物[47]、對臭頭塗以牛屎竟立癒，對盲者塗以樹汁眼竟開明[48]等等。

---

[38] 同上，頁61。臺中廳長枝德二1915年7月30日呈報之〈臺灣機第24號之328〉中所言。

[39] 同上，第三篇第一冊，第十篇〈判決（二）〉，頁134~135，李火生之偵查筆錄。

[40] 同上，林連之偵查筆錄；頁150。

[41] 同上，頁127。

[42] 同上，頁130。劉冠世於其居莊路上，受李火見「告以天災之事實及陰謀計畫，勸其加盟，乃應允加盟，先交予五角等值之甘薯，受領神符一枚，餘款一圓五角則約定於日後交清。」

[43] 同上，頁255。林通水與江祥係余清芳碾米工場之僱工。

[44] 同上，頁164。李王之供詞。

[45] 同上，第一輯第一冊，第二篇〈偵查筆錄〉，頁340，謝成、林牛（元）之供詞；頁113，黃南谷供詞；第三篇第一冊，第十篇〈判決（二）〉，頁112~113，李永楷之犯眾事實。

[46] 同上，第一輯第一冊，第二篇〈偵查筆錄〉，頁56，蕭大成之供詞。

[47] 同上，頁340，林牛（元）及謝成之供詞。

[48] 同上，頁266~256，羅俊之供詞。

再者，又宣傳「日人據臺期限為二十年，本年限期已屆，理應撤退」[49]，故抗日軍正好趁機起事，將所有日人逐出島外。

　　4.天災將至，中國革命軍將予以援應：

　　宣傳「今年天災甚多，屬於「凶年」，捐款可領觀音神符，即能免受災難」[50]，又說「本年舊曆七月一日起七晝夜，將天地晦冥，暴風雨來襲，被害慘重，此時，中國革命軍將乘機渡臺。又阿猴廳下甲仙埔山中有一老人，兩耳垂肩，兩臂過膝，持有寶劍一口，一旦揮之，將立殲敵人數千，並知悉飛翔、隱身等術，此老人將起來統率革命軍，與本島同志結合，襲擊所在地之軍隊警察，殺戮日人，或將其驅逐於島外，計劃奪回臺灣之統治權。」[51]等語。而食齋、禮拜玉皇上帝，口誦「南無阿彌陀佛、南無觀世音菩薩、南無娘九尊佛」等唱詞[52]，並學習避彈法、隱身法、隱兵法、遁掩法等符法，驅逐在臺日人將可易如反掌。此外，又宣傳「日德戰爭及中日交涉事件將引導多數德國飛機及多數中國中國革命軍前來，應與其協力奪回臺灣[53]」，表示除了臺灣民眾積極抗日外，「祖國」亦會派軍隊前來協助。

　　而推翻日本政府之口號之下[54]：（1）各種稅賦皆重，人民不堪其苛徵；（2）日人傲慢，藐視臺民，動輒罵「清國奴」；（3）警察蠻橫，不分良莠，俱加施虐；（4）培植「製糖會社」（日營糖廠），霸佔農業；（5）實行林野調查，沒收臺民私有林野；（6）不予臺民受高等教育機會，企圖奴化、愚化臺民。

（二）日警發現及檢舉

　　因余清芳素有反日言行，故日人早加以監視，一九一五年（大正4年）四月十八日，臺中廳警務課巡查藤澤繁造即曾向上級報告此事，因

---

[49] 同上，第二輯第一冊，第六篇〈起訴（一）〉，頁294~295。
[50] 同上，第一輯第二冊，第四篇〈偵查筆錄（二）〉，頁729；陳守茂之陳述。
[51] 同上，第三輯第一冊，第十篇〈判決（二）〉，頁123~124。游榮勸募李火見之語。
[52] 同上，第一輯第一冊，第二篇〈偵查筆錄（一）〉，頁217；宋之供詞。
[53] 同上，第二輯第一冊，第六篇〈起述（一）〉，頁294~295。
[54] 程大學，《余清芳傳》，頁32。

而引起特別之關注；但其實事件之初，日人尚未能肯定本事件之性質，如臺南廳長松木茂俊於六月五日所呈〈為違犯匪徒刑罰令事件由〉之報告中，尚有「本案究以革命為真正目的？或以標榜革命以逐其欺詐之目的？」[55]等語出現。

待員林支廳長暗中調查，探悉賴宜宅中曾有數名身分不明之中國人出入，而賴宜與賴淵國曾互相往來，並有不明姓名之中國人同行，後並查明該名中國人曾由賴宜等人陪同前往南部，日警乃進一步暗中檢查賴淵國之書信，並於五月二十二日截獲張重三致淡水謝成之信函，其中言及起義之事，革命黨人之行蹤逐遭暴露，日警立刻照會臺北廳進行偵查；五月二十一日，林元、陳生及蘇東海等人正預備搭乘於淡水開航之輪船大仁丸赴中國大陸迎聘法力高強人士，但駛抵基隆港時被日警拘捕。蘇東海被執之後，急於將被捕之事密告賴淵國等同志，乃託同監日人坂本憲[56]代為投遞密函，不料為日警截獲，日警乃以此為根據，嚴加追究，余清芳等人密謀革命之事終於被揭露。日警開始大加搜捕，一時風聲鶴唳，賴宜等人被逮捕拘留，嚴加鞫訊，二十七歲之賴淵國逐於獄中拘留時死亡[57]，其亦係被日警逮捕後之首位革命犧牲者。

余清芳等人得到消息後，逐攜帶募集資金二千餘圓，脫險入山尋找江定，而原於臺中廳員林附近進行招募工作之羅俊，知事機洩漏後亦避走嘉義廳內。日警乃對全臺各要地分發余清芳等人之照片或畫像，並附以賞格，務期緝獲各主要人物。

六月中旬，臺南廳警務課會同嘉義廳警務課進行嚴密搜查，二十九日羅俊等人之行跡於嘉義東堡竹頭崎莊小名尖山的森林中被日警發現，羅俊並將欲逮捕其之矢澤刑事拇指咬斷，但最終仍只能束手就逮。日警逮捕羅俊之後，更盡全力欲搜尋余清芳及江定二位主謀，但余、江二人當時藏居於跨嘉義、臺南與阿猴三廳交界之後堀仔山中，加以附近

---

[55] 《全檔》第一輯第一冊，第二篇〈偵查筆錄〉，頁45。

[56] 同上，頁353。坂本憲，29歲，為臺北廳基隆堡田寮港莊78號旅館業組合書記，因詐欺斂財被告事件，自23日起被羈留於基隆支廳，蘇東海予其15圓，請其被釋後秘密轉告謝成、賴淵國及其生父蘇登科其被拘留與調查之事。

[57] 同上，頁54~55。

莊民均未透漏其行藏，而又適逢豪雨，搜索十分不易，故而日警始終未能逮捕余、江二人。

三、噍吧哖事件之爆發

　　噍吧哖位於臺南縣東方中央山脈南段之丘陵地帶，與今左鎮、南化及楠西合稱「山區四鄉」，海拔約一百公尺，地勢呈東南尖形，有曾文溪、後堀仔溪及後旦溪（舊稱斗六溪）貫穿全境，形成中央低凹的盆地地形，稱作「玉井盆地」。其東鄰南化鄉，再往東有楠梓仙溪，溪右則為高雄縣的甲仙，屬高山地帶；南連左鎮，西接大內鄉，皆可通往臺南，北邊則與楠西鄉相交，可通嘉義，是中央山脈南段進入嘉南平原的樞紐地帶，因此無論「番」漢開墾時間都很早。由於抗日領袖之一的江定出身於此一地區，因此抗日軍很自然地依地緣關係而於此地區活動，並且獲得當地居民之支持。

　　在本事件之前臺灣已發生過多起抗日事件，雖然都被日本政府鎮壓住，但許多抗日志士卻逐漸往此地集中；特別是一九一四年（大正 3 年）六甲事件失敗後的義軍及後來江定、田庭都所率部眾，也都以當時的阿猴廳甲仙埔支廳及臺南廳噍吧哖支廳間的後堀仔山為基地。日軍亦曾指出抗日軍於此一地區顯然已經營多年，事件之後日本軍警搜索隊焚燒山林時，發現許多洞口被葛藟蔓籐所纏蔽的岩窟，每窟皆可容納五、六人棲身，抗日志士即在此白天猶如夜晚的密林之間從事游擊抗日活動。此點在檔案中亦可得到印證，如一九一五年九月四日的民法第 444 號〈余清芳追訴案〉中即記述「被告余清芳，自大正三年八月，與舊匪首，藏於噍吧哖支廳管內山中，扶殖勢力與南莊竹頭崎莊附近一帶之江定者互通聲氣合作，收為部下，在附近三十六莊，大募黨員。」[58] 後堀仔山這一帶崇山峻嶺，交通十分不便，雖有後堀仔溪及楠梓仙溪，但山高水湍，惡山惡水，對於日本軍警之活動有極大的限制；而這些限制對於抗日軍

---

[58]　同上，第二輯第二冊，第六篇〈起述（一）〉，頁 505，民法第 444 號余清芳追訴案。

來說，卻是相當有利的，因爲他們熟悉地形，且經過多年經營，遂藉地利與民氣之優勢，發動這場抗日聖戰。

自一九一五年（大正 4 年）七月六日至八月六日，抗日軍先後發動了北寮莊小崙山（牛港嶺）甲仙埔支廳、南莊派出所、噍吧哖虎頭山等戰役，終因裝備不足、訓練不精、缺乏後援等因素而失敗。由於事件中，日本警察及其眷屬犧牲慘重，因此八月六日虎頭山之役抗日軍戰敗後，日軍立即對附近相關的村莊，進行報復性屠殺。

參、大屠殺之真相

研究噍吧哖事件中，日軍是否有大規模屠殺莊民暴行，應可將焦點置於三個問題上，即：死亡時間、死亡人數、以及死者之身分。在時間上，吾人有理由懷疑日軍進行屠殺之時間爲一九一五年（大正 4 年）八月四日至十一日之八日之間（以下將統稱關鍵時間），亦即自日警與抗日軍於虎頭山對峙起時，迄抗日軍敗退之後、日軍開始進行大規模搜捕行動爲止。此段時間當中，是否有莊民大量死亡，甚至爲一家人同時死亡而造成絕戶之情形，以及其中是否含有並無反抗能力之老弱婦孺者，皆可作爲吾人研究日軍是否進行屠殺行爲時之判斷依據。

吾人根據臺南縣玉井、南化、左鎮、楠西及新化等鄉公所提供之戶籍資料[59]，顯示一九一五年（大正 4 年）此年五鄉共有 2,494 人死亡（見

---

[59] 玉井等五鄉鎮提供之統計資料如表九。按各鄉鎮所提供一九一五年（大正 4 年）之死亡人數與吾人計算結果略有差異。例如玉井鄉之死亡人數係將「戶口調查簿」及「戶口調查除戶簿」）中之資料重複計算，而部份莊民在「本籍地」與「寄留地」之資料中又被重複計算，故而一九一五年（大正 4 年）死亡之人數膨脹近一倍；根據重新驗算，該年度玉井鄉死亡人數應為 695 人。另外，南化、左鎮及楠西鄉之死亡人數資料與吾人之統計亦稍有不同。例如左鎮鄉之尹習及王敦根即被重複計算，而該鄉中之嚴登隆與嚴佃二人於南化鄉又因係「同居寄留人」之身分而被重複計算；加以部份資料模糊不清，可能因判斷不同而致計算結果亦不同。本文係根據重算結果進行統計，上述四鄉鎮於大正四年（1915）之死亡人數經重算後得到的人數。如表十，按本文對於一九一四年（大正 3 年）及一九一六年（大正 5 年）之資料未重新計算，但料想上述情形亦有可能出現於此二年當中，故而死亡人數可能有所差異，但比例應不至於變化太大，尤以玉井鄉爲例，即使以重算數據六百九十二人，比之於一九一四年（大正 3 年）與一九一六年（大正 5 年）之死亡人數，仍可看出其非比尋常之處，值得深入探討。

圖表九及圖表十），比前一年多二倍、比後一年多一倍以上，這是值得注意的數字。

表九　大正三年至大正五年（1914~1916）年玉井等五鄉鎮死亡人數統計表

戶籍資料＼鄉鎮名稱	大正三年死亡人數（1914）	大正四年死亡人數（1915）	大正五年死亡人數（1916）	大正三年至大正五年死亡人數（1914~1916）	資料來源
新化鎮	423	496	524	1,443	新化鎮戶政事務所(2000.8.5)八九南縣化戶字第1339號
玉井鄉	203	1,035	354	1,592	玉井鄉戶政事務所(2000.8.7)八九南縣玉戶字第723號
南化鄉	266	1,171	480	1,917	南化鄉戶政事務所(2000.8.4)八九南縣南戶字第640號
左鎮鄉	62	373	123	588	左鎮鄉戶政事務所(2000.8.4)八九南縣左戶字第583號
楠西鄉	129	204	176	509	楠西鄉戶政事務所(2000.8.2)八九南縣南戶字第996號
各鄉鎮死亡人數小計	1,083	3,279	1,657	大正三年至大正五年（1914~1916）各鄉鎮死亡人口總計：6,019人	

表十　大正四年（1915）四鄉人口死亡總數

鄉名	玉井	南化	左鎮	楠西	大正四年（1915）四鄉人口死亡總數
死亡人數	692	1,242	375	185	2,494

由大正三年至五年（1914－1916）之戶籍謄本（含「戶口調查簿」及「戶口調查除戶簿」）中，除三位噍吧哖莊莊民（256番地王新丁、

324 番地宋全成、334 番地林天送）資料中明確說明其死亡原因與本事件有直接關係外，其餘全部死者之資料中僅記載其死亡之時間，未註明死因，很難直接看出其死於何種因素；但吾人根據其中記載，查出一直被懷疑的關鍵時間中，有許多線索指出一個村落於同一天大量死亡、整個家庭同時死亡、或家中無作戰能力之纏足婦女與小孩同日死亡等等加以推斷，吾人認為日軍屠殺、滅莊一事並非傳說，而係鐵證如山之事實。其中，日本正規軍隊出動山砲隊與步鎗隊迫使抗日軍放棄陣地之日，即八月六日，係各鄉鎮死亡總人數最多之日；以左鎮鄉為例，該日死亡人數佔八月四日至十一日死亡人數比例為 63.74%，而玉井鄉更高達90.65%。顯然，八月六日為噍吧哖事件中犧牲最慘烈之日，但他們並非參加作戰而死，而是遭到日軍之屠殺。

以下就各鄉鎮之戶籍資料詳細分析說明。

一、新化鎮

本鎮於大正三年至五年（1914－1916）之死亡人數並無特殊異樣之處，而關鍵時間（即 8 月 4 日至 8 月 11 日）中死亡者僅二位，即八月八日死亡之莊氏箱（34 歲）及八月十日死亡之林氏冷蘭（2 歲），因而推斷該鎮當時並未遭到日軍屠殺。

二、玉井鄉

表十一　玉井鄉一九一五年（大正 4 年）八月四日至八月十日死亡人數統計表

死亡日期 莊民	8/4	8/6	8/7	8/8	8/10	死亡人數小計
芒仔芒莊	11	8	17	0	0	36
沙仔田莊	0	80	2	0	0	82
三埔莊	0	18	0	1	0	19

九層林莊	0	1	7	0	0	8
口宵里莊	0	1	0	0	1	2
噍吧哖莊	0	12	0	0	0	12
鹿陶莊	0	7	0	0	0	7
竹圍莊	0	251	0	0	0	251
死亡人數小計	11	378	26	1	1	死亡總人數：417 人

　　玉井鄉一九一五年（大正 4 年）死亡總人數為 694 人，根據上表統計，吾人可知其中死亡關鍵時間內共四百一十九人，佔當年度死亡人數之 60.26%，其中又以八月六日死亡人數最多；特別是竹圍莊，當日死亡人數及高達二百五十一人，此點與耆老江炳煌先生口述之資料不謀而合[60]，因竹圍莊恰好位於虎頭山山腳，日軍將視作為前進目標而大肆燒殺，使該莊成為噍吧哖事件中被屠殺人數最多者。在眾多的死者當中，包含了許多的纏足婦女，這些婦女應無可能上前線作戰；還有許多幼童、甚至是尚在襁褓中的嬰孩亦於其時死亡，他（她）們多半係跟著男人或家長同時死亡，此種例子在戶籍資料中時不勝枚舉。此外，更有許多「絕戶」的情形，亦即整人口於戶同一日內全體死亡。

　　（一）竹圍莊

　　竹圍莊於八月六日死亡之二百五十一人當中，男、女性及其年齡分佈如下表：

表十二　竹圍莊於八月六日死亡男、女性及其年齡分佈

竹圍莊莊民	10 歲以下	11—20	21—30	31—40	41—50	51—60	61—70	71 歲以上	死亡人數小計
男性	17	23	34	40	23	13	7	3	160
女性	21	15	10	11	10	11	12	1	91
死亡人數	38	38	44	51	33	24	19	4	死亡總人數：251 人

---

[60] 參看臺灣省文獻委員會，《臺灣省文獻委員會八十八年度臺南縣耆老口述歷史座談會資料》，臺中，臺灣省文獻委員會，1999 年 4 月 15 日。

小計									

　　由上表可知，日軍隊本莊屠殺之對象可說是不分男女老幼，幾乎無人能夠倖免於難。在男性方面，身分為「戶主」與「長男」者佔大多數，推測日軍係為消滅可能之主要反抗力量而有此作為。死亡之女性中，纏足婦女佔近八成，這些婦女行動不便，實在不可能上戰場與日軍對抗，仍死於非命。以死者之年齡分析，更可看出日軍殘忍之屠殺行為，例如：39 番地當時已高齡八十三歲之老嫗石氏全，「一八三三年（道光十三年）生」與 46 番地當時八〇歲之賴廖氏雪「生於一八三六年（道光十六年）」，她們是同一莊的鄰居，高齡加上纏著小腳，卻與家人同一天死亡，可想而知是遭到了屠殺；男性年齡最大者為 16 番地之賴德生，當時已八十五歲。又例如：不足十歲即死亡之幼童共計三十八人，他們想當然是手無寸鐵的遭到了屠殺，其中甚至有好幾個不足周歲的嬰孩，例如年紀最小的男性為 48 番地的江春家（一九一五年（大正 4 年）六月二十三日生），女性年紀最小者為 44 番地的許氏藕（一九一五年（大正 4 年）五月二十六日生）。不僅如此，還有太多的情形氏一家多口，甚至是全家同日死亡（絕戶），例如：138 番地的江氏謹一家六口同於八月六日死亡而絕戶，更啓人疑竇的是其中四口均有浮籤註明該日「行衛不明」（按即失蹤），此戶中有二位纏足婦女及二位四歲以下幼女，死因實在可疑（見附錄八之舉例）；又如 137 番地的溫翁一家七口也是在八月六日遭到滅門（見附錄八之舉例）。

　　此外，竹圍莊於八月六日死亡之二百五十一人當中，其住址番地幾乎連號[61]，幾乎是全莊在一日之內死絕如此多人，如果未使用「特別手段」，實在難以達到此種「成果」；此點亦可於《臺灣總督府公文類纂》中得到印證：民法第 331 號〈匪徒情報〉中即記有「六日，軍隊於竹圍莊及其附近村莊，燒燬民房三百戶。」[62]以上，誠如上述足可證明嘰吧

---

[61] 竹圍莊八月六日死者住址番地：
4,16,28,30,34,39,41,44~46,48,51,69,119,128,134,136~139,142,162,172,177~181,184,188,203,205,206,208~211,213~217,219,221~227,229~233,240~242,244,246,248~249 番地。
[62] 見《全檔》第一輯第二冊，頁 478。

哖事件當中，日軍的確是有焚莊、屠殺的暴行，竹圍莊的情形便是鐵證。

（二）沙仔田莊

本鄉中沙仔田莊之死亡人數僅次於竹圍莊，而且絕大多數同樣死於八月六日，其中同樣也有大量的纏足婦女、老人、幼童與同日絕戶者，例如：462 番地之曾日月，一家九口於八月六日慘遭滅門；146 番地之潘鼠及 274 番地之潘氏兩兄弟全家，共計二戶十三口人全部死於八月六日，較特別的是，他們係屬於「熟番」，亦即平埔族人。八月六日於三埔莊死亡之十八名人口中，平埔族便佔了十位，八月八日死亡者亦爲平埔族，其中三埔莊 329 番地之曷添福於八月六日死亡，其住址與被判死刑後獲減刑了之曷在原同址，加上二人又同爲「曷」姓，應係具有血緣關係之平埔族人。有可能因抗日軍中有平埔族人加入，日軍爲報復而加以屠殺。但吾人不排除日本軍警採取無差別的攻擊，不分對象殘酷地殺戮手無寸鐵的百姓，以致造成如此大的傷亡。

（三）芒仔莊

芒仔芒莊死亡人數佔本鄉之第三位，其中較特殊者係地址皆爲 28 番地的幾戶許姓人家（其中僅有四位不姓「許」），他們之間應有親戚關係，值得注意的是幾乎每戶之「戶主」與「長男」皆被殺死；此外尚有一可疑現象，即死者的家人共有十二位並未於當時死亡，但卻有十一位在（一九一六年（大正 5 年）十二月三十日前死亡，整個家族中僅有許銀爲一人存活至日本一九三二年（昭和 7 年），此或許可視爲遭到日軍屠殺的「後遺症」。再者，八月六日與七日的二十五位死者中有二十位係成年男性，顯示具有戰鬥力之男子，不論其是否從事抗日行爲，皆遭到日軍消滅以絕後患。

三、南化鄉

表十三　南化鄉一九一五年（大正 4 年）八月二日至八月十二日死亡人數統計表

死亡	8/2	8/3	8/4	8/5	8/6	8/7	8/8	8/9	8/10	8/11	8/12	死亡人數

日期 莊民												小計
南莊	2	5	0	0	114	0	3	28	26	1	0	179
菁埔寮莊	0	1	0	0	109	2	49	6	0	1	2	170
竹頭崎莊	0	0	0	1	185	1	38	1	1	0	0	227
北寮莊	0	0	1	0	45	0	0	1	0	0	0	47
中坑莊	0	0	1	0	83	0	0	0	2	0	0	86
死亡人數小計	2	6	2	1	536	3	90	36	29	2	2	死亡總人數：709 人

　　南化鄉一九一五年（大正 4 年）死亡總人數為 1,242 人，根據上表統計，吾人知其中死於關鍵時間內者共七百零九人，佔當年度死亡人數一半以上；此地也是嚙吧哖事件中死亡人數最多的區域。在這期間，除八月六日死亡人數有高達五百三十六人的驚人數字外，八月八日至十日死亡人數亦明顯偏高，顯示日軍可能曾於此進行第二度的屠殺行為，將八月六日未死亡之莊民繼續屠殺殆盡。與玉井鄉相同，在眾多的死者當中亦包含了許多的纏足婦女、幼童、老人與「絕戶」的例子。

　　（一）南化鄉中被屠殺人數最多者為竹頭崎莊，其遭屠殺之人數僅次於玉井鄉之竹圍莊（251 人），該莊亦可說是全莊被屠[63]，其中年齡最大者為 480 番地之林兌「生於一八三一年（天保 2 年）」老太太，最小者為 409 番地之張飛能「一九一五年（大正 4 年）五月五日出生」。此外，本鄉共有十七名平埔族人死亡。而鄉中較特別的死者是竹頭崎莊 220 番地的羅陳氏快（57 歲婦女），其被註明為「瘋」，與其子羅堂同時

---

[63] 竹頭崎莊死者之住址番地：
9,24,26,29,56,84,87,98,100,124,152,156,170,180~181,193,201,204~205,207,209,219~222,224~225,228,230,233,234~236,244,277,288,319~320,329,331~332,235~336,348,358~359,337,395~396,409,440~447,449,450,452~454,456~459,463,468,469~471,475,480,484~485,489 等番地。

死亡；北莊 537 番地之李隆爲六十八歲之盲人、南莊 646 番地尤曹氏桃爲一盲婦，同樣遭到殺害。另外，本鄉亦有多戶遭「絕戶」者，例如：竹頭崎莊 409 番地柯嗅一家五口於八月六日被殺，其中並包括了二名纏足婦女及一名未滿周歲之嬰孩；南莊 401 番地李朝龍一家七口則於八月九日第二度屠殺時被滅門。

（二）本鄉較爲特殊之情況有下列二點：

1.本鄉莊民之戶籍資料中，「種族」一欄內出現其他三鄉未曾出現之「廣」者共計二十人，說明客家籍人士在噍吧哖事件中亦曾遭到殺害——

（1）竹頭崎莊十七人：98 番地蔡姓四人、100 番地張姓十二人及 458 番地的蔡張氏樹。

（2）菁埔寮莊二人：246 番地鐘獅及鐘阿玖。

（3）南莊一人：375 番地詹朝彭。

2. 本鄉死者中具有特殊身分者特別多，共有一位區長，二位保正、十八位甲長及壯丁團團長一位、副團長二位等共二十四名，分別如下——

（1）竹頭崎莊：六位甲長——124 番地潘波（見影本，頁 177）、180 番地陳紅連、209 番地羅擔、277 番地陳柏、443 番地呂天早。

（2）菁埔寮莊：一位壯丁團副團長——329 番地李大肚。

二位保正——88 番地余明聲及 246 番地鐘阿玖。

三位甲長——7 番地柯琴、45 番地陳清水及 90 番地沈達。

一位壯丁團副團長——50 番地鄒良。

（3）北寮莊：一位甲長——549 番地張春風。

（4）中坑莊：三位甲長——109 番地鄭天挽、214 番地嚴保、514 番地黃安。

（5）南莊：一位區長——248 番地陳和尚。

五位甲長——89 番地正論、255 番地唐晉成、530 番地李登財、801 番地許德來、831 番地詹阿發。

一位壯丁團副團長——424 番地李朝榮。

四、左鎮鄉

表十四　左鎮鄉一九一五年（大正 4 年）八月六日至八月十一日死亡人數統計表

死亡日期 莊民	8/6	8/7	8/10	8/11	死亡人數小計
內莊仔莊	106	13	0	0	119
左鎮莊	42	0	2	0	44
茱寮莊	4	0	0	0	4
石仔崎莊	2	0	1	0	3
崗仔林莊	20	0	0	69	89
草山莊	0	0	0	14	14
死亡人數小計	174	13	3	83	死亡總人數：273 人

　　根據上表統計，一九一五年（大正 4 年）死亡之 375 人當中，死於關鍵時間者共 273 人，佔當年死亡人數總數之 72.8%。死亡人口當中，較明顯係遭屠殺者爲八月六日集中於內莊仔莊及八月十一日集中於崗仔林莊之莊民；再者，死者之住址番地亦多連號，纏足婦女與嬰、幼童死亡之情況在此也出現多例，同時亦有一戶中多人同時死亡、甚至絕戶之情形，因此可判斷日軍於此三莊中定有大規模屠殺之行爲。以下即詳細分析說明之。

　　（一）內莊仔莊之所以有被滅莊的情形是可以理解的，因爲余清芳所率抗日軍曾於八月三日夜宿該莊整理隊伍，甚至嘯聚附近黨員千餘人之眾[64]，當時係抗日軍襲擊南莊派出所，日本官方甚至認爲該莊整莊集

---

[64] 見《全檔》第三輯第一冊，頁 250。

體參加抗日，故在日軍轉爲勝（8月6日）之後，對該莊莊民進行報復性之滅莊爲極有可能之事。崗仔林莊的情形亦類似，崗仔林派出所於八月三日遭抗日軍燒燬，日警部補山口一郎於八月九日至現場檢證，結果「除土角築造之外壁猶存外，屋頂及天花板均已燒燬殆盡」[65]，因此於八月十一日進行大屠殺的行爲是可以想見的。試以內莊仔莊八月六日及七日二日之死亡資料，探索日軍進行屠殺之證據。「姓名欄中加註*者爲八月七日死亡者，而（）內之數字表示年齡」：

表十五　內莊仔莊八月六日及七日二日之死亡資料

住址番地	死者姓名	備註
954	尹蟳	
939	謝錦泉	
902	林保溪、林德思*	父子。林保溪爲甲長。
891	陳江、陳其皇、陳明利	
813	陳天送	
786	林振成	
783	林	
781	余漢	
779	呂氏荷	纏足。長子謝揩被判死刑後獲減刑。
778	謝連登	
777	謝謀	
774	邵毛	
746	尹天福	其弟尹習被處死刑。
742	嚴竹爲、嚴登和、嚴登隆	其父嚴佃被處死刑。此三人分別爲長男、三男及四男。次男嚴牛車死於臺
741	嚴朝陽	長子嚴存義被處死刑。具保正身分，曾勸

---

[65] 同上，第三輯第二冊，頁517。

		多人加盟抗日計畫
737	嚴新香	其子嚴從於 10 月 19 日在臺南監獄病死。同戶之嚴玉於 8 月 12 日死亡。
733	嚴送	
731	魏斷、魏德	父子。絕戶。
719	鄭鵝	
703	謝武成、王竹	王竹係寄留該地。
693	魏榜	
692	黃閂	
680	秘義廷	平埔族。絕戶。此人與原判死刑後獲減刑之秘枝、秘水龍、秘玉文同住址，加上又是同姓，未知是否有親屬關係。
668	嚴大樹、江氏葉	夫妻自殺而亡。
663	林珍	
661	鄭順治	
598	黃水盤	
586	謝章漢、謝林氏紅李、謝氏葉	謝林氏纏足已解，與謝氏葉為姐妹。
579	廖祐錦	
570	郭來金	
564	林太章	
560	林黃氏纏	纏足已解。
530	呂郭氏意、林天送（2）	母子。絕戶。
525	鄭龍埤	
525	林水足	
525	黃聯蒲、黃石心	父子。
524	車再保、車再考、車鄭氏換	車鄭氏換（纏足）。絕戶。
522	郭炭	

521	林嚴氏束、林慶昌（5）、楊氏綢（8）	林嚴氏（纏足）與林慶昌為母子。楊氏綢係寄留該地。
502	郭天六	
491	李騫	
485	郭江傳	
451	辜文色*	
445	王文智*	
441	簡宗烈	
440	鄭柳金	
428	王敦根	
400	張旺	
395	王金波	
316	林枝福	
311	鄭科、楊天喜	楊天喜係寄留該地。
287	陳水生	
184	鄭戀趄*、鄭江、呂氏麵、鄭進丁（6）	呂氏麵（纏足）。絕戶。
164	郭現、郭良安	父子。
162	郭乾*	
161	郭大松、郭林氏豆、郭悅祥（1）	郭林氏（纏足）。郭悅祥於大正四年出生，實際尚未滿周歲。
156	莊東淵	
155	莊來*	
150	謝章田*、謝章漢	兄弟。
149	謝順朝、謝朝向、謝順川、謝氏稟（9）、謝黃氏姜（11）、黃協茂	
116	莊元*	

107	莊番江*	
106	莊德進	莊元之弟。
74	鄭氏桂	纏足已解。眼盲。
68	黃萬得	
64	黃聯澈*	
62	黃聯座*	
60	黃聯取*、黃欉	
56	謝同連、謝同發、謝氏腰、謝蘇氏蘭、謝枋氏岺、謝天賜（1）	謝同發與謝蘇氏蘭為夫妻、謝天賜為其子。謝枋氏岺（纏足）。絕戶。
49	鄭黃氏綢、鄭福基（6）	母子。
29	林燕	
26	郭允成、林氏欽、卓中勝、郭氏卜、卓江中（11）、卓氏有（9）、卓氏謹（2）	林氏欽（纏足）。林氏欽枝長女郭氏新風為嚴牛車之妻。絕戶。
23	蘇忠騫、蘇水發	父子。
15	郭春波*、郭氏說	郭氏說（纏足）。

（二）在戶籍資料中值得探究之處

1.在資料中，共有五十七人的資料中貼有浮籤註明其「行衛不明」意即「失蹤」，而此五十七人失蹤日期多集中於八月六日及十一日二日，同時該日期也是他們死亡的日期；為何會有如此多人在特定日期中行蹤不明，而後證明係死亡者，值得吾人探究。試舉二點可疑之處；一為左鎮莊636番地之林氏員，其出生於一九一五年（大正4年）一月二日，當時尚在襁褓之中，卻與其母郭氏春金及其兄、年僅八歲的林天化同時於八月六日死亡，其與林天化的資料，卻都註明了「行衛不明」，令人懷疑。再者，註明「行衛不明」者，有多人係住址番地連號者，例如八月十一日崗仔林莊被註明「行衛不明」而同日死亡有：245番地徐保旺、徐保德兄弟、175番地謝科、謝添旺兄弟、162番地陳吉、155番地王港（其長女為嚴大樹之長媳）、154番地李現、李吉、李周、李旱、149

番地王踙及王枝福、146 番地王當、140 番地王竹運、137 番地王閣唻、130 番地王道、97 番地王枝登、84 番地王盤、王乞兄弟、80 番地王用、王向、79 番地王塡、45 番地黃三才、26 番地徐枝成、24 番地陳清、18 番地徐和尙、19 番地徐平生、17 番地徐臣、徐蟬蟬、10 番地王永等三十一人，此表示同莊者係一同失蹤、一同死亡，他們極有可能正是遭到了日軍的屠殺。値得附帶一提的是上述諸人大部分係「戶長」與「長男」，而且清一色爲男性。倘使日人所執行的屠殺有如此對象的選擇，其警告意味頗爲濃厚。

2.部分死者可能因爲親人曾加盟抗日計畫，可能因此被連累遭害，例如內莊仔莊之呂氏荷爲謝揹之母、嚴新香爲被判死（10 月 19 日於臺南監獄病死）之嚴從的父親；等等。再者，嚴朝陽具有保正身分，並曾大力支持抗日計畫，同時又爲參與作戰而被處死刑之嚴存義的父親，被日軍所殺當爲意料中事。另外，如謝林氏紅李之子謝順行，於大正五年一月十二日死亡，其中僅五歲，亦有可能係因其母於八月六日死亡後乏人照料而不到半年即告死亡故吾人在研究噍吧哖事件中死亡枝人數時，除直接死亡（判處死刑及遭屠殺者）者外，可能更有數不勝數死於屠殺後遺症的間接死亡者。

3.在資料中可看出，有數人係原本被判刑者，而後雖獲減刑，但不久亦死亡，而且時間相近，令人存疑，是否在獄中服刑時亦遭到迫害，則不得而知。例如：內莊仔莊嚴令（17 歲）被判刑十五年，十一月二十九日死亡，許新醮（45 歲）被判死刑後獲減刑，十一月二十六日死亡。左鎭莊簡事君（35 歲）被判死刑後獲減刑，十二月十四日死亡、謝老盤（24 歲）被判死刑後獲減刑，十二月十九日死亡、林知高（28 歲）被判死刑後獲減刑，十二月二十三日死亡；等等。

4.同樣，在左鎭莊亦出現有死者之種族註明爲「熟蕃」者，如：左鎭莊 259 番地之兵保生、251 號之兵買氏朝（年屆 70）、內莊仔莊 680 番地之秘義廷；尙在襁褓中之嬰孩，如：大正四年出生之內莊仔莊郭悅祥、謝天賜及左鎭莊林氏員等。還有較特別的是八月六日死亡之內莊仔莊鄭氏桂，雖爲盲人，亦遭屠殺。而造成「絕戶」或一日內一戶死亡三

人以上者共有超過三十例，如：八月六日內莊仔莊郭允成一家（7 人）滅門、謝同連一家（6 人）絕戶；八月十一日草山莊王茶一家（7 人）死亡。

五、楠西鄉

表十六　楠西鄉一九一五年（大正 4 年）八月六三日至八月十一日死亡人數統計表

死亡日期＼莊名	8/3[66]	8/5	8/6	8/7	8/11	死亡人數小計
灣垰莊	1	0	0	0	0	1
密枝莊	16	0	0	0	0	16
芏萊宅莊	0	0	4	0	1	5
茄拔莊	3	1	2	0	1	7
鹿陶洋莊	0	0	6	1	0	7
龜丹莊	0	0	28	1	1	30
死亡人數小計	20	1	40	2	3	死亡總人數：66 人

根據上表，一九一五年（大正 4 年）死亡之 204 人當中，死於關鍵時間者有 66 人，佔其中的 32.35%。而死者當中，較特出者爲八月三日集中於密枝莊，八月六日集中於龜丹莊；雖然其死亡人數沒有竹圍莊多，但情況類似，即死者不分男女老少，且亦有一戶中多口同時死亡之情形，因此可推論日軍於此三莊中應有屠殺之行爲。茲舉龜丹莊之死者爲例說明之：

例一、126 番地：賴廖氏善（纏足婦女）及其年僅六歲之女兒賴氏香、二歲之幼女賴氏芳三人，皆於八月六日死亡。

---

[66] 8/3 雖非 8/4~8/11 期間，但該日死亡人數較多，亦非尋常狀況，故於此處列入說明。

例二、133 番地：江羅氏色，高齡七十五歲，並且纏著小腳，也同樣難逃死亡命運。

例三、121 番地：楊生、楊城、楊為三兄弟，皆於八月六日死亡。

再者，死亡之住址番地多為連號（2、7、52、57、58、77、121、123、125、126、128、130、133、134、138、143、222、224、348 等番地）顯然被清莊、無差別屠殺的可能性極高。另外，若干死者之「種族」註明為「熟番」，如：52 番地王春風、58 番地黃添、143 番地李清海、黃朝順等人皆屬平埔族。

以上係根據臺南玉井、南化、左鎮、楠西、新化等鄉、鎮公所提供之戶籍資料加以分析說明，其中新化並無被屠殺之跡象，而其他四鄉一九一五年（大正 4 年）死亡總人數計為 2,494 人，遭日軍屠殺之人數至少為 1,465 人，超過當年死亡人數之半數以上。

表十七　玉井等三鄉遭屠殺統計

鄉名	玉井	南化	左鎮	楠西	遭日軍屠殺總人數
遭日軍屠殺人數	417	709	273	66	1,465 人

可見於八月六日虎頭山之役後，日軍確實進行了慘絕人寰的焚莊屠殺行為，因此該日死亡人數最多，並有許多係全家死亡而致「絕戶」者，其中老人、纏足婦女與幼童被慘殺者更多，誠如李能棋先生所言，係「黃髮垂髫抗谷墳」[67]。再者，竹圍莊、南庄、菁埔寮莊、竹頭崎莊與內莊仔莊等莊在八月六日的死亡人數皆超過百人，竹圍莊更高達 251 人，日軍進行「清莊」為領臺初期所慣用之法，未料在其治臺二十年後，竟然仍使用此慘絕人寰之屠殺方式，不僅牽連無辜，令人髮指而「噍吧哖慘案」亦以此而得名。

政治事件的鎮壓，統治者動用正規軍隊及軍隊的兵力，也是衡量有無「屠殺」的指標。噍吧哖事件發生後，日本雖然動用大量的警察部隊進行鎮壓。但是，不但無法有效地消滅抗日軍，情況更加地惡化，抗日

---

[67] 引自里能棋（1985），《結義西來庵——噍吧哖事件》，臺北，近代中國雜誌社，頁 4。

軍人數自三百人增至千餘人，部分村落甚至全民參加[68]。台灣總督安東貞美接到警方報告後深感情勢嚴重，於是調動正規部隊進入事變地區並逕行武裝鎮壓。軍隊的動用通常帶來大量的流血及傷亡，噍吧哖事件也不例外，當八月六日日方取得優勢之後，日本軍警認定余清芳等人能夠推動如此大規模的叛亂，一定獲得當地居民的協助與掩護，並因南莊派出所之役日方人員傷亡極為慘重。於是決意屠殺當地居民以為報復。因此，日方調動正規部隊除了有效的壓制並殲滅了抗日軍之外，更是事件之後發生大屠殺慘案得元凶。

　　噍吧哖事件中日軍動用多少兵力參戰，根據《台灣總督府公文類纂（民法第 314 條）、（民法第 325 條）》有關於軍隊的調動主要有三次[69]：

　　　　（一）八月四日，阿猴廳長接到南莊日警全滅的消息後，即向台南的第二守備隊指揮官請求派兵支援，該指揮官當下即派第一中隊趕往大目降救援。

　　　　（二）八月四日，台灣總督安東貞美接到報告後，下令第二守備隊指揮官調派步兵四中隊約四百名、山砲一小隊（砲兩尊）。

　　　　（三）八月五日，安東貞美再令當時位於大目降的步兵兩中隊、砲兵一小隊馳援噍吧哖。按一九一五年（大正 4 年）前後日軍編制，步兵一個中隊大約有一百至一百二十人，七個中隊約七百～八百四十人，外加山砲一小隊，總共動用了正規軍約八百人，幾乎調動第二守備隊的一半兵力不可謂不少。

　　另外，人口數的增減變化，也可以提供有無屠殺的參考。關於當時各莊之人口數，吾人可藉由台灣總督府官房統計課一九一三年至一九一四年（大正 2 年至大正 3 年）及一九一五年（大正 4 年）十至十二月之「臺灣現住人口統計」，配合臺灣總督府官房臨時戶口調查部於一九一五年（大正 4 年）十月一日所進行之「第二次臨時臺灣戶口調查」加以統計，並自其中看出人口因屠殺而銳減之狀況。

　　表十八　各相關村莊人口變化表

---

[68] 《余清芳抗日革命案全黨　第一輯第一冊》，南投　台灣省文獻委員會，頁 19。
[69] 同上註，頁 21；另同檔第二冊，頁 465。

里名	街莊名	一九一三年（大正2年）十二月三十一日現住人口統計[70]	一九一四年（大正3年）十二月三十一日現住人口統計[71]	一九一五年（大正4年）十月二十一日現住人口統計[72]	一九一五年（大正4年）十二月三十一日現住人口統計[73]
內新化南里	南莊	1,522	1,522	1,242	1,158
	中坑莊	1,270	1,257	1,050	1,009
	菁埔寮莊	1,837	1,803	1,440	1,371

表十八　各相關村莊人口變化表（續上頁）

里名	街莊名	一九一三年（大正2年）十二月三十一日現住人口統計	一九一四年（大正3年）十二月三十一日現住人口統計	一九一五年（大正4年）十月二十一日現住人口統計	一九一五年（大正4年）十二月三十一日現住人口統計
外新化南里	茱寮莊	611	610	647	665
	石仔崎莊	836	843	849	986
	左鎮莊	1,182	1,187	1,076	1,055

---

[70] 見臺灣總督府官房統計課，《臺灣現住人口統計》（大正3年（1914）12月31日止），臺北，1915年10月29日。

[71] 同上。

[72] 見臺灣總督府官房臨時戶口調查部，《第二次臨時戶口調查概覽表》，臺北，1917年5月25日。

[73] 見臺灣總督府官房統計課，《臺灣現住人口統計》（大正4年（1915）10至12月），臺北，1916年12月20日。

	內莊仔莊	1,153	1,168	848	818
	崗仔林莊	851	828	727	704
	草山莊	1,227	1,261	1,284	1,276
	九層林莊	632	660	639	630
楠梓仙溪西里	嚥吧哖莊	921	985	968	995
	竹園莊	1,455	1,483	1,149	1,082
	沙仔田莊	436	425	318	297
	三埔莊	436	433	351	340
	鹿陶莊	114	98	73	72

芒仔芒莊	1,172	1,205	1,096	1,117
口宵里莊	662	696	702	709
鹿陶洋莊	750	748	748	746
龜丹莊	413	425	393	388
芏萊宅莊	323	331	434	357
茄拔莊	586	609	597	565
灣坵莊	564	556	569	598
密枝莊	231	229	212	211
北寮莊	1,056	1,041	952	918
竹	1,194	1,242	1,003	909

	頭崎莊			

　　上表一目瞭然地看出各相關村莊枝人口在一九一四年（大正3年）與一九一五年（大正4年）之間的差別何其巨大。以一九一三年（大正2年）與一九一四年（大正3年）比較，上列二十五個村莊中，有十四個人口是呈成長狀態的，人口減少的莊以菁埔寮莊最多，也不過才三十四個人而已；在一九一四年（大正3年）與一九一五年（大正4年）十月的人口比較上，卻有十八個莊的人口是呈負成長的，而且人口減少的數字相當驚人：

　　表十九　各莊一九一四年（大正3年）十二月三十一日至一九一五年（大正4年）十月二十一日之人口變化統計

街莊名	茱寮莊	石仔崎莊	左鎮莊	內莊仔莊	崗仔林莊	草山莊	九層林莊	噍吧哖莊	竹圍莊	沙仔田莊	三埔莊	鹿陶莊	芒仔芒莊
人口變化情形	+37	+6	-111	-320	-101	+23	-21	-17	-334	-107	-82	-25	-109
街莊名	口宵里莊	鹿陶洋莊	龜丹莊	芏萊宅莊	茄拔莊	灣坵莊	密枝莊	北寮莊	竹頭崎莊	南莊	中坑莊	菁埔寮莊	
人口變化情	+6	0	-32	+12	-12	+13	-17	-89	-239	-280	-207	-363	

形												

其中，內莊仔莊、竹圍莊、菁埔寮莊及南莊死亡人口在二百八十人以上，對於一個人口不過一千多人的小村莊而言，等於是死了四分之一以上的人口。而一九一五年（大正4年）十二月的人口統計比之於十月的戶口調查人數，還是有十八個村莊的人口呈現負成長，其中死亡人數最多的是竹頭崎莊（-94），其次是南莊（-84）、菁埔寮莊（-69）及竹圍莊（-67），顯示日軍屠殺的行為甚至可能持續到一九一五年（大正4年）年底還在進行，如此惡行實在令人神共憤。本文應用一九一五年（大正4年）「戶口調查簿」、「戶口調查除戶簿」、一九一四年（大正3年）及一九一五年（大正4年）之「臺灣現住人口統計」與「第二次臨時臺灣戶口調查」等最直接的一手史料，證明了流傳數十年之久的「噍吧哖大屠殺」的真相，也證實了耆老口述史料之真實性。

肆、結語—事件之意義與影響

一、引起日本政府重視而頒佈「恩赦令」

一九一五年（大正4年）八月，臺灣總督府於臺南地方法院開設臨時法院，針對本事件被捕之抗日份子進行一連串審判，審判結果如下[74]：

表二十　臺南地方法院臨時法院，審判結果一覽

判決日期	檔案文號	原檔出處	判決結果								管轄錯誤
			總人數	死刑	十五年	十二年	十年	九年	無罪		1
			1403	914	30	64	2	375	17		

[74] 對於臨時法院判決之人數，歷來皆記 1914 年宣判死刑者為八百六十六人，但依據《余清芳抗日革命案全檔》第九篇〈判決〉之詳細記錄，本案被判死刑者應為八百六十五人；因10月 27 日所宣判死刑者一百九十八人中，有一人實際上係新莊事件之被告（當日被判十五年懲役者亦有一人為新莊事件之被告），故本研究此處所記與各家說法不同。宣判死刑者名單已詳列於附錄三。

判決日期	檔案文號	原檔出處	總人	死刑	十五	十二	十年	九年	無罪	管轄錯
1915.9.3	大正四年第52卷民法第443號	臨法發第24號	126	8	2	18		98		
1915.9.5	大正四年第51卷民法第448號	臨法發第30號	160		1	3		156		
1915.9.21	大正四年第52卷民法第521號	臨法發第59號	23	4	2	5		11	1	
1915.9.23	大正四年第53卷民法第529號	臨法發第71號	119	107		1		9	2	
1915.9.27	大正四年第53卷民法第552號	臨法發第86號	73	72				1		
	大正四年第53卷民法第553號	臨法發第90號								
1915.9.29	大正四年第53卷民法第573號	臨法發第99號	100	97		1		2		

表二十　臺南地方法院臨時法院，審判結果一覽（續上頁）

判決日期	檔案文號	原檔出處	判決結果							管轄錯
			總人	死刑	十五	十二	十年	九年	無罪	

			數 1403	914	年 30	年 64	2	375	17	誤 1
1915.10.2	大正四年 第 54 卷 民法第 586 號	法 發 第 105 號	89	61		6		22		
1915.10.3	大正四年 第 54 卷 民法第 592 號	法 發 第 110 號	163	156	3	3		1		
1915.10.20	大正四年 第 50 卷 民法第 690 號	法 發 第 146 號	54	47	5	2				
1915.10.23	大正四年 第 50 卷 民法第 714 號	法 發 第 163 號	156	116		4		35	1	
1915.10.27	大正四年 第 55 卷 民法第 752 號	法 發 第 172 號	271	197	4	20		37	12	1
1916.1.31	大正四年 第 49 卷 民法第 49 號		18	12	1	1	2	1	1	
1916.7.3	大正四年 第 30 卷 民法第 250 號之 3	南 方 發 第 1274 號	51	37	12			2		

　　其中，大部份被判九年有期徒刑之「犯罪事實」，竟然只是因為「醵款 1 圓加盟入黨」[75]，其判刑之重，令人咋舌；而進行審判的同時，一邊也開始執行死刑，迄全部審判完畢，已有九十五名於臺南監獄執行絞刑[76]。此次判決之內容一經公佈，立即引起臺民之震驚，一時輿論譁然；尤其被判處死刑之人數如此眾多，更是世所罕見，不但在日本引起國會對臺灣總督府之處置進行討論，甚至連琉球也因有沖繩籍巡查國吉良裁於討伐行動中死亡，而使得本事件在《琉球所報》中亦被大加報導[77]。當時適逢日本大正天皇即位，並於十一月頒佈恩赦令，安東總督乃籍此宣告減刑，結果使得 759 名原被判死而尚未執行者獲減刑為無期徒刑。

（一）大正四年第五十八卷

表二十一、二十二　獲減刑為無期徒刑人數一覽

退還執行死刑申請書之檔案文號	減刑為無期徒刑之人數
民法第 867 號	3
民法第 868 號	15

退還執行死刑申請書之檔案文號	減刑為無期徒刑之人數
民法第 853 號	31
民法第 854 號	32

表二十一、二十二　獲減刑為無期徒刑人數一覽（續上頁）

退還執行死刑申請書之檔案文號	減刑為無期徒刑之人數
民法第 855 號	30
民法第 856 號	35

---

[75] 詳見附錄四。參考《全檔》第十篇〈判決（二）〉。

[76] 詳細名單參見附錄六。參考《全檔》第十一篇〈死刑〉。

[77] 參見又吉盛清著，魏廷朝譯，《日本殖民下的臺灣與沖繩》，頁 181~183。國吉良裁出身於沖繩那霸市下泉町，1912 年渡臺，被任命為臺南北門署巡查，死亡當時年僅 25 歲。

民法第 857 號	37
民法第 858 號	33
民法第 859 號	23
民法第 860 號	54
民法第 861 號	31
民法第 862 號	18
民法第 863 號	22
民法第 864 號	31
民法第 865 號	30
民法第 866 號	42

（二）大正五年第三十卷

退還執行死刑申請書之檔案文號	減刑為無期徒刑之人數
民法第 869 號	10
民法第 870 號	26
民法第 871 號	25
民法第 872 號	17
民法第 873 號	18
民法第 874 號	17
民法第 875 號	6
民法第 876 號	50
民法第 877 號	21
民法第 878 號	29

民法第 879 號	20
民法第 880 號	25

表二十三　獲減刑爲無期徒刑人數一覽

退還執行死刑申請書之檔案文號	減刑爲無期徒刑之人數
民法第 130 號	28

獲減刑爲無期徒刑人數之總人數爲 759 人

二、日政府之殘虐狡詐令人印象深刻

日軍警於噍吧哖所屠殺之無辜民眾多達千人以上，雖經考據，當中恐有遺漏者；而據耆老之回憶口述及當時之戶籍資料，日人確有「清莊」之舉[78]，而南部迄今仍有「火燒噍吧哖」之諺語傳世，足可以想見當時哀鴻遍野之慘狀。

再者，余清芳等被處刑後之半年期間，日軍警欲搜捕殘黨，遂迫使噍吧哖、甲仙埔等鄰近十餘莊之莊民與嫌犯眷屬協助搜捕；而甚至到了一九一六年（大正 5 年）五月，噍吧哖支廳下各莊莊民仍寄寓於臨時小屋[79]，流離失所，每日提心弔膽，生活於恐怖擔心之中。而日本政府出爾反爾，勸誘江定等出降後，又以國法不可不尊重爲藉口，逮捕出降者移送臺南法院審理判刑，其狡猾奸詐令人憤恨，迄今難忘；其實，臺灣總督府之前便有藉「歸順式」之名義而大舉屠殺投降者之例，故此乃其一貫技倆，亦已不足爲奇。

反觀抗日先烈之事蹟，則使後人無現景仰，建廟立碑，永爲後世追思，一九六五年玉井村人林與有感於余清芳、江定、羅俊等抗日烈士之英靈魂魄無依，乃造「忠烈廟」奉祀之，並擔任管理人，該廟位於玉井國小北側，正殿奉祀余、江、羅三位烈士之神像與遺照，另有陳清吉烈

---

[78] 詳本章第二節及第四節。

[79] 見《全檔》第四輯第二冊，第十四篇〈行政文件及其他〉，頁 640。

士之遺照，而左爲「男堂」，奉祀「革命先烈義士江定余清芳公等英靈總神位」之神主牌，右爲「女室」，奉祀「革命先烈女等靈魂之總神位」之牌位，每年六月初六爲祭典之日。而死傷極慘重之南化鄉則於一九七六年設「噍吧哖事件抗日烈士忠魂塔」，祭祀遭日人屠殺之鄉民，一九九一年再設「懷恩堂」，正式「納骨」永祀，此事件之影響可謂深遠。

三、臺民武裝抗日不再成爲主流型態

本次事件最重要之影響，乃此後臺民之抗爭被迫放棄武裝，而將目標漸漸轉向文化、政治、社會等非武裝之抗日運動；一九二一年（大正10年）十月臺灣文化協會於臺北設立，從此逐進行著「不流血革命」。

本次事件之範圍包括了阿猴（屏東）、臺南、嘉義、臺中、南投、臺北等各廳，規模龐大及參加人數眾多，對臺人之影響自是十分深刻；而事後被判死刑者之眾，更成爲世界審判史上空前之殘酷記錄。日本當局持續、嚴密之偵察，其蠻橫之統治作風使臺民陷於恐怖之深淵，至此，臺人武力反抗已無空間可爲，並且也體悟到不能以卵擊石，作無謂之犧牲，故而本事件即臺民武裝抗日之尾聲，繼之而起者乃進入一新的階段，即採取以和平方式進行抗爭。

四、日本政府治臺政策轉鎮壓爲懷柔

事件發生當時，距離日人領臺已歷二十年，日本政府終於瞭解到治臺不可再一味地以武力壓迫，否則臺民寧可犧牲也絕不屈服，故而改採懷柔政策。再者，當時正值第一次世界大戰期間，民族自決與民主政治已成爲世界政治之潮流，雖臺灣爲其殖民地，但殘酷之統治政策畢竟已難再實施。另外，日本之南進政策，係以臺灣爲重要基地，倘若臺灣內部不安定，勢必影響其南侵計畫。因此，於一九一九年（大正8年）十月改派文人身分的田健治郎擔任台灣總督。

日人改採懷柔政策，其目的係欲減緩臺民之抗日意識，使臺灣內部趨於安定，並且以發展殖民地經濟之方式，加強控制臺灣之經濟，雖其

用心未必對臺民有利，然而此種轉變畢竟是噍吧哖事件中余清芳等先烈作出重大犧牲而換得者。

五、迫不急待展開全臺宗教之總調查

日治初期各地所蜂起之武裝抗日運動即含有濃烈之宗教色彩，例如一八九六年（明治 29 年）北部詹振、林李成圍攻臺北時所散發之歷數日人十條大罪的檄文中，第一條大罪即標舉「不敬上天不敬神明」，而一九〇一年（明治 34 年）發生，以關帝信仰為中心的「飛鸞扶乩降筆會事件」，在宗教性質上則更為明顯[80]；迄一九一二年（大正元年），林圯埔事件亦藉著宗教掩護而發動，因此日本政府一直十分重視臺灣宗教對抗日活動之影響力。

噍吧哖事件發生當時，臺灣總督府正忙於籌備「始政二十周年紀念」之慶祝事宜，然而由於此抗日事件與宗教信仰有密切之關係，安東總督有鑑於臺人武力抗爭動輒藉宗教以掩護，抗日領導者往往藉託神諭，或分發符咒、或舉迎神賽會之旗幟而進行抗日之事，故而不及等待事件結束，即從一九一五年（大正 4 年）十月起至翌年三月實施全臺灣之宗教總調查，但因準備有欠周詳而未能收到預期之效果，之後又連續進行了二次全臺之宗教調查，直至一九一八年（大正 7 年）始大致完成，於一九一九年（大正八年）三月由丸井圭治郎稍加整理，撰成《臺灣宗教調查報告書》一卷。此舉亦可視為噍吧哖事件之影響所致。

六、日本國會議員對於此事件之反應

噍吧哖事件發生之後，臺灣總督府當局雖欲掩蓋其林野調查施政失

---

[80] 參見翁佳音，《臺灣漢人武裝抗日史研究（1895~1902）》，頁 165~167。所謂降筆會事件，係指一八九七年一月，日本政府正式發佈「臺灣阿片令」禁止一般人吸用鴉片；在禁煙過程中，臺人亦起而響應，而降筆會則宣傳可藉關帝神力戒煙，並進一步宣傳不用日人之物、不吸鴉片，以使日人財政枯竭而離開臺灣，一時信者頗眾。然而日本當局卻以降筆會有礙鴉片政策之進行，且有礙「內（日）臺融合」，遂於一九〇一年五月加以取締，過程中乃發生警憲與臺人交戰之事件。

當及派遣軍隊屠殺莊民之事實以迴避政治責任，但當年的第三七帝國議
會仍然對此事件有過一番討論。議員小林勝民曾於一九一五年（大正4
年）十二月二十二日提出「臺灣匪徒事件之善後策相關質問」，而此議
題獲得了村松山壽等三十二位議員之支持；他們認為在日本領臺二十年
之後，居然還有如此大規模的「匪徒」抗日事件，簡直是一件統治史上
的「大缺陷」。小林勝民議員並曾對事件被告於臨時法院庭上異口同聲
訴苦，尤其是關於林野調查作業的草率及疏漏所造成之生活困境與埋怨
祖傳家業被沒收一事提出質詢，他同時指出甚至連直接擔任審理本案之
法官本身也承認此事實，但臺灣總督府卻始終未能妥善處理，因此才民
怨沸騰而進行大規模的抗日行動。關於這場質詢，民政長官下村宏則強
調此事件係「無智與迷信」島民所引發之陰謀事件，被處刑係罪有應得
云云[81]；雖然日本國會中對於日本治台政策的質疑幾乎每一會期都有，
但是一般日本民眾泰半無法瞭解本案之事實真相，甚至根本不知道有此
案件的發生。

參考文獻

丸井圭治郎（1919）。《台灣宗教調查報告書》。台北：台灣總督府。

玉井、南化、楠西地政事務所。《土地台帳》。台南：地政事務所。

玉井、南化、左鎮、楠西、新化五鄉鎮戶鎮事務所。《死亡暨除戶名簿》
　　　　及《戶口調查簿》。台南：鄉鎮戶鎮事務所。

台灣總督府警務局（1969）。《台灣總督府警察沿革治》（復版）。東京：
　　　　台灣史料保存會。

台灣銀行經濟研究室編（1954）。《台灣之林業問題》。台北：台灣研究
　　　　叢刊第 28 種。

吳密察（1994）。《近代台灣史研究》。台北：稻香出版社。

李文良（1997）。〈台灣林野研究關係資料介紹─台灣總督府《高等林野

81　《第三十七回帝國議會眾議院預算委員會議錄》，一九一五年十二月二十二日眾議院議事速
　　記錄第 10 號。

　　　調查委員會公文類纂〉〉,《台灣史料研究》9 號,頁 162~173。

李能棋(李喬)(1977)。《結義西來庵─噍吧哖事件》。台北:近代中國
　　　出版社。

周憲文(1980)。《台灣經濟史》。台北:台灣開明書店。

周憲文(1958)。《日據時代台灣經濟史》。台北:台灣研究叢刊第 59 種。

周憲文譯(1958)。《帝國主義下之台灣》。台北:帕米爾書店。

涂照彥(1991)。《日本帝國主義下的台灣》。台北:人間出版社。

張漢裕(1979)。〈日據時代台灣經濟之演變〉,《台灣經濟史》,2:74~128。

張家鳳(1973)。〈噍吧年慘史〉,《台灣文獻》,24(3):202~210。

程大學(1978)。《余清芳傳》。台中:台灣省文獻委員會。

程大學譯(1974)。《余清芳抗日革命全檔》。台中:台灣省文獻委員會。

楊鴻儒、陳倉杰、沈文嘉譯(1992)。《日本統治下的台灣民族運動史》。
　　　台北:福祿壽興業股份有限公司。

戴寶村(1993)。〈1915 年武裝抗日事件的新視角〉,《台灣史料研究》,
　　　頁 20~27。

矢內原忠雄(1929)。《帝國主義下的台灣》。東京:岩波出書。

蔡錦堂(1994)。《日本帝國主義下台灣的宗教政策》。東京:同成社。

附錄一：噍吧哖事件虎頭山之役兩軍攻守路線圖

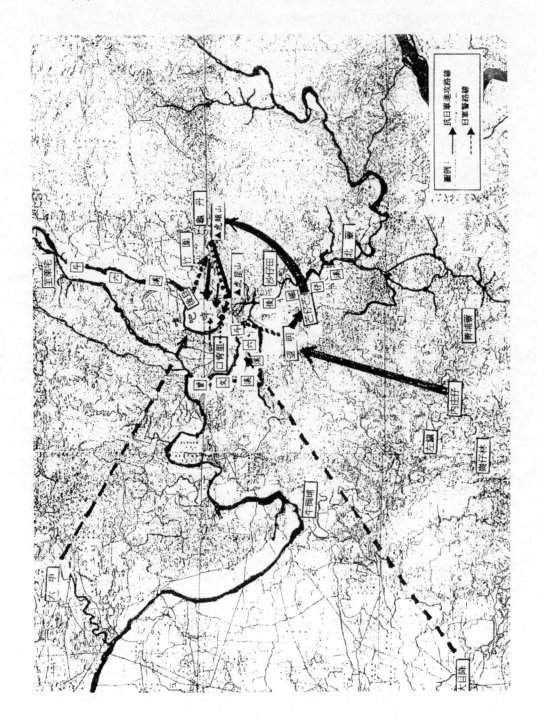

附錄二：南化鄉各地段各項地目官私有面積一覽[82]

南化鄉								
官有	南化段	中坑段	菁埔寮段	竹頭崎段	北寮段	西阿里關段	西大丘園段	合計
原野	26.7649	4.1620	30.5242	5.7011	0.9000	488.9861	78.1811	635.2194
山林	122.5156	103.6967	462.0510	91.1270	94.4959	0.0000	7.5030	881.3892
建物敷地	0.1100	0.0000	0.2223	0.0360	0.0845	0.0000	0.0000	0.4528
旱田	3.2010	0.3740	1.9426	0.6365	0.0150	7.3310	8.2612	21.7613
田	0.9085	0.2570	1.1505	0.0000	0.0504	7.7280	0.8055	10.8999
雜種地	0.0000	0.0000	0.0050	0.0003	0.0000	0.0000	0.6515	0.6568
池沼	0.1650	0.0000	0.0870	0.0000	0.0000	0.0000	0.0000	0.2520
祠廟敷地	0.0000	0.0000	0.0470	0.0000	0.0000	0.0000	0.0000	0.0470
小計	153.6650	108.4897	496.0296	97.5009	95.5458	504.0451	95.4023	1550.6784
私有	南化段	中坑段	菁埔寮段	竹頭崎段	北寮段	西阿里關段	西大丘園段	合計
原野	0.0165	0.0000	0.0000	0.0000	0.0000	0.0000	0.0000	0.0165
山	2.9600	0.0000	0.7915	0.0000	0.4110	0.0000	0.0000	4.1625

---

[82] 資料來源，南化鄉地政事務所一九一五年土地台帳整理所得。

林								
建物敷地	0.2095	0.0455	1.3925	0.0920	0.0000	0.0000	0.0000	1.7395
旱田	2.1130	1.1405	3.1030	0.1340	0.0000	0.0000	0.0000	6.4905
田	1.2524	0.1010	0.9090	0.1790	0.0000	0.0000	0.0000	2.4414
雜種地	0.0000	0.0000	0.0000	0.0000	0.0000	0.0000	0.0000	0.0000
池沼	0.0000	0.0000	0.0000	0.0000	0.0000	0.0000	0.0000	0.0000
祠廟敷地	0.0000	0.0000	0.0000	0.0000	0.0000	0.0000	0.0000	0.0000
小計	6.5514	1.2870	6.1960	0.4050	0.4110	0.0000	0.0000	14.8504

附錄三：楠西鄉各地段各項地目官私有面積一覽[83]

楠西鄉							
官有	楠西段	密枝段	彎丘段	鹿陶洋段	龜丹段	茗萊宅段	共計
原野	17.0841	14.0035	2.5104	8.8478	0.4980	21.8005	64.7443
山林	0.9621	49.5350	22.2765	7.4259	22.1729	2.1870	104.5594
建物敷地	0.0000	0.0660	0.0000	0.0000	0.0300	2.0320	2.1280
旱田	7.1845	12.2023	6.7125	9.0460	3.9515	121.1325	160.2293
田	0.7310	2.5475	3.0655	0.0000	2.0260	3.9505	12.3205
雜種地	0.0000	0.0000	0.0000	0.0000	0.0000	0.0000	0.0000

---

[83] 資料來源，楠西鄉地政事務所一九一五年土地台帳整理所得。

池沼	0.0000	0.0000	0.0000	0.0000	0.0000	0.0000	0.0000
祠廟敷地	0.0000	0.0000	0.0000	0.0000	0.0000	0.0000	0.0000
墳墓地	0.0000	1.4320	0.0000	0.0000	0.0000	0.0000	1.4320
小計	25.9617	79.7863	34.5649	25.3197	28.6784	151.1025	345.4135
私有	楠西段	密枝段	彎丘段	鹿陶洋段	龜丹段	菫萊宅段	共計
原野	0.0000	0.0000	0.0000	0.0000	0.0000	2.1490	2.1490
山林	0.0000	0.0000	0.0000	0.1630	0.0000	0.0000	0.1630
建物敷地	0.0000	0.0515	0.0000	0.0000	0.0000	0.0000	0.0515
旱田	0.0000	1.2815	0.0000	0.0645	0.5600	3.0095	4.9155
田	0.0000	1.0555	0.0000	0.0000	0.3925	12.5460	13.9940
雜種地	0.0000	0.0000	0.0000	0.0000	0.0000	0.0000	0.0000
池沼	0.0000	0.0000	0.0000	0.0000	0.0000	0.0000	0.0000
祠廟敷地	0.0000	0.0000	0.0000	0.0000	0.0000	0.0000	0.0000
墳墓地	0.0000	0.0000	0.0000	0.0000	0.0000	0.0000	0.0000
小計	0.0000	2.3885	0.0000	0.2275	0.9525	17.7045	21.2730

附錄四：玉井鄉各地段各項地目官私有面積一覽[84]

玉井鄉							
官有	玉井段	竹圍段	沙仔田段	三埔段	芒仔芒段	九層林段	口宵里段	合計
原野	0.3783	0.7145	0.3975	5.6216	12.5693	7.8617	87.3080	114.8509
山林	0.0000	22.0270	37.6563	42.6660	283.9457	300.4118	9.7225	696.4293
建物敷	0.0000	0.0000	0.0000	0.0000	0.0000	0.0000	0.0000	0.0000

[84] 資料來源，玉井鄉地政事務所一九一五年土地台帳整理所得。

地								
旱田	1.0825	0.0230	0.5910	6.5440	15.1430	0.8225	92.3390	116.5450
田	0.0000	0.2080	0.6350	0.0000	0.7345	0.1290	5.2679	6.9744
雜種地	0.0000	0.0000	0.0003	0.0000	0.0009	0.0118	0.0000	0.0130
池沼	0.0000	0.0000	0.0000	0.0000	0.0000	0.1485	0.2840	0.4325
祠廟敷地	0.0000	0.0000	0.0000	0.0000	0.0000	0.0000	0.0000	0.0000
墳墓地	0.0000	0.0000	0.0000	0.0000	66.8766	5.5498	2.1465	74.5729
小計	1.4608	22.9725	39.2801	54.8316	379.2700	314.9351	1970.0679	1009.8180
私有	玉井段	竹圍段	沙仔田段	三埔段	芒仔芒段	九層林段	口宵里段	合計
原野	0.0000	0.0000	0.0000	0.0000	0.0000	0.0000	0.0000	0.0000
山林	0.0000	0.0000	0.0000	0.0000	0.0000	0.0000	0.0000	0.0000
建物敷地	0.0000	0.0990	0.0000	0.0000	0.0000	0.0000	0.0000	0.0990
旱田	0.0000	0.0345	1.3555	0.0900	0.0000	1.3555	0.1545	2.9900
田	0.0000	0.0630	0.3600	0.0000	0.0000	0.3600	3.1374	3.9204
雜種地	0.0000	0.0000	0.0000	0.0000	0.0000	0.0000	0.0000	0.0000

池沼	0.0000	0.0000	0.0000	0.0000	0.0000	0.0000	0.0000	0.0000
祠廟敷地	0.0000	0.0000	0.0000	0.0000	0.0000	0.0000	0.0000	0.0000
墳墓地	0.0000	0.0000	0.0000	0.0000	0.0000	0.0000	0.0000	0.0000
小計	0.0000	0.1965	1.7155	0.0900	0.0000	1.7155	3.2919	7.0094

附錄五：官報號外[85]

第三七回帝國議會眾議院議事速記錄第三十二號

大正五年二月二十四日

頁七三〇上段

呈進針對眾議院議員小林勝民君提出台灣匪徒事件之善後策相關質問之別紙答辯書（別紙）

　　針對眾議院議員小林勝民君所提出台灣匪徒事件之善後策相關質問的答辯書，有關台灣的統治，雖然政府經常付以深甚之注意、致力於大舉銳意經營之實，但是民情迥異之島民的教化，難以短日月而能期完備，部份的無智迷信之輩時有不穩之舉措，誠屬遺憾，政府將來除了竭盡能力給予一層之教化，並且會嚴格地推動取締之工作，以期歸嚮忿尤者。

以右為答辯主旨

　　大正五年二月二十三日

　　　　　　　　內務大臣法學博士一木喜德郎

---

[85] 資料來源：日本東京國會圖書館。

附錄六：日本國會質詢內容[86]

大正四年十二月二十二日

頁一七五　上下段

議長（島田三郎君）　台灣匪徒事件善後策之相關質問，小林勝民君

三　台灣匪徒事件善後策之相關質問（小林勝民君）

小林勝民君　雖與此問題稍有不同，然而這也是大正二年至大正三年期間在第三十一議會裡，我曾對台灣陰謀事件的原因、質問以及善後策等，向當時的政府提出質問書，但是如前所述，當時的質問在不得要領的情況下結束，當時我認為整個情勢會演變成台灣陰謀事件並非不易之事，不宜以等閒視之的情況下提出質問，但是不幸的是當時的政府卻是以等閒視之，可說是在全然不注意的情況下就過去了，其所帶來的後果是，在那之後一年不到的期間，誠如眾知地台灣的匪徒事件如此勃興，此匪徒事件所帶來的結果則是，在司法裁判所內有九百前後的人被宣告死刑，如此大事件的風波洶湧而至，對政府而言這畢竟已陷入了國有官僚之積弊裡，而不注意如此治國經綸之事宜，唯其始終陷於敷衍一時的常習之弊，如果能稍尊重議員之發言而有所注意，或許可以防範此禍於未然，但是我所遺憾的是，很不幸地沒人能對此事先提出警語，根據當時政府的答辯，政府聲稱台灣的陰謀事件是受到對岸革命動亂的餘響，在革命的動機下所勃發之情勢沒有什麼大礙，只是局部性的問題，直接採行鎮壓手段即可，決非有如質問者憂慮之所在，以此作為答辯之一貫口徑，如同我當時所提出的詳細的質問理由書中所言一般，根據其內容反駁此答辯，認為這並非僅是單純地受到對岸革命熱所勃發之餘響的偶發事件而已，雖然革命的餘響也是造就此事件發生的動機，但是對此陰謀事件的發生，應該有更重要的原因存在，而且是長久以來存於台灣全島的大原因，當時我把這樣的認知委以書面的方式企圖促其有所反省，結果果真如我所料地，前回的陰謀事件與此次的匪徒事件具有相同

---

[86] 資料來源：日本東京國會圖書館。

的因果關係，如果要以一句話概之的話，即我們在台灣的政治與統治上
有所缺陷，換言之民心之於政府有所不平，乃成爲造就事件發生的一大
動力，如此靡然的原因一貫下來，吾人日本國民不分朝野，決不可任意
看輕這樣的情事，長久以來有關台灣的政治若如後藤新平先生之類者所
言，則大有吹噓之成分在，因爲台灣的情況內地大多都不知情，於是
便強調台灣的經營乃以一人之力，魔法般地將台灣的統治帶往成功之
路，後藤流之氣焰也藉此高漲起來萊，整個問題絕非只靠後藤男爵的氣
焰就能看出端倪，雖然在台灣建構了富麗堂皇的屋舍，公務役所、道路
都變得氣派起來，以一言蔽之有形的設施的確變得比較有看頭，但是對
於可謂是政治之根本的這種無形的事，亦即支配人心以爲百年之計等這
些治績，相當遺憾地則甚爲缺乏，此大缺陷長久以來存在於台灣新領地
上，以致於如匪徒事件永遠橫亘於全島至今仍無法消滅，永遠遺禍，過
去歷代之內閣領有台灣，當時向清國要求割讓台灣時，非常熱心於領有
之事，然而一旦領有台灣之後，曾幾何時變成傾向讓它自生自滅，隨意
看過，即使有多少有識之士提出注意與警戒，卻被視之爲馬耳東風，此
種現象不單是政府應該受到指責，朝野都應該負錯誤過失之責，苟此地
國將來大有發展，而在位居南門要鎮的台灣經營上，不分朝野平素對此
必須付出深甚的注意，否則任意委於人，放任其自生自滅，終不可濟而
病入膏肓，逐漸陷入無可救藥的地步，對此我並非只在議場上徒壯己
言，我認爲台灣的政府缺陷以陷入膏肓之地步，值此之際應該由現任內
閣特別是像大隈伯這樣具有高遠理想的政治家來負責，將這個問題放在
自己的董督之下，以治療此盤踞多年、幾近病入膏肓的痼疾爲己任，重
要的是，事到如今在台灣的統治仍不得要領，幾乎已經是病入膏肓無藥
可救，像這次發生這樣大規模的匪徒事件，問題畢竟是出於過去歷代之
內閣對於台灣的統治忽略了其監督之責所導致的結果，對此將來應該引
爲深戒，台灣成爲日本有望之寶庫的相關統治，永遠成爲將來國家之大
利害所在，想到如此則今日非提出斷然去除過去之痼疾的方針，然而政
府當局者卻依然以台灣乃孤懸於天涯之土地爲由，中央政治到底無法普
及於此，暫時仍須至於委任立法的範疇下，放任其時之當局自由行事，

中央當局對此則採取不加掣肘之方針，另外再監督之責上，承如過去的
做法，是否爲委任放置的方針，對此我請求政府當局者能以熱誠的態度
提出說明，我的質問大略如此，花費了不少時間，對諸君感到惶恐至極，
到此結束我的質問。

附錄七：嘍吧哖事件相關村莊地圖[87]

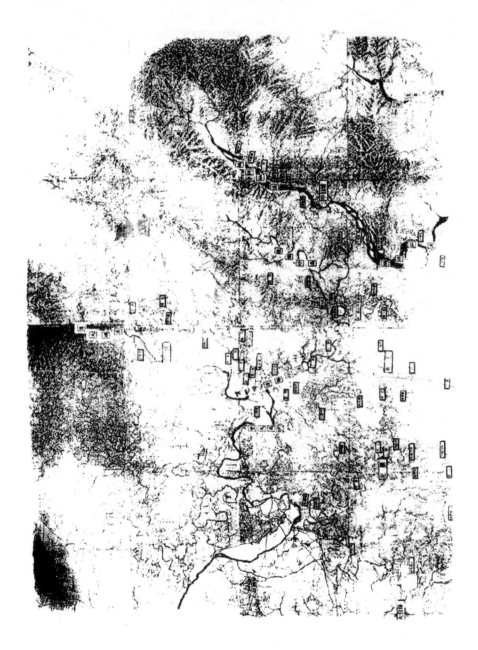

附錄八：噍吧哖事件相關戶籍資料，除戶簿絕戶一例[88]

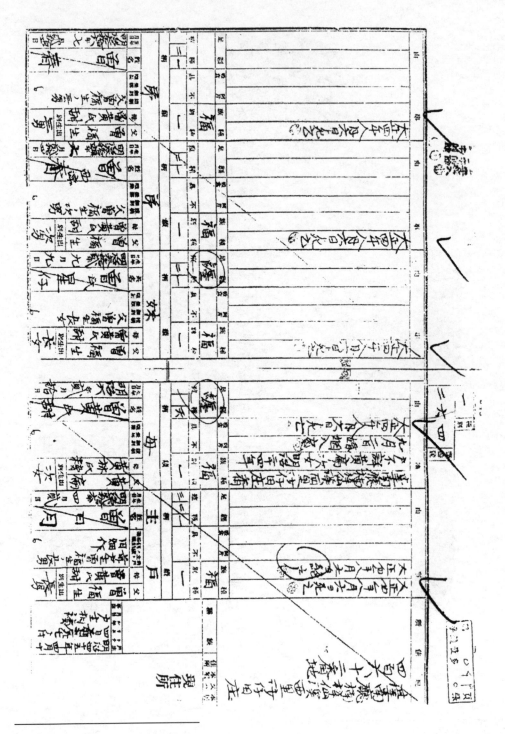

[88] 資料來源：玉井鄉戶政事務所。

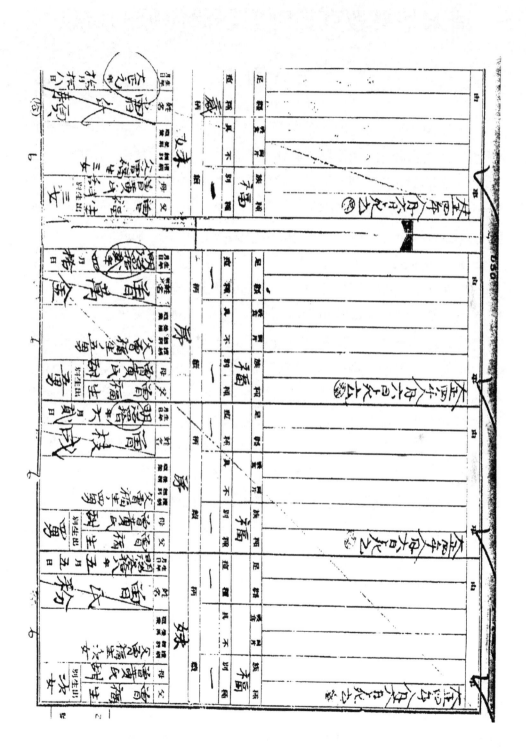

清末基督教宣教師對臺灣醫療的貢獻

一、引言

　　臺灣爲中國人所發現並予經營，爲學術界一致公認的事實。至遲於公元第七世紀就與內地相通。其後歷經唐宋，尤以元代之成就最大，至元年間設巡檢司於澎湖，正式設官治理，可稱爲臺灣史上第一大事。明代中葉以後，因爲人口的壓力，政治的動亂，以及臺澎海域漁場之認識等，臺澎成爲閩粵沿海人民移墾的新天地。他們不但來此開拓，並且非常成功地將中國文化移入此地，使臺灣完全成爲中國文化的一環。但是，在這當中，有一值得注意的，便是外人的垂涎臺灣亦於此時發生。隨著外力的入侵，基督教也隨之傳入。不過，他們在文化思想方面，對臺灣的影響並不深刻，這是因爲如上所說臺灣已完全成爲中國文化之整合。同時人們認爲戰爭、不平等條約、開埠、外商及傳教等事同一事件，更因宗教之差異性，遂對基督教產生懷疑和反抗，因此曾發生迫害教會的教案。雖然如此，宣教師依然本著熾熱的信仰，以耶穌基督「走遍加利利，在各會堂裏教訓人，傳天國的福音，醫治百姓各樣的病症」爲榜樣，遠渡重洋，來到臺灣，學習臺灣話和各種生活習慣，從事艱困的宣導工作。在極大多數情況下，基督教的傳入往往是藉醫療而開始進行的。因爲醫療的事工，有助於排除本地人對宣教師及基督教的偏見及反感，且能獲得不少人感念，所以初期，無論在南或北，山地或平地，醫療成爲宣教師除了傳道以外最主要的工作。因此，在欠缺現代化醫療的臺灣，基督教的醫療工作，的確有了重大的影響和貢獻。

二、南部教會宣教師的貢獻

　　基督教在十九世紀至二十世紀初的一百年間，可說是宣教史上空前的發展。他們在各地的活動，對人們生活的許多方面有著重大的影響。

有關傳教方面，首先，於一八○七年英國倫敦宣教會差遣馬禮遜（Robert Morrison）來到中國。鴉片戰爭以後，英國長老教會對中國的關心日漸增加，除了在廈門、汕頭設有傳教中心外，更於一八六五年正式在臺灣南部開始宣教。

事實上，基督教在臺灣的宣教工作可溯至咸豐十年（西元一八六○年），是年因北京條約的結果，我國被迫開安平、淡水、打狗和基隆為商埠，在這一年的九月間，英國長老教會駐廈門的宣教師杜嘉德（Rev. Carstairs Douglas）及駐汕頭的宣教師馬牧師（Rev. H. L. Mackenzie）二人訪問了淡水及艋舺等地方，並經由他們的建議，於同治三年（西元一八六四年）派遣第一位宣教師馬雅各（Dr. James L. Maxwell），他是將宣教事業與醫療工作緊密結合在一起的先驅。他是位教會的長老，在愛丁堡大學讀醫，成績優異，繼而在柏林、巴黎等大學深造，曾擔任伯明罕總醫院住院醫師。到了臺灣，他的醫術，使他較易接近民眾，也更易獲得許多感激的朋友。

同年十月，杜嘉德牧師陪同馬雅克醫生及三位助手一同來臺三星期，調查南部一帶的情形，選定以臺南作為根據地。同治四年（西元一八六五年）六月馬醫師得 Me. William Maxwell 之好意頂讓他在臺灣府城西門外看西街所租借的房屋做佈道所，十六日正式開始行醫傳教的工作。他的助手有吳文水、黃嘉智、陳子路三人。馬醫師每天診治五十多名病患，忙碌非常。可惜未幾謠言百出，傳聞馬醫生來挖人心肝，割眼睛，因此人心動搖，暴民要來拆除聚會的房屋，吳文水不得已向縣府報告，知縣即時親臨曉諭安民，但也請馬醫生遷移他處，否則恐怕起大騷動，因此，馬醫生被迫移到打狗之旗後。以後南部教會之醫療工作，乃分在四個地方，即旗後、臺南、大社及彰化。

1 旗後醫館

馬醫生到旗後，租了三間房子做醫院與禮拜堂，在此行醫一年，雖有不斷的騷擾，但仍有陳齊、陳和、高長及陳為四人領洗入教。此四人

乃臺灣最早信仰基督教的人。同治六年（1867），馬醫生又在埤頭之北門外購買一所房屋做爲禮拜堂並兼行醫療。十二月，馬醫生往香港結婚，宣道會未再派人來旗後醫館，改由打狗之外國商行支出經費，聘請醫生辦理，初任的萬醫生（Dr. Patrick Manson）在臺努力與研究熱帶病症，並稱爲「熱帶醫學之父」，其工作後由其弟 Dr. D. Manson 繼任，之後，又有連醫生（D. T. Rennie）及梅醫生（Dr. W. W. Myers）相繼而來。他們雖然不是宣道會所派的醫生，但是每天到醫館診治病人，不取報酬。後來萬醫生在福州被大水淹死，爲紀念其美德，乃募捐在旗後山腳建新醫館，命名爲「慕德醫院」，聘梅醫生負責。當時亦招募學生，可惜人數不多，惟有林晟（朗如）獲得文憑證件[1]。這所醫院在日據後，因外商減少致經費不足，且梅醫生要離臺，乃將打狗醫院（萬醫生紀念醫院，亦即慕德醫院）獻給教士會做教會醫院。到民國五年（1916）三月二十九日教士會因該醫館無法維持乃決議廢院，於民國十六年（1927）賣掉，以所得金錢充爲臺南醫館之用。

2 大社醫館[2]

彰化大社醫館的盧嘉敏醫生（Dr. Garvin Russell, M.D., C. M.）於光緒十四年（1888）來臺，在彰化開設門診，爲本館之創始。光緒十六年（1890）正式將醫館移於當時傳道本部之岸裡大社兼設病房而以彰化爲分診所。他的醫術精良，爲人親切，因此信者甚多，他在大社行醫三年，辛勤救人，不幸於光緒十八年（1892）四月患腸熱症，送往臺南途中，病逝嘉義，享年只二十多歲。該大社醫館因乏人經營，至光緒十九年（西1893）廢止，另派柯拉斯醫生（Dr. Cailas）抵彰化繼承開辦診療。

3 臺南新樓醫院

同治七年（1868）年底，「樟腦事件」達成協議，馬雅各醫生看出

---

[1] 引自《臺灣基金長老教會百年史》頁 169。
[2] 同上。

回臺灣府之機會來臨，將高雄的工作交給李庥牧師（Rev. Hugh Ritchie）
負責，醫院託外商聘來萬醫生來幫助，在聖誕節晚上和吳文水重新返回
臺南，起初沒有人願意出租，最後才租得二老口街許厝的公館[3]。此時
馬醫生已有三年多的經驗，臺灣話相當的流利，所以，更能獲得病患的
信任，當時的患者，大多屬於罹患重病或急症或臨終的人，還有脊骨腐
蛀，手腳臭或難醫者、難產者，因此，名聲遠播，求醫者日眾，臺南近
郊的安平、大灣、永康、安順、新市、頭社等地者很多，也有遠自左鎮、
木柵、岡林、岩前、關仔嶺、嘉義、大社、烏牛欄、牛眠山、大湳等地
的患者。這樣的醫療服務，自然大大地改善人們的病痛，也對傳教工作
大有助益。

　　同治十年（1871）德馬太醫生（Dr. Matt-hew Dickson, M. D.）來臺
接馬醫生的工作，使馬醫生得以暫時休息，可惜他回國後患了脊髓骨病
休息十多年，到光緒十年（1884）才能重回臺南住一年，不幸馬醫生夫
人生病，祇好帶她回英國，從此之後未能再來。但是他始終非常關心臺
灣，他去世於民國十年（1921）。在德馬太醫生之後，光緒十五年（西
元一八七九年）安彼德醫生（Dr. Peter Anderson, L. R. C. P. &. S.）到臺
南繼任。由於現代化醫療的受到歡迎，安醫生感到醫院須要擴展，乃積
極籌劃，到光緒二十二年（1896）十月獲得醫館的建築用地，並向母會
申請補助建築費用一、四〇〇英磅，這就是南臺灣史上第一座現代化的
醫院—新樓醫院。二老口的醫院則稱為舊樓醫院，本來長老會母會准以
舊樓醫院的房屋，交托宋忠堅牧師（Rev. Duncan Ferguso n, M. A.）夫人
創辦女醫院，可惜宋牧師夫人於光緒二十七年（1901）病逝，這一偉大
的新計畫便告終止。光緒二十六年（1900）新樓醫院正式開放，為臺灣
的居民作最好的醫療服務。

　　舊樓醫院時代，這些遠渡重洋來臺灣的醫生們秉著熱忱的愛心作醫
療宣教之外，更教導本地人習醫，造就許多醫界人才，如林天賜、吳道
源、吳純仁、吳臥龍、黃仁榮、趙天惠、李甘雨、徐賞、鍾火旺、周瑞

---

[3] 老口街現址在臺南啟聰學校博愛堂之鄰近。

邦、江中立、李道生等[4]。

光緒二十七年（1901 年 2 月 24 日），馬雅克醫生的公子二世（Dr. J. Laidlaw Maxwell, M.D.Jr.）秉持父志來到臺南做醫療宣教的工作。馬雅克醫生二世來後，與安彼得醫生同事，醫療服務更為進步，住院患者常常滿床，當然來醫院就診而信道者甚多，筆者之先祖父周參即為其中之一，因此教會日益興隆。光緒二十七年（1901）末安醫生轉到打狗醫館，到宣統三年（1911）英國母會新任命宣教師戴仁壽醫生（Dr. Gushue Taylor, M.B., B. S.）偕夫人來臺南。兩位醫生的合作，使接受外科手術之患者增多，做了更大的服務，而且，馬醫生夫人，戴醫生夫人及富姑娘（Miss Alice Fullerton）都是有正式資格之護士，頗能幫助手術，並善於訓練管理護士。她們的協助，使醫療服務更為完善。在民國七年（西元一九一八年），戴醫生用羅馬字著作一書，名叫「內外科看護學」（共六七五頁），對訓練臺灣的護士大有助益。

根據楊士養牧師的統計，馬醫生二世來臺後，新樓醫院之醫療情況如下[5]：

年度	住院患者總數	應用哥羅風受手術人數	受手術總人數
一九〇二年	一、三八二名	一九二名	八一四名
一九二二年	二、三八一名	八五四名	一、三六七名

傳教中期階段，新樓醫院的設備更為進步，增設 X 光，紫外線與檢驗室，並設小兒病房，用蒸汽消毒器材，裝置升降機使患者方便上下，因此獲得日本宮內省的獎助；且因有治療癩病的藥劑，特別照顧癩病患者，是南部治療癩病的創舉，這些醫療服務隊當時的臺灣社會貢獻相當大[6]。

4 彰化基督教醫院

---

[4] 《臺灣信仰名人略傳》第一集楊士養編臺灣教會公報社發行頁 113。
[5] 同註 1。
[6] 《臺南新樓醫院醫療傳道史》杜聰明博士譯頁 117。

光緒二十一年（1895 年 12 月 18 日）英國宣教師梅甘霧牧師（Rev.
Campbell N. Moody, M. A., D. D.）及蘭大衛醫生（Dr. David Landsborugh.
M. B.）三人同日到臺灣。梅牧師和蘭醫生都到彰化工作。

蘭大衛醫生生於同治九年（1870）英國蘇格蘭克爾馬諾克
（Kilmarnock）一位牧師的家庭，家中七位小孩，他是五個男孩中的老
大，其祖父及父親都是牧師兼博物學者，所以他自小就在充滿濃厚宗教
氣息的環境長大，並培養出對大自然的熱愛與好奇。十七歲時進入格拉
斯哥大學（Glasgow university），光緒十六年（1890）（二十歲）獲文學
碩士，旋立志當一位醫療傳道者，於是入愛丁堡醫科大學學院，光緒二
十一年（1895）六月與其弟約翰同時獲醫學士學位。當時臺灣中部一位
傳教醫生盧嘉敏，死於傷寒，迫切需要另一位醫生來接替。愛丁堡大學
的巴伯教授把這種需要告訴剛畢業的蘭醫生，那時蘭醫生已得皇家診療
所外科住院醫師的職位，雖然他希望留一段時間以增加臨床經驗，但巴
伯教授告訴他這是極為迫切，經過一番考慮與禱告，蘭醫生終於答應下
來[7]。

當蘭醫生來到彰化看到那醫院時，使他感到非常失望，陰暗的病
房，脫色的木板與生銹鐵架所搭成的病床，實在太簡陋了，加上藥品缺
乏，沒有護士的照料，瘧疾病者到處可見。這種病，傳教士也不能避免，
蘭醫生便在第二年光緒二十二年（1896）春染上，暫時往小琉球靜養，
於八月上旬再回來做醫療的工作。

當時彰化的醫療工作並不發達，沒有醫院來收容住院的病人，但有
時不得不動一些手術，因此蘭醫生購買二、三張竹床放在診察室一角以
收容住院的病人，並親自整夜照顧病患。有時需要他出診，路途近就用
步行，距離較遠便用腳踏車代步。由於病人愈來愈多，於是收五位「學
徒」來充作助手，所以每天傍晚醫院工作結束後，還要教導學生學習化
學、解剖學、生理學等。這些學生後來都成了他得力的助手。

光緒二十三年（1897 年三月教會應蘭醫生的申請，撥出一、二〇

---

[7] 《人神之間—蘭大衛醫師的一生》陳錦煌著頁 65~66。

○元做為購地建設醫院之用。光緒二十五年（1899）歲首醫院完竣；有診室、手術室、藥局，並有男病房二棟及女病房一棟，僅可收容十名病人；另外有廚房，裏面置有簡單的爐灶以供住院病人之親屬為病人煮飯之用。

　　日本統治臺灣後厲行措施來撲滅鼠疫，但彰化環境衛生不好，到處充滿淤塞的糞坑，未加蓋的臭水溝及髒亂的房子，使得鼠疫無法杜絕。蘭醫生每逢有鼠疫的病人便送到日人所建的簡陋隔離醫院。對於瘧疾的病因當時還停留在未知階段，眾人以為是吸了沼澤所散出毒氣的緣故，當時住高雄的派屈克・門森醫生（Dr. Patrick Manson）觀察一些被瘧疾所侵犯的村落，將注意力集中在蚊子身上，而提出蚊子可能是瘧疾病因的理論，後來被證實了。由於受到瘧疾的苦楚，健康欠佳，長老會擬派他們到中國大陸或新加坡，但是遭到蘭醫生的拒絕。由於病患的增加，他每天要為四百人以上作醫療的服務，也因此購買了一棟小建築物來擴充不夠的醫院。到光緒三十一年（1905）病床增加到七十五張，住院病人有一百三十到一百四十左右。另外在頭社的醫院也逐漸增大，病床增加到六十張，每年夏季的三個月中，他在頭社看了三千位門診的病人。

　　他自己因為操勞過度，光緒二十八年（1902）五月患嚴重的赤痢，光緒三十年（1904 年 7 月 17 日），又害了一場痢疾，他被助手們看護，並請在臺中的一位日本醫生來醫治。

　　蘭醫生的名聲傳揚到四方，很多的外來患者希望前來，求診於這位從未發脾氣的醫生。到彰化醫院來就醫之患者中，最普遍的是眼疾。蘭醫生施眼科手術比其他的手術多，患白內障的病人不少。他說「當手術後能使病人復明是一件愉快的事。」由於國人缺乏醫學知識，往往因輕視或懼怕開刀而延遲治療的時機，只要病人要求和需要，蘭醫生對各種手術都進行，使病人肉體痛苦減輕。

　　瘧疾當然是最常見的一種流行病，由於差不多所有農夫終年在水中工作，所以幾乎都染上此病，每年約有幾百人死於急性或慢性瘧疾。除外，牛撞的傷及狗蛇咬的傷都很常見，也有一些買不起鴉片而苦痛的癮君子到他的醫院去戒癮。

宣統三年（1911）中，彰化醫院有很大的進展，此時，蘭醫生所栽培的學生都成能幹的醫生，但日本政府限制他們只能在鄉下開業，稱為「現地醫」，這對於醫療工作的推廣多少有些助益。這一年，頭一個畢業台北醫學校來彰化醫院服務的醫生，就是鹿港人施子格先生。後來有更多的正式醫學院畢業的醫生來彰化醫院工作。不過，由於日本政府之排外思想不許外國人設醫館，所以，教會也未能在別的地區增加新的醫院。雖然如此，但是蘭醫生的中部醫療工作，遠近馳名，被稱為「活佛」。[8]

三、北部教會宣教師的貢獻

臺灣南部的傳教和醫療工作是由幾位宣教師合作來開設，培養與發展的；但北部教會開創的初期二十年間，可以說完全靠偕叡理牧師（Rev. George Leslie Mackay, D. D.）一人獨自負責。

偕叡理牧師在道光二十四年（1844 年 3 月 212 日）生於加拿大，安大略省牛津郡（Oxford），若拉（Zorra）村。他有三位哥哥兩位姊姊，全家是熱心虔誠的基督徒。他自幼就立志要當宣教師。同時自少時就很好學，自高等學校畢業後任幾年小學教師，後來進入多倫多大學，諾士神學院。於同治六年（1867）轉到美國的普林斯頓，馬上向加拿大長老教會的海外宣道會申請要志願做海外宣教師，由於未能馬上決定他的申請，偕牧師便到蘇格蘭的愛丁堡大學深造。同治十年（西元一八七一年），他的申請通過，成為加拿大長老教會的第一位海外宣教師。九月十九日，他被封立為牧師，十月十九日辭別家人與親友到臺灣來。於十二月底到達高雄。不久，他就決定到臺灣北部工作。同治十一年（1872年 3 月 7 日），偕牧師由李牧師和德馬太醫生陪同坐船往北部，於三月九日在淡水上岸。北部教會就以這一天做為北部設教紀念日。

在臺灣北部，宣教工作的醫療方面也成為攻克迷信的最好利器。臺

---

[8]　同註 1，頁 175~176。

灣因地處亞熱帶的悶熱潮濕氣候，人民久爲各種疾病所苦惱，雖有漢醫，但大多數的民眾都依靠道士的咒術等作醫療，所以死亡率很高。偕牧師本身不是醫生，但他很快地注意到醫療方面的重要。他記載著說：「醫療傳道之重要，已經毋須再強調了，這是凡知道近代傳教工作歷史的人都承認的。從我們在臺灣開始工作時起，就重視主的話語和榜樣，用醫病的辦法以求獲得迅速的利益。在我預備作海外宣教工作所受的各種訓練，應用起來，都沒有比我在多倫多及紐約所做過的醫學研究，更見有用」[9]。從偕牧師的記述，可以知道基督教在世界各地宣教時，經常藉醫療工作來推展傳教，並有著非家好的成效。同時偕牧師在神學院讀書時，在醫學方面也有了良好的準備，來臺後又孜孜不倦地自修醫學。他在淡水曾從淡水外國商行醫師林格（Dr. Rin-ger）學習醫學醫藥和臨床經驗，也跟隨另一位約翰遜醫生（Dr. Johansen）學習，所以他的醫學和醫藥的常識與臨床經驗是相當豐富的。

偕牧師的初期醫療工作，有四方面的成就：

第一是對當時流行的疾病治療。當時臺灣最恐懼也最普遍的疾病乃是瘧疾。一般人患上這種病，便請道士作法驅鬼，或往廟宇求「天方」，通常用「焚香灰」之茶或寫符咒之字於「搔餅」，投之沸水中，俟其沒而予患者來飲。如果未見療效，就送患者於近鄰廟宇，定一期間，使他居於偶像之桌子下，以逃避所困之鬼魔。至於當時的中醫，通常用車前草、廣皮（橘皮）、甘草、白牡丹根、人參、榲桲……等等。

偕牧師以爲輕患而身體健壯者，可用各種方法使多量發汗，便得而癒；若病毒深者，則須長期而堅忍之醫療。他經常切檸檬片煮成湯汁供患者飲用，治療病人初次用 Podop-hyllin Taraxacum 藥丸，繼而常處方奎寧，以後如有需要則用嚴素酸鹽鐵。他治瘧疾的這種藥水，當時一班人稱爲「白藥水」，很多人常到淡水或各地的教會要這種藥。除了瘧疾以外，臺灣還有太多的各種疾病，所以，偕牧師經常帶著一些較常用的西藥，隨時幫助各地的病人，我們可以從照片中看到，他每次外出都僱

[9] F.L.Mackay,"op,cit".P.308.同註 1 頁 150。

傭人擔不少的藥品。這些藥品大多從臺北與基隆的幾位外國商行的醫生來供應。另外，對於「腿膿瘡」的患者也予以最佳醫療。

第二為訓練本地人習醫療。偕牧師認為本地傳教人員就生活在許多病人中間，熟悉他們的情形，不會受到排斥，如學好醫學，最適於為臺灣自己同胞治病。所以他不斷地教門徒學習西洋醫學，當中如陳能、郭希信、林清火、林有能、柯新藥等，後來都得到正式的醫師開業，為本地西醫之先進。對地方之醫療服務作了很大的貢獻。

第三方面就是很著名的牙疾治療。由於衛生習慣不良以及瘧疾、吃檳榔等習慣所引起的牙疾非常普遍。今日都知道牙痛大部分原因是齲齒，當時臺灣一般人尚有迷信齲齒係由於「蛀齒蟲」在齒中作祟所致，因而有一種江湖郎中自稱操有妙術以趕出蛀齒蟲為專業，到處誑人以詐取財物。民間一般拔齒方法也非常落伍，經常用強韌絲線紮定牙齒，而以暴力拔出，或用其他不合規格的工具，因此而致顎骨切斷破裂，或大量出血等，甚至有因之暈倒而至於死亡者。

自同治十二年（1873）開始，偕牧師便替人拔牙齒。他自己的日記記載說：「我們旅行各處時，通常站在一個空地上或寺廟之石階上，先唱一兩首聖歌，而後替人拔牙……。拔牙時病人通常站著，牙齒拔下之後，放在她的手上。若保留他們的牙齒，則將引起他們的懷疑。若干學生是用鉗子拔牙的專家。我常在不到一小時內拔取一百個牙齒。從同治十二年（1873）以來，我親手拔取了二萬一千個以上的牙齒，學生和傳教師們拔了大約這個數目的一半。……拔牙實際比其他任何工作對於破除民眾的偏見及反對有更大的效力」[10]。他對治療牙齒的病痛，實在廣受民眾的歡迎。所以連站在寺廟之台階上工作也不再受到排斥。他所使用的第一套拔牙用具，於光緒六年（1880）返國述職時，特地贈送給其學生陳榮輝（陳火）使用。返臺時，另新購一套自用[11]。

第四方面就是偕醫館的開設。馬偕先生到淡水後，立刻以家作為醫療中心，因此很快地就因房子太小而無法應付病患的需要，於是，就從

10　《臺灣遙寄》頁 244。
11　《馬偕博士臺灣》頁 59 陳宏文著東輝叢書。

埤仔頭搬到福興街另租一屋開設醫館，並請領事館專屬的醫生林格助理醫療工作，同時商請洋行捐款以維持醫館的經費，因為他是免費為病人醫療的。同治十二年（1873）中計獲二百七十二元美金做為醫療工作的基金。開辦的第一個月就來了一三○位病人。在同治十三年（1874 年 3 月）的中國海關報告中，林格醫生報告著說「我與偕牧師合作，於同治十二年（1873）五月在淡水開始對本地人的施療工作。十個月來已來了六四○位病人，許多是從十哩以外的遠處走路來的」[12]。

林格醫生也是一位值得懷念的人，他每天都到醫館去幫忙，他工作非常努力，認真，且不計酬勞，一直為醫館貢獻其力量，為臺灣人服務，直到光緒六年（1880）離臺返英才結束其工作。他在醫學上最大的成就，乃是在光緒四年（1878）第一次在人體內發現「肺蛭蟲」，轟動整個醫療界。事後偕牧師尋求「肺蛭蟲」侵入人體的原因，發現本省民眾嗜食螃蟹。而「肺蛭蟲」，蟲卵在清水中孵化成幼蟲後，就進入螺螄體內，在淡水溪流內生長的螃蟹吃了螺肉，肺蛭幼蟲就進了螃蟹的身體，隨後藉著人們吃螃蟹的機會又傳入人體。

到醫館服務的，還有華雅各醫生（Rev. J. B. Fraser, M. D.）。他是加拿大長老教會第二位海外宣教師，有兩年實習醫療的經驗，所以不但是位牧師，同時也是醫生。在光緒元年（1875 年 1 月 29 日）同夫人及兩位女兒到達淡水協助偕牧師的醫療，在淡水二年半，因其夫人在光緒三年（1877 年 10 月 4 日）病逝淡水，不得不攜帶兩位失去母親的女兒，傷心地離開臺灣回加拿大去。

「偕醫院」（Mackay Mission Hospital）創建以前，偕牧師的醫療都是在福興街的房子。光緒五年（1879）美國底特律一位熱心的基督徒馬偕夫人聽到臺灣北部這種醫療傳道工作的成就與意義，便捐贈三千美金為此項工作之用，並為思念逝世不久的丈夫馬偕船長，於是偕牧師便選定了田仔街教堂隔壁的地點建造一所北部臺灣最早的基督教醫院。為紀念這位馬偕船長，命名為「階醫院」。該醫院的建立使臺灣北部的民眾

---

[12] 同註 1，頁 51。

受惠無窮。如今該建築物仍完整存在原址。偕醫院的門前爲門診與藥局，後面可容納數十人的住院設備。以當時的標準而言，可以說是一座宏大的醫院。

自偕醫院創設後，每天平均七十五位病人求治，除階牧師外，再加駐淡水的約翰生醫生（1880—1886）和歷尼醫生（Dr. Rennie ， 1861—1892）等相繼衷心協助，此一醫院一直維持到光緒二十七年（1901）偕牧師逝世。「偕醫院」因此關門，暫時停止醫療工作達五年之久。

在這段期間，適逢光緒十年（1884）中法戰爭爆發，是年八月及十月法艦隊入侵淡水港，並向陸上砲擊，民眾與士兵死傷不少。在危險困境中，偕牧師收容許多傷兵於「偕醫院」。當時外國醫生約翰生（Dr. C. H. Joha-nsen）和英艦柯克哈特號（Cockchater）軍醫布羅恩（Dr. Browne）兩位，曾協助偕牧師醫治傷兵工作。所以戰爭結束後，提督孫開華親到醫院致謝，並捐款給醫院。

依照光緒十二年（1886）與光緒十六年（1890）兩年，偕牧師與歷尼醫生合編，由廈門出版的報告書，十年新來病人的統計如下：

光緒六年（1880）──1346 人。

光緒七年（1881）──1640 人。

光緒八年（1882）──1983 人。

光緒九年（1883）──1784 人。

光緒十年（1884）──3012 人。

光緒十一年（1885）──2806 人。

光緒十二年（1886）──3448 人。

光緒十三年（1887）──3120 人。

光緒十四年（1888）──3280 人。

光緒十五年（1879）──3055 人。

光緒十六年（1890）──3696 人。

根據此一報告，可知光緒十年（1884）是因中法戰爭故病患突增，總計到光緒十六年（1890）到醫院求治的新舊病患一共有二四、二〇一

人。在這些報告書裏，排列著各種疾病的詳細一覽表[13]。這些資料對於研究臺灣社會史是項珍貴的史料。

雖然因爲偕牧師在光緒二十七年（1901）去世而關閉了「階醫院」達五年之久。但爲了服務台灣的民眾，光緒三十二年（1906）重開階醫院，並派宋雅各醫生（Rev. J. Y. Ferguson, B. A., M. D.）主持。他是臺灣北部醫療傳道第二位重要的人物。他每天平均醫治一百位病人。所以鑑於實際的需要，他一方面向母會要求多派工作人員加強醫療工作，後來果然派護士烈以利姑娘（Miss Isabe Elliot）及宣教師倪阿倫醫生（Dr. A. A. Gray）和夫人來淡水協助醫療工作。另一方面的影響更遠大，乃是爲應付未來更大的需要，宋醫生建議將醫療中心由淡水遷到臺北市，並將醫院擴大，以紀念北部教會宣教先鋒的偕牧師，因此，在臺北市雙連購地建醫院，於民國元年（1912）完工，命名「馬偕紀念醫院」。宋醫生不但重開了「偕醫院」，並創建「馬偕紀念醫院」爲廣大的臺灣民眾做了更大的醫療服務。

四、結語

臺灣一如我國內地或其他落後地區一樣，西方的現代醫療技術，隨著西方的傳教士而傳入。從歷史上觀察，這是我國最灰暗與屈辱的時代，我們不斷地受到西方帝國主義的汙辱，我們也更進一步地仇視他們，傳教士被認爲是帝國主義侵略我國的先鋒，然而，從臺灣的基督教宣教初期來觀察，我們實在應該以較爲理智成熟的眼光去回顧，並給予客觀的評價。

雖然基督教的宣教師東來臺灣的目的，是要將福音傳給臺灣，使全臺灣的同胞都歸依基督，但是，從我們的研究中，可以看見他們如馬雅各醫生、馬偕博士、蘭大衛醫生等，遠離故鄉親人來到臺灣，實在抱持著犧牲自己，照亮別人的胸懷，他們具有愛心，沒有白種人的優越感，

---

[13] G. L. Mackay & Dr.Rennie, "Report of the Mackay Mission Hospital in Tamsui, Formosa" ,Published from Amoy,China 1886,1890.引自，同註 1，頁 53。

認爲黃種的中國人是自己的同胞，視這裡爲其故鄉，更盼望帶給這塊醫學落後地區的病人完整的醫療。但是，當時的臺灣受到傳統的影響，又執意迷信，對於疾病的處理亦有一套的看法和醫療法，所以極力排斥西方的宗教和醫學，不過，一如本文所述，宣教師們不辭勞苦地位病患提供醫療，乃逐漸地消除臺灣同胞反抗排斥的心理。

　　宣教師們不僅從肉體、精神、靈魂三個層面去診治患者，更重要的是不斷地訓練本地人學習醫學，造就不少本地籍的醫生，更使這些人的子弟率先報考初辦的臺北醫學校，可見影響之深遠，同時不忘集合西洋正規醫生宣教師與受過良好護理訓練的女傳教士，共同在臺灣推展早期現代醫療工作，教育與護理體制的建設。由於他們長期不斷地努力，臺灣醫療的現代化乃得以起步，偕醫館馬偕紀念醫院彰化基督教醫院肩負了臺灣醫界篳路藍褸的先驅。不但成爲北中南部現代醫院的先河，亦建立了基督教會醫療傳道的典範。

主要參考書目

1. 臺灣基督長老教會百年史，臺灣基督長老教會總會歷史，委員會編 55 年版。
2. 臺灣省通志，臺灣省文獻委員會編。
3. 馬偕博士在臺灣，陳宏文著，東輝叢書。
4. 一生燃燒自己的馬偕，朱朱著，馬偕醫訊一百週年專集。
5. 臺灣信仰名人略傳，楊士養編，臺灣教會公報社印行。
6. 臺南新樓醫院醫療傳道史，杜聰明譯。
7. 彰化基督教醫院創設八十五週年。
8. 偕叡理牧師傳，郭和烈著，臺灣宣道社印行。
9. 臺灣六記，臺銀經濟研究室編印。
10. 臺灣遙寄，臺灣省文獻委員會編行。
11. 北部臺灣基督教會年譜，北部大會歷史部刊行。
12. 臺灣教會公報，臺南臺灣教會公報社刊行。

13. 蘭醫生傳略，連瑪玉原著，王梓超編譯，瀛光。
14. 南部教會醫療傳道史，顏振聲，臺灣教會公報。

少女楷模—安坑孝女廖氏嬌（1903～1917）

提要

婦女占人口的一半，其重要性可見，但過去的社會，女性是較為弱勢或被壓抑的。但是女性的影響太重大了，她們扮演維繫生命、安定家庭與社會的功能，所以，自古以來政府都重視她們的重要性，對於她們的特殊貢獻，給予多種方式的表揚。1915 年，安坑有一個家境極為艱苦但又能淬勵上進的十三歲女孩廖氏嬌就以孝行感人的特殊行為被臺灣總督以孝女旌表。這項表揚對於臺灣婦女地位的提升應有正面的影響。

一、前言

　　臺灣婦女的研究近年越受重視，尤其對於婦女地位的問題，這是因為過去婦女在法律、家庭、經濟、教育等各個層面都屬於弱勢或是被壓抑的，但是，婦女又是維繫家庭，甚至整個社會和諧、安定的支柱，婦女對於婚姻、生產、經濟等方面又有相當的重要性，因此，臺灣在清代，清廷會透過旌表的方式來表彰她們的善行及肯定她們的貢獻，臺灣在1895 年雖然割讓給日本，但日本在這方面，受中國旌表善行制度的影響，對於善行旌表是相當重視的。

　　在多種善行下，大多表揚節婦、孝子、熱心公益這類，孝女這一項是非常稀罕的。1915 年，臺灣總督府表揚三十位善行人士，安坑這個地方，竟然有一位十三歲的女孩被旌表為孝女，不但是地方的盛事，官方也多加報導宣傳，確有移風易俗強化孝道的社教意義。本文除了介紹廖氏嬌何以被旌表為孝女之外，同時也探討臺灣過去的旌表善行與婦女地位。

二、安坑簡介

安坑是新店四大區域中，僅次於大坪林的第二個現代化區域，也是四大區域中面積第二大的地方，更是新店持續並積極發展的新興區域；不過，由於四周環山以及被水系所圍繞，在發展上易受限制，但比起大坪林的高度發展及青潭、直潭的自然風貌，安坑則另有不同的發展和變遷。

由於安坑谷地的地形和自然風貌，形成林深谷暗的面貌；當時，原住民凱達格蘭族的秀朗社人，以這塊土地爲居住的區域，而泰雅族人在安坑區域的南邊，以山系爲活動範圍。

漢人移墾時沿著安坑谷地進入，最初依舊是選擇靠近河流處落腳，然因其他區爲泰雅族大豹社群的獵場，面對「生番」的威脅，以地勢較高、較平的臺地爲聚落選址的考量，並在聚落四周以刺竹作爲防衛，亦設有隘寮、隘丁加強防範，以保障拓墾安全。

清康熙五十九年（1720）漳州人林天成（成祖）和陳鳴琳、鄭維謙等合組墾號，開發大加臘、八芝連林（士林）、滬尾（淡水）、八里坌、興直堡（新莊）等五個墾莊，接著又開發擺接莊（板橋）和漳和、永和、永豐三莊。清乾隆初年更以今天新店的碧潭爲水源，開鑿永豐圳，灌溉南勢角和中和地區，至乾隆十八年（1753）全圳鑿成[1]。

當時安坑地區土地屬秀朗社所有，因此，漢人前來移墾都必須向秀朗社買地。清乾隆四十六年（1781）有契字一份：

> 新興莊眾股夥周威、吳民等。因乾隆四十六年玖月間，承墾朱子沛外五張下溪洲，併內五張北勢坑邊草地參處。眾等另向秀朗社番潤福、番業戶君孝仔、白番沙其里、巫禮等再給墾字……因朱子沛從前向番墾給契卷，眾議所有朱子沛舊墾字內，不論甲數多寡，每十甲抽出壹甲以貼沛從前向番墾給之費……[2]。

---

[1] 尹章義，《臺灣客家史研究》（臺北：臺北市政府客家事務委員會，民國 92 年）頁 76。

[2] 高賢治編著，《大臺北古契字集》，頁 7404。原資料來源：黃美英，《凱達格蘭古文書彙編》（臺北：臺北縣立文化中心，民國 85 年，頁 174，原件係王行恭收藏。

　　根據這一份契字，得知在清乾隆四十六年（1781）以前朱子沛已向秀朗社取得所謂新興埔的墾權，位置大約在今本區頂城與雙城里之間。朱氏雖承墾該地，但似乎成效不彰，周威等眾股夥向朱子沛承墾「外五張下溪洲併內五張北勢坑邊三處草地」，同時又與「秀朗社番潤福、番業戶君孝仔、白番沙八里、巫禮等」重新訂定再給墾字。眾股夥共有五十六股份，因此土地墾成後亦分成五十六份。[3]

　　有關外五張莊的開墾，清乾隆六十年（1795）11 月，暗坑仔外五張赤塗崁溪洲地方的佃人們共同訂定了一份「請約字」，謂：

> 緣我暗坑莊，昔年有向番潤福給出埔地開墾成田，十作九荒。運等邀同眾佃友等相商，爰托張仲裔觀引運等同到擺接保向墾林頭家登選，依照永豐莊例，業三佃七鳩出工本銀元募工，即就登選觀先祖父于乾隆十八年遺存之故圳，再行開築……[4]。

　　同年稍早，九月時，業主林登選亦與赤塗崁、外五張、九甲三、五十六份、溪洲等地佃人同立合約，協同開圳。其中亦謂：

> 緣業主同眾佃承管該地產業，開墾有年，因乏水灌溉，不能成田[5]。

　　這兩份契約顯示潤福是秀朗社的番業戶，而林登選則同眾佃向秀朗社承墾。林登選家族在臺北平原的開墾史上具有相當重要的地位，其祖父林成祖在乾隆時期先後主持大安圳、永豐圳的興修[6]。乾隆晚期，林家又開始投資安坑地區的水圳興建，業戶是林登選，安坑地區有兩件契字，其上均蓋有「安坑莊業主林登選圖章[7]」。

　　安坑的拓墾集團，一是以業戶林登選為首，與佃人們共同開墾「外

---

[3] 尹章義、陳宗仁，〈青潭大溪畔的陌生人——新店漢人移墾史研究〉（《臺灣縣立文化中心季刊》第 57 期，民國 87 年 6 月），頁 16。

[4] 王世慶，《臺灣公私藏古文書影本》（中央研究院傅斯年圖書館藏），第二輯，編號09~03~1~546。

[5] 王世慶，《臺灣公私藏古文書影本》，第二輯，編號 09~03~1~545。

[6] 尹章義，《臺灣開發史研究》（臺北：聯經出版公司，民國 78 年），頁 88~91、233~241

[7] 王世慶，《臺灣公私藏古文書影本》，第二輯，編號 09~03~1~547、09~03~1~548。

五張莊」，即公館崙以下的安坑溪流域，開拓之初原稱「暗坑仔」，嘉慶
六年（1801）大墾戶林登選覺得「暗坑」名不雅，遂改稱「安坑」。另
一股勢力以廖家、游家爲主，則在安坑溪上游的五重溪河谷開墾，舊稱
「內五張莊」，即以位在今安坑國小一帶的公館崙爲界[8]。

　　至於內五張莊的開墾，清乾隆末年，漳州詔安籍官埤廖家[9]（雙廖）
移民臺灣，在安坑通往五重溪河谷建立農墾聚落，因自公館崙西進所建
立的第一個防衛性墾莊，遂命名爲頭城，是爲安坑內五張莊之一。之後
漢人沿著溪谷往上游開墾，陸續建立二城、三城、四城、五城等聚落，
由於當時墾民常面臨泰雅族出草威脅，所以在村莊外圍遍植刺竹防禦。

　　在開墾過程中，不論以何種方式進行，最後勢必要建立灌溉系統，
才能有助於墾殖範圍的拓展。早期沿著安坑溪內挖仔、外挖仔、大楠坑、
石頭厝、柴埕、十四份一帶，於乾隆末葉時期已逐漸開墾成田，赤塗崁
五十六份、九甲三一帶卻因缺水灌溉，只能墾成旱田。林成祖爲了灌溉
南勢角和中和一帶，曾利用碧潭的水源開鑿永豐圳。到了乾隆六十年
（1795）由張仲裔領導出資，和林登選合夥，以乾隆 18 年（1753）以
後荒廢的永豐圳故道爲基礎，開鑿「安坑圳」，分享碧潭水源，灌溉外
五張莊、赤塗崁一帶。嘉慶元年（1796），林登選收購九甲三一帶兩丈
寬的土地，另開一條支圳，灌溉溪洲、十四份、石頭厝一帶埔地。

　　嘉慶六年（1801）安坑外五張莊一帶的水利灌溉系統全部完工，莊
眾感念開漳聖王的保護，乃於嘉慶十二年（1807）集眾商議，在新店溪
畔大坪頂興建開漳聖王廟（今稱太平宮）。合夥開墾的漳州人游源昌、
曾傳篇、范清科、吳以文、蔡廖記、張馥元、王三升等夥友共與其事，
集資建廟，開墾附近頂城、下城、大湖底、大坪頂一帶作爲廟產的農田
和茶園[10]。道光二十二年（1842）一部分廟產土地被分給賴發，次年又
從其中撥出「聖王公香祀田」，剩下的田園也於同治元年（1862）按八
股四均分，此爲頂城、下城、大湖底、大坪頂一帶被稱爲「八股四莊」

---

[8] 尹章義、陳宗仁，〈青潭大溪畔的陌生人——新店漢人移墾史研究〉，頁 17。
[9] 所謂「雙廖」：爲「活廖死張」或「張廖」之意。
[10] 尹章義，《臺灣客家史研究》，頁 90~91

的由來。

道光十四年（1834），李志光（即李明華）、劉文珍、邱德賢等以劉光賢墾號，向隘首游啓源給墾，丈明甲數，隔年李明華與劉文珍、邱德賢分產，道光二十六年（1846）李永福等兄弟承父（李明華）所遺，賣與林本源[11]。足見清代後期安坑地區有些土地已爲板橋林本源家族所有。

在〈大坪林五莊立訂水路車路合約[12]〉中說明乾隆三十八年左右，大坪林地區墾戶，有朱、吳、陳、蕭、曾、江、林、王姓等安溪籍移民，他們大都是泉州籍的福佬人。隔著新店溪的對岸，墾民則沿新店溪西南岸和五重溪（安坑溪）進入暗坑外五張莊的頂城、下城、柴埕、公館崙等及內五張莊車子路、頭城、二城、三城、四城等開墾，由於地接青潭、三峽地區，需面對泰雅族強烈的防禦攻擊，因此時間上略晚於大坪林地區；參與二城、三城墾民，以祖籍漳州府紹安縣廖家爲最大主幹，其他尚有游、簡、范、邱、賴、林、曾、陳姓等人士。

廖家是安坑的大姓，根據 1930 年的人口調查，當時安坑地區的住民中，頭城 46 戶、14 戶姓廖，三城 59 戶之中，36 戶姓廖，四城 26 戶，有 13 戶姓廖，暗坑內五莊地區，廖姓人家約佔四成左右。

暗坑廖家來台灣三百多年，初期以種山藍、煙草爲主，光緒以後則經營茶山和種植相思林，最典範代表是日治時期的廖洲藤，廖洲藤出生於明治九年，年輕時辛勤的經營家業，成爲安坑大地主，日治時期曾擔任暗坑莊保正。安坑地區有雙城潤濟宮，尊奉三官大帝爲主神，三城日興宮奉祀開漳聖王，是安坑主要寺廟，都是廖姓家族領銜捐建的。

廖家每年過年就將白米分裝成十斤和二十斤二種，分贈給莊內生活困苦的佃農，並設有「大桶飯」接待過往安坑的朋友、佃農、商旅；廖洲藤有一個作風：「請人吃飯卡多不要緊、借錢不要講（台語）」，他認

---

[11] 高賢治編著，《大臺北古契字二集》，頁 358~359。原資料來源：《北部地區古文書專輯》（一）（南投：臺灣省文獻委員會，民國 89 年），頁 205。

[12] 高賢治編著，《大臺北古契字二集》（臺北：臺北市文獻委員會，民國 92 年），頁 319~322。另可參見山田伸吾，《臺灣總督府公文類纂》（明治 32 年，永久追加，第七卷，第十二門殖產，農業）〈臺北縣管內農家經濟調查復命書〉，第二卷。

爲：「一來替對方難過；強討又傷感情」，所以在他往生前，就把家裡的借據全放火燒掉，至今老一輩的人，講到安坑廖洲藤都稱他「暗坑仔大好人」。

1899 年文山堡安坑區內的街莊名，包括頭城、二城、三城、四城、五城、小粗坑、深坑仔、二叭仔、大粗坑、栳寮坑、溪西、薏仁坑、大茅埔、一股埤、車仔路、木柵、內挖仔、石頭厝、南興街、公館崙、十四份、赤塗崁頂城、赤塗崁下城、溪洲、大坪頂、土地公湖、安溪寮、五十份、打鐵坑、匏杓坑、科落間、闊嘴坑等三十三個聚落；1930 年把原來的三十三個聚落變成三十六個，這其中少了土地公湖、安溪寮、五十份、打鐵坑、匏杓坑、科落間、闊嘴坑等七個聚落，多了大楠坑、豬肚山、柴埕街、上五十六份、下五十六份、九甲三、大坪腳、芋蓁湖、大湖底、六十三份等十個聚落。

三、臺灣婦女地位與旌表

（一）婦女地位

台灣婦女研究（Women's Studies or Feminist Studies or Feminology）1945 年以前的成果很豐碩，但是以後的則較爲缺乏。台灣婦女問題的歷史性成因，除了與中國傳統的社會結構、家族制度有所淵源外，更糾結著移民社會、殖民統治等特殊歷史經驗，相當地複雜。

婦女的地位涉獵的層面很廣，舉凡在政治、社會、經濟、文化、家庭、法律等方面都是。本文僅對台灣婦女地位之演變作綜合性之淺談而已。

在傳統的父系社會中，女性就是藉由丈夫與兒子的成就來確認自己存在的意義與生命價值─相夫教子，成爲賢妻良母。這是儒家文化體系下的狀況，漢人的儒教社會中最重要的運作機制便是禮治秩序，這其中，人與人之間講的是君臣、父子、夫婦、長幼、朋友的「倫理關係」，女性的倫常也在這個系統裡面，直到清代，「男先女後」、「男外女內」、

「男陽女陰」等價值觀及女性的附從性等等，仍是一套人人奉行不悖道理。女性是相當受到限制與壓抑的。

從婚姻關係來觀察，女子在婚姻意義上主要即為夫家生育男嗣，並依婚姻關係來取得夫家家族成員的資格，也就是說，女性社會地位的取得，需透過婚嫁、依附男子而產生；再就家庭內的機能來看，台灣的漢人社會男性主導了大部分的社會活動，家庭才是婦女最主要的活動範圍。女孩子從童年起就要學習家中一切瑣事，以期出嫁之後能得心應手；至於社會性功能方面，台灣媳婦不僅附屬於家庭中的男人，而且也附屬於婆婆，同時在某種程度上附屬於年長一輩的女性。一般而言，由於台灣婦女對家務的參與，在家庭生活中尚有一席之地，特別是成為人母和升格為婆婆之後，子雖年長亦要聽從其命。

但是，如果以內地漢人對婦女限制壓抑的標準來觀察台灣漢人移民社會的狀況，我們會發現台灣女性在傳統儒家社會的規範中是較寬鬆的，台灣的女性可以招群呼伴地逛街、看戲、進香，她們纏足的比例比內地低，甚至有婦女主持商務，所以，清代台灣婦女的社會地位遠比內地婦女要高許多，雖然距離所謂的「兩性平等」還相當遙遠，但已過著比較人性化和尊嚴的生活[13]。

1895 年台灣成為日本的殖民地後，台灣的婦女地位並無立刻有明顯的提升或改善的現象。事實上，日本文化傳統中對於女性的壓抑不亞於中國，男尊女卑的文化是非常的明顯，因此，在這樣一個還保守著封建式家族制度的殖民政權，加上日據初期並沒有新的產業容許台灣婦女施展她們的抱負和才能，在此條件之下，不可能開放或給予殖民地婦女相當的自由與平等，更遑論提升婦女的地位了。

但是，基於人力與經濟的考量，日本政府鼓勵台灣婦女解放纏足，用以提升殖民地的生產力，以便回饋殖民者[14]。除了纏足，女性教育是台灣婦女地位得以改變提升的一項重要政策。

日本據台以後即以教育事業視為國家政事的一部分，立即迻引各種

---

[13] 尹章義，〈清代台灣婦女社會地位〉《歷史月刊》第二十六期，1990 年 3 月，頁 34
[14] 吳文星，《日據時期台灣社會領導階層之研究》（台北，正中書局・1992）頁 247~294，

臨時性或永久性的教育計畫和教育設施，對於台灣的女子教育起步也很早，1896 年底對台灣女子的教育即已有具體的計畫，並在 1897 年付之實施。

1897 年 5 月 27 日，台灣總督府對國語學校第一附屬學校女子分教場（台北市士林）招募四十名女學生，這是日人在台經營女子教育的開端。

雖然殖民政府為台人女子所設的學校僅到高等女學校，家長送女兒入學的比率也不是很高，但是，有了受教育的權利與機會，婦女對於解放、自由、權力的需求意識乃得以萌芽。之後，台灣的婦女地位之變動，即受到日本之影響，雖然日、台婦女間的問題　有若干的差異性，但對於來自政治、經濟、法律、教育、婚姻、性等層面的壓抑是有極高的同質性，因此，在日本國內的婦女解放運動下，殖民地的台灣也深受其惠。所以，廖氏嬌當年如果沒有就讀安坑國小，光只孝順恐怕就沒有被殖民政府表揚的條件了。

（二）善行旌表

所謂旌表乃是為了表彰某人的善行，予以設祠建坊或贈予匾額，以為獎善之儀範，其宗旨在移風易俗，鼓勵良善，乃是風教振作的一種國家行政措施，也是帝王的特殊權力。清代旌表為禮部所掌，從旌表的種類來分，有：節孝烈婦、急公好義、樂善好施、孝子義夫、殉難官民、名宦鄉賢、累世同居、百年耆壽、五世同堂、親其七八代及一產三男、夫婦同登耆壽、兄弟同登百歲等十多項[15]。

關於婦女的旌表，依禮部則例，或按其所屬身分階層而分為王室婦女、命婦、營伍婦女和庶民婦女四種[16]，但是一般以婦女的德性良窳為標準來考核，分為貞、孝、節、烈四種名目[17]，台灣亦是。婦女如果符

---

[15] 周宗賢，〈清代台灣節孝烈婦的旌表研究〉《台北文獻》第三十五期（台北，1976 年 3 月）

[16] 陳青鳳，〈清朝婦女旌表制度について〉《東洋史論集》（九州：九州大學，1988 年 1 月）頁 112。

[17] 卓意雯，《清代台灣婦女的生活》（台北：自立晚報社，1993 年 5 月）頁 140。

合上述四種標準，就有獲得旌表的機會。按《大清會典》的〈節婦貞女建坊例〉及〈道光禮部則例〉之旌表準則〈孝女的旌表〉：「孝女是其父母沒有子孫，且無人奉養，爲此終身奉伺父母不嫁者，對此，即依上述之準則加以旌表[18]」。很清楚的規定『孝女』之條件是女孩子的家裡沒有男子，她自己誓言不結婚，要在母家守貞並奉養父母終老爲止。符合這項條件的，就可以請求旌表。

清代請旌的程序，首先須由當地士紳造明該婦女的履歷，上面註名係來自某鄉里，其戶首與出結保證者，貞女、孝女要戴父母名氏，已許字者曰字某姓，未字者則云未字，貞節婦須戴夫名，孝婦兼錄舅姑名氏並某年於歸、某年夫卒，守貞、守節若干年，現年若干歲等。又節婦之子孫如何，有科名仕宦者，亦須登錄其上，烈婦亦同，均須一一詳明，已防冒報[19]。這類的履歷造冊須備十三通，層層彙轉，作業非常繁複。社會上都以能獲旌表爲榮，尤其是被允建祠入祀者更是無上的光榮。政府旌表婦女的方式，以賜匾、建坊、入祀節孝祠爲主。清代台灣的節孝烈婦多達一千多人[20]，或賜匾者較多，建坊可查的有十七座，全部是貞節烈婦，沒有孝女坊。爲了彌補給銀建坊措施的缺失，清廷於各省府州縣設立節孝祠。入祀者得享春秋二祭。

台灣的節孝祠始於雍正元年（1723），奉旨在台灣縣、鳳山縣、與諸羅縣內興建[21]，至光緒末年，台南府、嘉義縣、鳳山縣、澎湖廳、新竹縣、宜蘭縣、彰化縣等都建有節孝祠[22]。其中以彰化縣節孝祠爲最具規模。節孝祠之建立與存在，正代表當時的社會價值，所謂「伏以潛德幽光，宜流傳於不朽，而時移世易，恐歷久以就禋。夫以婦人之守節，吃盡辛苦於生前，宜享盛名於身後[23]。」官方的旌表婦女之種種美德善

[18] 盧德嘉，《鳳山縣采訪冊》，臺灣文獻叢刊第七十三種，（臺北：臺灣銀行經濟研究室，1960年）頁 22~24。

[19] 同上，頁 5。

[20] 同註 15，頁 9。

[21] 劉良璧《重修福建台灣府志》卷首〈聖謨〉，台灣文獻叢刊第 74 種，（台北：台灣銀行，1961 年）頁 12。

[22] 連雅堂《台灣通史》卷十〈典禮志〉，（台北：黎明文化，1985）頁 241~257。

[23] 吳德功，《彰化節孝冊》，臺灣文獻叢刊第 108 種，（臺北：臺灣銀行，民國 50 年）頁 3。

行，對於臺灣的社會具有潛移默化的效果，但是，禮教規範也對臺灣的婦女之約束愈形增強，婦女對於貞節觀念的堅持，雖然使她們被譽為人世的楷模，足以與日月同光，然而被壓抑的情色意識與其如草芥的生命，卻反映她們卑下的角色[24]。

　　1895 年，臺灣成為日本的殖民地，清代旌表臺灣婦女的這一套規範當然也隨之結束，臺灣的婦女重新面對一個新的時代。但是，一方面日本國內的婦女仍然處於父權之下尚未解放，婦運也尚未凝聚出足可憾動傳統的力量，另一方面，日本政府正忙於軍事的剿撫，尚未理出一套可行的治臺政策，因此，為了有利於統治的考量，乃對臺灣人舊有的風俗習慣以及既有的家族制度運作原則表示尊重。不過日本國內早在明治十五年（1882）一月一日就已施行有關孝子順孫節婦義僕或認真從事實業顯著或為了公益捐獻私產者，或有特殊的行為者給予褒章賞賜的〈褒章條例〉，大正三年（1914）年，臺灣總督府即沿用公布這一條例[25]，據其中第二條曰：

　　　　有奇特的行為，但是還不到贈予褒章的情形時，贈與褒狀[26]。

　　因此，1915 年，廖氏嬌即因符合第二條之規定而獲得褒狀之殊榮。

　　據臺灣總督府大正四年旌表賞卹之《臺灣孝節錄》，當年獲得總督府旌表的共有三十位，其中節婦 15 位、孝子 8 位、義僕 4 位、篤行家 2 位，但孝女卻僅有 1 位[27]，就是廖氏嬌，可見要被旌表為孝女，是非常不容易的事。

---

[24] 同註 5，頁 162。

[25] 臺灣總督府，《臺灣總督府法規提要》（臺北：臺灣日日新報社，1914）

[26] 同上，頁 4。附上〈褒章條例〉條文：

　　褒章條例：明治十四年十二月七日太政官布告第六十三號

　　……明治十五年一月一日……施行…

　　第一條：……綠授褒章

　　右孝子順孫節婦義僕之類……德行卓絕者……眾民眾之模範者。……

　　第六條：符合依第一條規定，並具奇特之行為者，賞賜金銀木杯、獎金或是褒狀。

[27] 鷹取田一郎，《臺灣孝節錄》（臺北：臺灣日日新報社，1914）

四、廖氏嬌與孝女旌表

　　廖氏嬌，世居臺北廳文山堡安坑莊三城 60 番地[28]，生於明治三十六年（1903）八月十日，死於大正六年（1917）二月十五日[29]，得年十五歲。

　　廖氏嬌家中有祖母蔡氏及父母、並有兩個弟弟，父親廖惷豬[30]，母親李氏景，兩位弟弟名進財、塗木。其父親、母親都是雙眼失明。由於父、母親目盲，廖氏嬌平日必須要幫助母親受僱於農家做傭人，除了操持家業、燒飯煮菜，並且要照顧兩位年幼的弟弟─進財、塗木，放學之後時常前往安坑國小校門口附近的山頭上與同學一同撿拾柴枝，假日必須要帶著眼盲的父親，外出到市集幫人占卜算命，維持家用。其孝行感動地方的父老，讓人「惻然流涕」[31]。

圖 8　特賜褒狀孝女廖氏嬌

---

[28] 新店市地政事務所表示，當地是為今安康路三段 488 號，現為李姓人家之住宅，由徐姓表親居住。

[29] 新店市戶政事務所提供之戶政資料。

[30] 廖惷豬為廖嬌之父戶政資料顯示為廖惷豬，《臺灣節孝錄》使用廖憨豬，《臺灣總督府府報》917 號使用廖春豬。

[31] 〈節孝表彰祝賀會〉《臺灣日日新報》大正四年（1915）五月四日，第 5347 號第四版、鷹取田一郎，《臺灣節孝錄》，（臺北：臺灣總督府，大正五年（1916））頁 3。下村宏於書中序寫道:「嗚呼！是有哉！海濱鄒魯，古道未湮。吾所見不惑」此書可以做為大正四年(1915)總督府旌表賞卹孝子、節婦、義僕、篤行等行蹟 可嘉者凡三十人的傳紀。

資料來源：鷹取田一郎，《臺灣節孝錄》（臺北：臺灣總督府，大正五年（1916），頁 3。

廖氏嬌雖然家境貧苦，但是也勤於學業，成績名列前茅，更得到地方人士的肯定，於大正四年獲總督府評定爲孝女[32]。

評定孝女之經過，首先於大正四年五月九日內田嘉吉民政長官引見於臺北廳[33]，接著於大正四年（1915）十二月二日接受當時總督安東貞美賞賜褒狀[34]，表揚內容據《臺灣總督府府報》917 號，大正四年（1915）十二月二十八日所記載：

賜與褒揚狀對於孝子、義僕、及節婦，在大正四年十二月二日授與褒揚狀者如左列：

> 臺北廳文山堡安坑庄土名三城廖憲豬次女，廖氏嬌　十三歲
> 資性溫順，深具孝心，侍奉失明的父母及祖父母，撫慰殘廢的伯母，愛心照顧兩位弟弟。以纖弱身軀，不辭辛勞，夙夜戮力家計，誠屬極為難得，故授與褒揚狀[35]。

《臺灣日日新報》中更有數篇報導廖氏嬌參加表彰式的新聞報導，如大正四年（1915）五月十日〈節孝表彰祝賀會〉記載：

> 文山堡景尾區婦人界有志，以日前節婦鄭氏鳶、高氏好及孝女廖氏嬌。叨蒙督府表彰。引為光榮。昨午二時。特假役場。為開祝賀會[36]。

大正四年（1915）五月十二日〈文山節孝表彰式〉也記載：

---

[32] 其被褒揚之法源，參照：帝國地方行政學會，《加除自在臺灣法令輯覽》（一）（臺北：臺灣出張所，昭和 4 年）頁 179。

[33] 臺灣總督府《臺灣總督府府報》917 號大正四年（1915）十二月二十八日、〈籌設孝女紀念碑〉《臺灣日日新報》大正六年（1917）四月二十三日，第 6040 號第四版。

[34] 鷹取田一郎，《臺灣孝節錄》（臺北：臺灣日日新報社，1914）頁 3。

[35] 臺灣總督府《臺灣總督府府報》917 號大正四年（1915）十二月二十八日（臺北：臺灣總督府，大正 4 年）頁 85~86，陳文添、劉澤民翻譯。

[36] 〈節孝表彰祝賀會〉《臺灣日日新報》大正四年（1915）五月四日，第 5347 號第四版。

此番得豫督府表彰之榮者，景尾節婦二，安坑孝女一……乃於去初九日，再於新店支廳內，及景尾公學校內，舉行表彰式[37]。

大正五年（1916）一月八日〈德行者表彰式〉又記載：

昨七日午後二時於臺北廳舍表彰……廖嬌之表彰式之舉行[38]。

附帶一提的是由於家境貧苦，當時的聞人辜顯榮聽聞廖氏嬌的事蹟後，每月特別給予食費7圓[39]，以資助其用。

由以上報導可以看出廖氏嬌在大正四年五月間被評定為孝女，並參加表彰式等等，這些事蹟都被《臺灣日日新報》報導記錄，並成為地方上的盛事。

但是廖氏嬌卻不幸於大正六年（1917）二月十一日紀元節學校式後返家，於山上撿拾柴枝的途中被大樹壓傷[40]，隔日猶勉強返校上課，但是十三日晚間病況加劇，於十五日下午四點死亡，十六日出葬[41]，得年十五歲。

同年，由廖氏嬌生前安坑國小的同學們，感念其舊情誼及其孝行，乃依明治四十年（1907）九月十七日臺灣總督府府令第75號，「紀念碑及銅像建設規則」：

凡社寺、廟宇、公園及其他供公眾出入之土地或具永久性保存目的的形象建設物，凡經總督府許可，檢具下列事項者得建設紀念碑：紀念碑設置的位置。紀念碑所在位置圖，土地所有權證明文件。紀念碑之施工、設計圖面。紀念碑相關部份的碑文記載。建設事由。經費來源。紀念碑的管理與維護。工程範圍與竣工期限[42]。

---

[37] 〈文山節孝表彰式〉《臺灣日日新報》大正四年（1915）五月十二日，第5349號第六版。
[38] 〈德行者表彰式〉《臺灣日日新報》大正四年（1916）一月八日，第5579號第二版。
[39] 〈籌設孝女紀念碑〉《臺灣日日新報》大正六年（1917）四月二十三日，第6040號第四版。
[40] 據廖嬌姪兒廖世忠之訪談記錄中，提到廖嬌可能撿拾柴枝的山頭可能是為安坑國小正門附近之山頭。
[41] 〈薄命孝女〉《臺灣日日新報》大正六年（1917）二月二十五日，第5983號第六版。〈籌設孝女紀念碑〉《臺灣日日新報》大正六年（1917）四月二十三日，第6040號第四版。
[42] 《臺灣總督府府報》明治四十年（1907）九月十七日臺灣總督府府令第75號，「紀念碑及銅像建設規則」。

　　興建刻有「特賜褒狀孝女廖氏嬌記念石碑」於安坑公學校（今安坑國民小學）校園內。這是紀念碑興建的由來[43]。

圖9（左）孝女碑正面題字；（右）孝女碑之背面陰刻文字

　　除了紀念碑之外，在廖氏嬌過世以後，由於其行事可風，彰化陳雲齊為其募集了追悼之詩文集，是一本二十八頁之小冊子，裡面不只有廖氏嬌之詩集，另有節婦、烈女、義僕等等追悼文都收錄於其中[44]，只可惜，文集已亡佚。民國六十四年安坑國小校工梁易忠也以此故事編寫《孝女記》，可說是臺灣戰後之後第一個撰寫孝女事蹟的著作[45]。另外，安坑國小也將廖氏嬌事蹟當成重要的鄉土教材。安坑國小教務處並於 95 學

---

[43] 有關孝女碑立碑之時間，有三種說法：1.陳文添、劉澤民之〈孝女廖嬌紀念碑〉文中提到了孝女碑立碑的時間約當為大正六年之後至昭和年間；2.〈薄命孝女〉《臺灣日日新報》大正六年（1917）二月二十五日、〈籌設孝女紀念碑〉《臺灣日日新報》大正六 年（1917）四月二十三日，兩篇報導都是指出正在籌建中；3.〈孝女週年紀念〉《臺灣日日新報》大正七年（1917）一月三日記載廖嬌歿後已一週年，由安坑公學校發起，以一月十四日午前九時舉行紀念式典。第一種說法陳與劉基於當時同窗會學生剛畢業，沒有能力出錢建碑，但日後濃情轉淡，要立碑更不可能，所以推斷是大正 6 年後，但此說法僅為臆測；第二種說法指出《臺灣日日新報》兩篇報導雖然記載「籌建中」，但是〈籌設孝女紀念碑〉一文已提到「刻正進行中云」，可是正確立碑之年月日未載；第三種說法是一年後舉行的紀念式，但還是沒有說明是否已立碑，也未提立碑之年月日。

[44] 〈孝女詩集〉《臺灣日日新報》大正九 年（1920）十二 月二十八 日，第 7385 號第六版。

[45] 梁易忠，《孝女記》（臺北：安坑國小，民國 64 年 9 月）。

年度三年級上學期的社會科教材中，將廖氏嬌的事蹟編入生活與倫理的教材。

五、結語

　　旌表乃是風教振作的一種國家行政，所以特別針對孝子、順孫、義夫、孝悌、貞孝、節烈、為國殉難、急公好義、樂善好施、名宦鄉賢、五代同堂、長壽百歲等等，幾乎涵蓋了所有人性中好的一面，所以叫做善行，這些行為可以使國家、社會、家庭更安定更和諧，可以固國強本，為了這一崇高的目標，政府都很慎重地推行，並以建坊、賜匾、入節孝祠、忠烈祠、授勳、授獎章、獎狀或金錢等方式來褒揚，社會上也都以能獲旌表為榮。這麼多善行中，為國殉難，樂善好施，名宦鄉賢或是節婦烈女與孝子之類較為常見，但是要被評定為孝女，這項條件比較不容易，所以也較少見旌表孝女。

　　安坑孝女廖氏嬌，雖生長於日人統治下的臺灣，但殖民政府對於善行的旌表也是極為重視，對於婦女善行的表揚更注意到孝女這一項，所以才會在三十多個善行旌表中，獨列孝女一名，除了表彰廖氏嬌的善行以外，更可勉勵普遍貧窮的農村社會的女孩子應以她孝順、上進為楷模。我想這個孝女的旌表，雖然對象只是對一名年幼且經濟極度弱勢的女孩，不過，政府的這個旌表的行為，對於臺灣婦女地位的提升是有正面的影響。

大龍峒陳悅記小史

一、開台始祖陳文瀾之渡海來台

據陳氏譜諜載稱，中國陳氏之始祖爲聖祖重庠公姚舜，住在今山西省永濟縣一帶。其後裔實公，遷居河南穎川，故稱爲「穎川派」。唐玄宗開元二十四年（736）丙子，陳忠興子邕，因與李林甫不諧，被謫入閩，於是成爲陳氏「入閩始祖」。

再據大龍峒陳氏「渡台始祖文瀾公族譜」，其先祖爲福建泉州同安登瀛人，始祖陳均用，號敬軒，生於宋景定元年（1260）正月初一日寅時，爲登瀛始祖。其十二世孫陳炳望，字子祥，號炳良，由魚孚遷灌口，從此遂爲泉州府同安縣安仁里十五都登瀛社灌口保灌口墟大井腳人氏。陳炳望生於康熙四十六年（丁亥，1706），卒於乾隆四十八年（癸卯，1783），享壽七十七歲，貤贈通奉大夫。陳炳望的第五子，陳埰海字文瀾，生於乾隆十年（乙丑，1745）二月初四日酉時，乾隆四十五年（1780），三十六歲時渡海來台。乃稱台北市大龍峒港垹登瀛陳姓渡台始祖。道光三年（癸未，1823）五月二十八日申時卒，享壽七十九歲。

陳文瀾渡台之初，卜居淡水，以醫行世，並沒有立刻覓地開墾。據陳氏所修「渡台始祖文瀾公族譜」的序文，有一段記述：

> 太祖渡台之初，卜居淡水懸壺濟世，其醫德風靡一時，至今尚為淡人所稱頌，蓋其富不受資，貧且施藥，習以為常。一日在村莊診病，日正當午，病家殺雞為黍，我太祖見而止之曰。吾家正需要此母雞，莫如贈我，病主欣然從之，吾太祖持此雞，至竹圍外，遂解縛放還，其德及於禽獸也如此，平素行善甚夥，不遑枚舉。[1]

陳文瀾的醫德和醫術都好，所以雖然事隔百年，仍爲淡水人士所稱頌。

---

[1] 陳浩然，登瀛文瀾渡台始祖族譜，民國癸巳年冬月，台北。

二、大龍峒港仔墘陳悅記

　　陳文瀾以高明的醫術與高尚的醫德在淡水發展，這是一種最容易被社會人群接受肯定的模式。因此，在安定下來後，他的三個兒子，才先後分別渡海來台。根據陳氏族譜所載，長子遜言於乾隆五十三年（1788）渡台，時年二十歲。乾隆五十三年正好天地會林爽文事件結束，台灣又趨於安定與繁榮的時刻。次子遜朗於嘉慶四年（1799）渡台，時年二十五歲，距其長兄渡台有十二年之久。三子遜陶於嘉慶五年（1800）渡台，年二十歲。經過二十年的經營，陳家的人數已經相當多，陳文瀾乃令三子各自謀生。於是分別遷居同祖籍地的大龍峒來。根據族譜所記，長房遜言，於嘉慶十二年丁卯（1807，族譜記 1807）建大厝「公媽廳」於港仔墘，即今日的「陳悅記祖厝」；二房遜郎則在嘉慶十五年（1810）建公厝於瓦筒厝；三房遜陶則卜居中庄子，其長孫植柳（即舉人樹藍）後來在同治甲戌十三年（1873）建「陳謙記公厝」於今酒泉街。而港仔墘陳悅記的「公館廳」則創建於道光壬辰十二年（1832），為陳維藻中舉後七年。

　　咸豐三年（1853），淡水河流域各村落之分類械鬥到達高潮。先有漳泉械鬥，旋又引起泉人之頂下郊拚。其動亂連續六、七年之久。大龍峒港仔墘陳宅亦受波及而遭焚燬。職是之故，現存陳宅，應是咸豐九年己未（1859）頂下郊拚結束，陳維英又於此年中舉之後重建。

　　創建陳悅記祖厝「公媽廳」的陳遜言，及陳維英的父親，陳文瀾的長子。淡水廳志列傳二，先正，有傳：

> 陳遜言，字秉三，號訒夫，籍同安，隨父渡台，居大隆同。事親先意承志，三十年如一日。以勤起家。雖析產後，遇叔季冠婚喪祭，親為籌畫，三黨多賴存活。嘗以租息充學海書院為肄業資，捐建學宮城垣，立義倉義渡。歲歉，減佃租。以好施稱。延師教子孫，復拓舍以居從游者，貧助膏伙，遠款糗糧[2]。

---

[2] 陳培桂，《淡水廳志》卷九，列傳二，先正，頁 258，台灣省文獻會印行，民國 66 年。

據此看來，陳遜言是爲克孝克勤，急公好義，又熱心於子弟教育的人。他的來台，據陳維英的記述：「先考：性聰穎，嗜讀書，弱冠試不售，值先祖妣歿，哀甚。喪葬畢，家益貧，遂投筆渡台」[3]

陳維英的父親陳遜言渡台後，亦有一段貧困的日子。後來經商致富，其裔孫稱他爲「賺錢祖」[4]。當時人目之可與林本源相匹敵。因此，他以「悅記」爲公號。後來又分別替孩子設立「小公號」：長子維藻爲「恭記」；次子維藜爲「寬記」；三子維菁爲「信記」；四子維英爲「敏記」，以上爲元配楊氏所生；五子維藩、六子維藝、七子維苞爲妾劉氏所生，則共用「惠記」[5]。港仔墘陳氏一族遂成大龍峒豪門殷戶之一，與王仁記、王義記、王美記、張怡記等各領風騷。

三、陳維英略歷

陳維英生於嘉慶十六年（辛未，1811）十月二十日酉時，卒於同治八年（己巳，1869）九月初五日子時，享年五十九歲。其乳名源充，字實之，號迂谷。兄弟七人，姊妹有四人。

陳維英少年受業於庠生黃德輝、鄭鍾靈、舉人陳六山、郭貢南、拔貢鄭用鑑及他的長兄維藻諸人，而後二人的培養，似最得力，維英也是最敬重他們。由於受教於這些名師，所以，在道光五年（乙酉，1825）與三兄維菁、姊丈林耀鋒同遊泮，當時年僅十五歲。這一年正好其長兄維藻中式舉人。

道光十二年（壬辰，1832）丁母憂。

道光十五年（乙未，1835），其伯兄維藻二次北上春幃，竟客死蘇州，年僅四十。維英因幼學於維藻，受乃兄嚴格督教，奠定學業基礎。維藻英年早逝，維英悲慟異常，撰聯懸於靈堂曰：

作廿五歲弟兄於斯而已

---

[3] 同註 1。
[4] 同上。
[5] 採訪陳悅記祭祀公業管理人陳錫說老先生。

　　留二三個孤子將奈之何

　　家中前輩詩中前輩

　　天下文郎地下文郎

　　不滿志於一科體贏心在

　　欲求名乎萬里人去魂歸

又述哀詩之句中，有伯兄梁木壞失教荒書田。

可見維藻對維英執業之影響及維英對維藻之手足深情。

　　道光十七年（丁酉，1837），陳維英可能在這一年獲選「廩貢」。廖漢臣「巢名太古尋遺跡—記迂谷陳維英」引福建省鄉試「硃卷」所載：

　　後來他蒙台灣督學兵備道劉重麟取進台灣府學，及蒙姚瑩取為一
　　等第二名補廩兼舉優行……按姚瑩任台灣道是道光十七年[6]。

又「淡水廳志」卷十六，附錄三，志餘，紀人云：

　　陳維英，號迂谷，大隆同人，原籍同安。受業伯兄舉人維藻。伯
　　兄歿，櫃厝山麓失火，無敢近者。維英獨從火中推櫃出，為優行
　　生[7]。

　　陳維英勇救其兄長的靈柩於大火之中，使他得以進台灣府學及補廩兼舉優行。對於後來被舉孝廉方正也定有相當的關係。更因為陳維英已經補廩兼舉優行，因此，依例，如有赴監肄業各項考赴京試，則可攜「貢單」前往吏部申請就職或就教，吏部便發給「吏部執照」；再等缺分發[8]。陳維英應該也經過這個途徑而取得「教諭」的資格。

　　道光二十五年（乙巳，1845）他因此得以擔任「閩縣教諭」。時年三十五歲。陳維英自撰「楊太夫人行述」云：「乙巳春司教十閩首邑」[9]。可見陳維英擔任閩縣教諭早在舉孝廉方正與中舉之前。目前陳宅仍存有

---

[6] 台北文物，第二卷第二期，大龍峒特輯。頁97。

[7] 同註2，頁46。

[8] 參閱台灣慣習研究會原著，台灣慣習記事（中譯本）第壹卷上，頁166。台灣省文獻委員會
　　譯編。

[9] 同註1。

「外翰」匾。

　　陳維英司鐸閩縣，不但開台人執教閩縣的先河，且表現優異，贏得閩縣人士之敬重。陳維英自述：

> 乙巳春司教十閩首邑。粗知愛士。嚴卻陋規。事事期勉稱職。見夫子至聖諸賢神像。學宮（原文宜字）殿廡。崇聖祠。文昌閣。明倫堂。常公宦。鄉賢忠義。孝悌等祠。及一切祭器之損壞殘缺失也。遂獨立捐修之。……瀕行都人士額於署曰：秋水春風。標於繳曰：芹藻留香。提學今相國。彭詠莪先生。紀事於石。先考聞之喜曰。此庶不辱而父矣[10]。

　　陳維英非常孝順，由於他的父親年老體弱，又很掛慮背井離鄉的兒子，所以，他在閩縣教諭的工作，並不長久即告辭返鄉，以便奉侍父親（按維英母先於道光 12 年壬辰去世）。一直到他父親於道光二十七年（丁未，1847）去世的這兩年，陳維英有關的史料，都沒有提到他出掌仰山書院。在「楊太夫人行述」裡僅提到閩縣教諭而已。但是，在咸豐元年（辛亥，1851）被舉「孝廉正方」時，則已提及「蘭廳掌教」[11]。再根據陳維英的學生蘭陽舉人李春波的求學過程[12]來判斷，則陳維英受聘掌教仰山書院，必定是在他父親去世後，他才能離開大龍峒前往噶瑪蘭，所以，應以道光二十八年（1848）為最可能。

　　丁未年，當他丁父憂，即遵行其父遺囑，呈充三千餘金產業（與學海書院毗連之房屋，六十餘間，壙地一所，歲收租銀三百餘金）為學海書院膏膳。經淡水同知黃自堂（名開基）旌表其閭曰「樹德之門」。

　　道光二十八年（戊申，1848）殤幼子。

　　咸豐元年（辛亥，1851），以其品行端方四正，遂蒙詔舉孝廉方正。特旨恩賜六品陞銜以備召用。時年四十一歲。自此以後，他在社會上的地位更為提高。

---

[10] 同上。

[11] 根據陳宅「詔舉孝廉方正」匾。

[12] 舉人李春波傳，宜蘭文獻叢刊之一，宜蘭鄉賢列傳，宜蘭縣政府民政局發行，民國六十五年五月。

　　咸豐三年（1853）北台發生分類械鬥，焚殺不止，淡水廳朱丹園（名材哲），親自造蘆，和他商辦止鬥。除此之外，咸豐年間，福州乏糧，民眾騷動，閩省布政使徐宗幹，亦曾函請陳維英襄辦救濟。

　　咸豐九年（己未，1859），中式舉人。十年北上春幃，不第後入內閣供職，由中書而進主事。因此而有「紫薇郎」的匾。他在京稽留時間不久即去職，咸豐十一年應已返台。他回來後受各方的敦促，乃出掌學海書院的山長，繼續其教學授徒的工作。

　　同治元年（壬戌，1862）春，彰化戴潮春起事抗清，攻陷彰化縣城，勇首林日成反戈相向，殺害淡水同知秋日覲，淡北震動。陳維英和地方紳士，合辦團練，以功賞戴花翎。

　　維英除掌教仰山、學海兩書院外，亦曾主明志書院講席[13]。期間亦應在同治年間。可惜史料無徵。

　　維英除了港仔墘有大宅，此外還有一個別業，最初建築在觀音山麓的獅子巖，齋名「棲野巢」。廖漢臣的推測，可能是在道光二十年至咸豐元年之間新建，至咸豐三年八月，因漳泉分類械鬥時被毀[14]。

　　維英晚年另外築室於劍潭之畔，曰「太古巢」，則應是咸豐三年以後所建。

　　陳維英隱居於太古巢時，博覽群書，又時和黃覺民、區天民、陳竹坡諸人，泛舟劍潭，互相唱和，以樂晚年。

　　同治八年（己巳，1869）九月初五日逝世，享年五十九歲。

　　陳維英有一妻一妾，妻周氏是雍諸生敕贈徵仕郎周嘉瑞之女。妾許氏是議敘職員許耀宗的次女。生有三男四女。長子鷗生，娶嘉義縣斗六門縣丞徐星煒的長女為妻；次男鳶生，取庠生何國英的長女為妻；三男鶯生，娶何氏貞操為妻。長女嫁廳庠生黃敳，即著名的「關渡先生」黃敬之弟。次女嫁庠生王養源；三女四女不詳。

　　維英素重禮義，尊師傅。少時，曾拜新竹鄭用鑑觀說，嗣後，則終身尊為師。每逢新正，不出初五，必躬登先生之門拜賀。且乘轎至先生

<hr/>

[13] 同註2，林豪《淡水廳制訂謬》。頁471。
[14] 同註6，頁99。

之街尾，就步行至先生宅，拜賀畢，再步行至他街，方敢乘轎，其尊師之誠，實在極爲難得。同治六年（1867）鄭用鑑故世，陳維英率其門生合送一黃絹楷書之輓聯[15]。

「於先生不能口贊一辭，品也學也」

「在弟子只有心喪三載，哀哉痛哉」

淡蘭主講・授業陳維英領門生			
舉人	張書紳	廩生	黃元琛
生員	李春枝	生員	林恆秀
舉人	陳霞林	生員	施謙益
生員	張國榮	生員	連捷陞
舉人	鄭步蟾	生員	連日春
生員	詹正南	生員	高振儀
舉人	李春波	生員	謝家樹
生員	周　南	生員	陳名全
舉人	李望洋	生員	謝希謙
生員	林　森	生員	胡玉峰
舉人	楊士芳	生員	林挺華
生員	林紹芬	生員	黃分𦻏
舉人	林步瀛	生員	吳揚清
生員	楊宗泰	生員	林甘棠
舉人	陳慶勳	生員	陳世昌
生員	顏宗濂	生員	俞錦標
拔貢	李逢時	生員	林　芬
生員	洪　範	生員	陳濟江
副貢	張夢丁	生員	戴祥雲
生員	張豁然	生員	王雨苗
歲貢	黃鏘	生員	施謙吉
生員	簡銘鐘	生員	張卿雲
歲貢	施贊湯	生員	林成績

---

[15] 張德南，學界山斗鄭用鑑，台北文獻直字第九十三期。

生員　周鏘鳴　生員　陳化鯤
廩生　潘永清　生員　鄭步瀛
生員　趙　璧　生員　呂　掄
廩生　陳　經　生員　黃　政
生員　周煉金　生員　葉祖藻
廩生　楊克彰　生員　高揚華
生員　張　揚　生員　王濟源
廩生　林紹唐　生員　陳登元
生員　林樹聲　生員　黃　斅
廩生　黃元炘　生員　何希亮
生員　吳維薾　生員　陳玉華
廩生　葉清華　生員　陳儒林
生員　施贊文　生員　陳樹藍
廩生　楊正中　生員　陳雲林
生員　邱　淦　生員　陳樹芬
拭淚拜輓

這幅輓聯所列門生中，舉人八人，貢生四人，廩生八人，生員五十六人。幾將北台地區秀異之士全數網羅了。

維英為族中子弟計，於「公館廳」多刻含有教訓之聯：

「數十年克儉克勤祖宗創業
第一等不仁不義兄弟爭田」

「子弟侄皆毋溺愛
君親師何以酬恩」

「帝天禍福報不在境之窮通美名
為福惡名為禍
仕宦榮辱關非論官之大小溺職
則辱稱職則榮」

「衣食勿奢原父訓

　山林無事亦君恩」

維英自己起居，亦持身嚴謹，言行不苟，故族中老少都很敬重他。

五、陳家科舉門第

陳氏一族，科舉之盛，甲於北台。自道光迄光緒年間，代不乏人，計舉人三，補博士弟子員者拾玖。茲列於後：

維藻	維英長兄	道光乙酉舉人
維英		咸豐己未舉人
樹藍	一名植柳，維英族姪	同治癸酉舉人
維藜	維英二兄	道光癸未秀才
		附貢生
維菁	維英三兄	秀才
維藝	維英六弟	附貢生
鵬升	維藻長子	佾生
鶴升	維藻次子	庠生
鵾升	維藻三子	國子生
鶸升	維藜三子	庠生
鴉升	維英長子	庠生
鳶升	維英次子	庠生
鶯升	維菁次子	國學生
鷗升	維藩長子	國學生
植橙	樹藍堂弟	庠生
植純	樹藍堂弟	明經進士
日佺	維菁長孫	庠生
日倬	維菁三孫	庠生
日伊	維菁七孫	庠生
日傳	維英孫	太學生
景巖	樹藍長子	庠生

景峽　樹藍五子　　　　　　　庠生

（以上資料據陳氏族譜）

附圖一：由同安曾營鄉遷往溪南社李林村後所建的陳祖祠。

附圖二：遷往魚孚社大井腳後的陳氏宅群。

附圖三：大井腳陳宅的格局為雙落帶雙護龍作法。

附圖四：大井腳陳宅內部通巷。與大龍峒陳宅類
　　　　似作法。

附圖五與六：大井腳陳國璧妻柯氏百有二歲壽
　　　　　　坊。建於清乾隆四十七年（1782
　　　　　　年）。

附圖七：陳妻柯氏坊上鑴有「貞壽之門」及「誥
　　　　贈奉直大夫鄉飲賓陳國璧妻誥封宜人柯
　　　　氏百有二壽坊」。

附圖八：道光乙酉年陳維藻中舉所立之文魁匾額。

附圖九：陳維英任五品銜內閣中書內廷國史館分
　　　　校所立之「紫薇郎」匾額。今掛於公館
　　　　廳前廳。

附圖十：陳維英出掌閩縣教諭所立之「外翰」匾
　　　　額。

附圖十一：咸豐元年陳維英受「詔舉孝廉方正」
所立之匾額。現掛於公媽廳之前廳。

附圖十二：陳宅公媽廳第三落之門額有「乙酉秋」
泥塑的「悅記」公號。

　　以上附圖取自「台北市陳悅記祖宅之研究與修護計劃」。漢光建築
師事務所編印。

國家圖書館出版品預行編目資料

周宗賢臺灣史研究名家論集/周宗賢　著者. -- 初版. -
臺北市：蘭臺, 2016.8
面；　公分
ISBN 978-986-5633-46-2 (精裝)
1.臺灣史　2.文集

733.2107　　　　　　　　　　　　　　　　105010492

周宗賢臺灣史研究名家論集

著　　　者：周宗賢
主　　　編：卓克華
編　　　輯：高雅婷
封面設計：塗宇樵
出　版　者：蘭臺出版社
發　　　行：蘭臺出版社
地　　　址：台北市中正區重慶南路 1 段 121 號 8 樓之 14
電　　　話：(02)2331-1675 或(02)2331-1691
傳　　　真：(02)2382-6225
E—MAIL：books5w@gmail.com 或 books5w@yahoo.com.tw
網路書店：http://bookstv.com.tw/、http://store.pchome.com.tw/yesbooks/、
　　　　　　http://www.5w.com.tw、華文網路書店、三民書局
經　　　銷：成信文化事業有限公司
電　　　話：(02)2219-2080　　　　傳　真：(02)-2219-2180
地　　　址：台北市中正區重慶南路 1 段 121 號 5 樓之 11 室
劃撥戶名：蘭臺出版社　帳號：18995335
網路書店：博客來網路書店 http://www.books.com.tw
香港代理：香港聯合零售有限公司
地　　　址：香港新界大蒲汀麗路 36 號中華商務印刷大樓
　　　　　　C&C Building, 36,Ting, Lai, Road, Tai,Po, New,Territories
電　　　話：(852)2150-2100　　　　傳真：(852)2356-0735
總 經 銷：廈門外圖集團有限公司
地　　　址：廈門市湖裡區悅華路 8 號 4 樓
電　　　話：(592)2230177　　　　傳　真：(592)-5365089
出版日期：2016 年 8 月初版
定　　　價：新臺幣 2000 元整　（全套新台幣 28000 元正，不零售）
ISBN：978-986-5633-46-2